대한민국 판이 바뀐다

대한민국 판이 바뀐다

김대환 외 지음

전문가 13인 국가혁신 방향 제시

미래H

프롤로그

창조적 파괴, 판이 바뀐다

새해는 밝았건만 아직도 어두운 그림자가 우리의 일상에 길게 늘어뜨려져 있다. 코로나19로 명명된 전염병 탓만은 아닐 것이다. 불편을 무릅쓰고 방역지침에 적극 협조해온 우리 국민에게 여전히 기회는 평등하지 않으며 과정도 공정하지 못하니 결과 역시 정의롭지 않기 때문이다. "나라다운 나라 만든다더니 나라를 다운시켜 놓았다"는 원망과 푸념이 코로나만큼이나 만연하다. '한 번도 경험해 보지 못한 나라'에 대한 추상적 기대가 구체적 실망으로 바뀌는 데는 그리 오랜 시간이 걸리지 않았다.

추상적 기대, 구체적 실망

민생이 불안정하다. 경제는 활력을 잃고 분배는 악화되고, 일자리 사정이 더욱 강퍅해지고 있다. 부동산 투기를 근절한다더니 집값만 천정부지로 올려놓았다. 취업난과 주택난이 겹치면서 특히 청년들이 불안해하고 있다. 그동안 천문학적인 금액의 나랏돈을 뿌려댔지만 민생이 나아질 기미는 보이지 않는다. 게다가 대선을 앞두고 재정살포가 포퓰리즘의 수준을 넘어 '부풀리즘' 경쟁으로 치닫는 조짐마저 보이고 있다.

안보가 불안하고 외교적으로 고립되고 있다. 북한의 비핵화 보장 없는 평화 쇼에 매달려 핵 위협효과를 증폭시켰다. 유엔 결의에 의한 대북제재를 우회하려 하고 해제까지 주장함으로써 외교적 고립을 지초하고, 전통적인 우방인 미국과 일본과의 관계를 흔들고 중국과 북한에 굴종적인 자세를 취하는 것을 자주나 진보의 이름으로 호도하는 데 대해 국민들은 불안감을 감추지 못하고 있다.

민주주의마저 훼손되고 있다. 여권은 경쟁세력의 궤멸을 통한 장기집권을 공언하면서 민주주의의 근간을 흔들어왔다. 국회에서 다수의 힘으로 법의 지배 아닌 '지배를 위한 법'을 밀어붙이고, 사법부에서 '내로남불'의 판결을 내리고, 행정부에서 탈원전과 같이 자해적인 정책을 자행하는 사태가 벌어졌다. 제

4부라고 일컬어지는 언론과 제5부라고 명명되는 노조에도 민주주의를 좀먹는 악성 바이러스가 침투해 있다.

진영논리와 포퓰리즘이 판치는 세상

사태가 여기에 이르게 된 것은 지난 5년 동안 그 어느 때보다도 진영논리와 포퓰리즘이 기승을 부렸기 때문이다. 보다 정확하게 말하자면, 진영논리와 포퓰리즘이 결합되어 나라를 이 지경으로 만들어 놓은 것이다.

일반적으로 진영논리는 상황의 맥락, 분석, 신중한 접근, 실용적 추론 모두를 건너뛰고 곧바로 주장으로 직행한다. 여기에는 선과 악의 이분법과 아울러 나는 옳고 너는 틀렸다는 독선에 기반하여 반대하는 상대방은 무찔러야 할 대상으로 간주하는 호전성이 작동하기 십상이다. 이는 '내로남불'과도 통하는 것으로 말이 진영논리이지 실상은 논리의 도피처에 다름 아니다. 포퓰리즘은 대체로 카리스마로부터 나온다. 무언가 해결책을 알고 박력 있게 추진할 것이라고 보여야만 포퓰리즘이 먹혀들 수 있다. 여기에다 유권자들이 감성적인 데다 정보가 정확하지 않아 선전선동에 휘둘리면 포퓰리즘이 판을 칠 수 있게 된다.

지난 5년을 반추해보면, 탄핵정국을 거쳐 탄생한 집권세력은 촛불혁명 운운하면서 '적폐청산'을 내세워 '이니' 마음대로 하라고 하면서 이견을 적폐로 몰아 '내로남불'을 정당화하였다. 문자 그대로 이들 '이니언(대깨문)'은 엄중한 현실의 가르침조차 외면하고 무조건 잘 되어간다고 우기는 그들만의 '우기제祭'를 통해 진영논리를 강화해 온 결과가 오늘날의 실망스러운 모습이다. 어느 모로 보더라도 '이니'에게는 카리스마가 없다. 오로지 '선한 얼굴'과 있음직하게 보이는 쇼 정치를 통해 국민들의 감성을 자극하고 통계를 바꾸거나 자의적으로 해석하는 등 정보의 선별적 관리로 포퓰리즘의 토양을 만들었던 것이다.

이미 신뢰를 잃은 진부한 이데올로기를 진보라고 우기면서 논리가 성립하지 않는데도 마치 새로운 해결책인 양 겉만 단장하여 판 정책이 한두 가지가 아니다. 이 가운데는 특정 집단에게 노력할 필요 없는 우회로를 열어주는 것도 있었다. 불량품을 팔아먹은 자에게 책임이 있는 것은 두말할 필요가 없지만, 이것저것 따지기 전에 은근히 기대하고 소위 '사이다' 발언만으로 카리스마를 부여함으로써 진영논리와 포퓰리즘이 판치게 하는 데에 일조한 우리 언론과 유권자들도 그 책임으로부터 완전히 자유롭다고는 할 수 없다.

창조적 파괴로 판을 바꾸자

이대로 간다면 어두운 그림자가 더욱 짙어질 우려가 없지 않다. 그러나 바로 오늘 판이 뒤집어지지 않는다고 해서 희망을 포기하는 것은 생명을 포기하는 것이나 다름없다. 세상이 포기를 말할 때도 희망은 세상을 바꾸라고 속삭인다. 잘 알려진 미국의 인권운동가 마틴 루서 킹은 "실망은 유한有限하기 때문에 인정하되 희망은 무한無限하기 때문에 결코 잃어서는 안 된다"고 하였다. 비록 우리가 느끼는 실망감이 크더라도 그 대부분이 유한한 정권에 의해 초래된 것이기 때문에 실망 또한 유한할 수밖에 없다. 그동안 우리가 이루어 놓은 것을 되살리고 더욱 발전시킬 무한한 희망을 이 정도의 유한한 실망에 내어주는 어리석음을 범해서는 안 된다.

퇴화退化 여당과 불임不姙 제1야당이 내놓은 마초(macho) 대통령 후보들에게 기대를 걸자는 것이 아니다. 그동안 '한 번도 경험해 보지 못한' 과유불급過猶不及의 세상에 대한 국민의 분노가 이제는 판을 바꾸는 열정으로 승화될 것이다. 우리에게는 식민지 지배하에서도 독립의 열망을 간직하고, 전쟁의 폐허 속에서도 무너지지 않고, 잘살아보겠다는 열정을 가지고 비약적인 경제발전과 산업화를 이루어낸 저력이 있다. 독재에 신음하면서도 민주화를 염원하고 포기하지 않았기 때문에 민주화도 이룰 수 있었다. 밀어닥치는 대내외의 파고를 넘어 30-50(국민소득 3만 달러 이상, 인구 5000만 명 이상)클럽에까지 이끌어온 국민의 역동성은 이제 대한민국의 판을 바꾸는 데 집중될 것이다.

진영논리와 포퓰리즘이 판치는 세상에서 무력한 듯 보였지만 우리 국민은 '오만한 바보들'보다 최소한 덜 이기적이며 더 원만한 균형감각을 지니고 있다. 그들이 제로섬 게임에 진력하는 동안 우리 국민은 창조적 파괴로 판을 바꾸는 데에 힘을 모아 나갈 것이다. 그리하여 이번 대선에서 어느 쪽이 집권하건 우선 진영논리와 포퓰리즘의 굿판부터 걷어치우게 만들자. 그러고는 변화하는 국제정세 속에서 4차 산업혁명 시대에 나라를 신진국답게 발전시킬 새 판을 짜자.

실사구시, 정상화, 혁신이 키워드

대한민국의 판을 바꾸는 일은 고깃집 불판을 바꾸는 것과 같은 단순한 작업이 아니다. 그것은 창조적 파괴이며, 창조적 파괴는 진영논리와 포퓰리즘이 가져온 극단(extremes)을 파괴하는 데서부터 시작된다. 상황의 맥락을 파악하여 현실적인 해결책을 제시하는 실사구시 정신에 기초하여 비정상적인 정책들을 정상화하는 것이 중요하다. 그것은 곧 정책의 혁신이다.

이 책은 가부장적이었던 정부를 능동적이되 겸손하게 바꾸어 민주주의를 정상화하고 근로의욕의 저해를 회피하면서 재분배로 불평등을 줄여나감으로써 생산성과 삶의 의미를 동시에 높이는 방향으로의 정책혁신을 분야별로 논의한다.

우선 경제정책의 기조를 소위 소득주도성장에서 혁신성장으로 완전히 전환하고 혁신의 기반을 강화할 것을 제안한다. 우리 경제가 요소투입의 단계를 지나 혁신의 단계에 진입은 하였지만, 물량투입 위주에서 크게 벗어나지 못하고 있기 때문에 제도적 유연성과 아울러 창의적 사고를 배양하는 데에 주력해야 한다(1장). 무모한 탈원전 정책에서 과감히 탈피하여 이른바 탈탈원전 에너지정책으로 탄소중립에 접근해 나가는 것이 현실적이고도 바람직하며(2장), 서로 충돌하는 빈번한 부동산 정책의 남발과 징벌적 과세 정책을 지양하고 정책의 일관성을 견지하는 가운데 공급확대와 주택소유를 통한 자산 형성의 기조로 정책을 전환하는 것이 필요하다(3장). 이와도 관련되는 것이지만 문 정권하에서 강화된 기업활동에 대한 과도한 규제 혁파가 시급하다. 기업이 국가를 선택하는 글로벌 시대에 역행하는 불합리한 규제제도는 기업의 자율성을 존중하는 방향으로 혁신되어야 한다(4장).

눈덩이처럼 불어나는 국가부채 문제를 해결하기 위해 재정 원칙을 재수립하고 지속적인 균형예산으로 부채를 줄여나가야 한다(13장). 비대해진 공공부문을 손질하는 것도 중요한 과제다. 겉은 민간이면서 속은 공공인 기관들을 정리하고, 현대판 양반제에 버금가는 공공부문에 대한 본격적인 개혁이 필요하다(7장). 돈만 쓰는 문 정권의 복지정책은 다음 세대에게 복지 비전을 앗아가고 있다. 복지정책을 전반적으로 혁신할 필요가 있다(8장). 기본소득은 과감히 패스하고 필요한 사람에게 필요한 서비스를 제공하는 기본서비스 복지로의 전환을 제안한다(9장). 노동시장의 이중구조 개혁으로 일자리 희망을 만들어나가야 한다. 고용의 다양성을 인정하면서 차별을 철폐하는 방향으로 고용정책의 기조를 분명히 하고, 이와 관련하여 권력화된 노조의 과도한 정치화를 제어할 필요가 있다(10장). 교육개혁을 통한 미래 인재 양성도 중요한 혁신 과제다. 노동시장과 연결하여 고등교육을 개혁하고 평생학습 체계를 구축해야 한다(14장).

정치과잉과 국가과잉으로 중우정치와 폭민정의 문이 열려 자유민주주의가 위협을 받고 있다. 위기에 처한 민주공화국을 구하기 위해서는 무엇보다 국가권력의 과잉부터 해소해 나가야 한다(11장). 이를 위해서는 무엇보다 판치고 있는 포퓰리즘을 배격해야 한다(12장). 무원칙한 수사와 판결로 신뢰가 실추된 사법개혁도 추진되어야 한다. 법무부의 수사지휘권 배제와 아울러 법관 및 검찰 인사제도의 혁신을 제안한다. 공수처의 정치적 독립과 더불어 수사 및 재판의 독립성이 보장되지 않으면 신뢰회복은 요원하다(5장). 문 정권의 대북통일 정책은 황당하기 짝이 없다. 사실상 통일을 포기한 것이나 다름없다. 무엇보다도 비정상적인 대북정책을 제자리로 돌려놓는 것으로부터 시작해야 한다(6장). 아울러 뒤틀어진 한·일 관계도 협력관계로 되돌려 놓아야 하며 특히 청소년을 염두에 두고 미래형 협력제도를 구축해야 한다(15장).

* * *

이 책은 저자 중의 한 사람인 윤기설 소장의 제의로 시작되었다. 그는 김대환과 더불어 기획을 함과 동시에 실무적인 일까지 담당하였다. 비교적 짧은 시간 내에 13인의 저자가 전문성을 살리면서도 읽히기 쉬운 책을 집필하는 작업은 만만치 않았다. 각 저자의 스타일을 존중하면서 편집에도 신경을 썼지만 미흡한 점이 없지 않을 것이다. 독자들의 양해를 구하며,

아울러 내용상 남은 오류는 전적으로 해당 저자의 책임임을 밝혀둔다.

어려운 사정에도 불구하고 출간을 수락하고 단기간에 책을 내주신 고영래 미래사 사장님께 깊은 감사를 드린다.

2022년 첫날에

저자들을 대표하여 김대환 씀

차례

치명적 유혹 떨치고 혁신성장

김대환

Chapter 01

치명적 유혹 떨치고
혁신성장

'영끌' 현상을 바라보며

'영끌'이라는 유행어가 우리 경제사회에 던지는 의미가 심상치 않다. 원래 이 말은 연봉을 얘기할 때 정기급여는 물론 상여금, 식대, 수당 등을 비롯해 연간 수령하는 모든 금액을 마치 영혼까지 끌어와서 계산하듯 하나도 남김없이 계상하여 '영끌 연봉'이 얼마라고 하는 데서 비롯된 것으로 알려지고 있다. 그러던 것이 자산 관련 용어로 그 의미가 확대되고 '영끌 빚투'라는 용어가 등장한 것은 극히 최근의 일이다. 영혼까지 끌어와 빚을 내어 투자한다는, 듣기에도 편하지 않은 말이다. 영혼을 악마에게 판다는 느낌마저 들어 가슴이 막막해진다.

주택, 주식에다 암호화폐까지

'영끌 빚투'의 주된 대상은 부동산, 그 가운데서도 아파트를 비롯한 주택이다. 2017년 문재인 정부 출범 이후로 부동산 광풍이 불어닥치자 이에 대한 대책이랍시고 주택 담보인정비율(LTV)을 낮추어 대출이 어려워졌지만 집값은 오히려 미친 듯이 오르고 있으니 지금이 아니면 내 집을 마련할 수 없다는 불안감에 영혼까지 끌어모아서라도 집을 사야 한다는 분위기가 특히 20~30대 청년층 사이에서 확산되었다. 여기에는 '부동산 불패'의 믿음, 특히 아파트와 같은 주택은 기대수익률이 높기 때문에 리빙(living)에 앞서 바잉(buying)의 대상, 즉 빚을 내어서라도 투자할 가치가 있는 자산이라는 판단도 작용한 것으로 보인다.

부동산만이 아니다. 노동을 통한 부의 축적이 거의 불가능해질 정도로 경제상황이 악화되면서 빚을 내어서라도 주식이나 비트코인 등에 투자하려는 사람도 늘어나고 있다. 이러한 현상도 청년층에서 두드러지게 나타나고 있다. 특히 젊은 직장인 가운데 주식투자를 하지 않는 사람은 거의 없으며, 그 가운데 적지 않은 수가 '빚투'의 단계에까지 이르고 있는 것으로 알려지고 있다. 한동안 주식시장의 활황이 이들을 끌어들이고 이들의 시장 참여로 장이 더욱 활기를 띠기도 하였다.

비트코인의 경우 드러난 것보다 훨씬 많은 수의 청년들이 투자에 몰두하고 있는 것으로 알려지고 있다. 부동산 투자보다 소액으로 시작할 수 있고, 젊은 야당 대표가 비트코인 투자로 선거를 몇 번 치를 만큼 돈을 벌었다고 밝힌 데서도 알 수 있듯이 사행성이 높아 청년들을 끌어들이고 있는 것이다. 투자라기보다는 투기적인 것이긴 하지만, 오히려 그래서인지 여기에서도 '영끌 빚투'의 현상을 목도하게 된다.

"다 해요. 안 하는 사람 없어요. 집에 돈이 좀 있는 사람은 대출 끼고 아파트 사고요, 그다음은 비트코인 하고요, 저처럼 별로 없으면 주식 해요. 저는 아무것도 안 하고 있다가 주변에서 모두 재테크를 하는 바람에 이래서는 안 되겠다 싶어 시작했는데 괜찮아요. 좀 벌었어요." 직장생활 6년 차에 접어드는 한 대기업 회사원의 말이다.

자산관리 단계에 진입?

얼핏 보기엔 젊은 친구들이 일찍이 재테크에 눈을 떠 그 나름대로 합리적으로 자산관리를 하는구나, 기성세대와는 다르구나 하는 생각이 스치기도 한다. 이렇게 '영끌'의 열기가 후끈 달아오른 정황을 현상적으로만 보면 자칫 우리 경제가 발전의 최종 단계인 자산관리 단계에까지 이른 것으로 잘못 판단할 수도 있겠다.

잘 알려진 대로 미국 하버드대학의 마이클 포터는 경제발전의 단계를 3단계로 구분한다. 첫 단계는 요소투입 단계로, 자본 노동과 같은 생산요소의 투입을 증대시켜감에 따라 경제가 양적으로 성장하는 단계다. 이러한 과정이 한계에 부딪힘에 따라 다음 단계로 이행하게 되는데, 혁신 단계가 바로 이 두 번째 단계다. 기술과 경영 및 제도의 혁신을 통해 효율을 증대시킴으로써 경제가 비약적으로 성장하고 질적으로도 발전하는 단계다. 이 단계에서 축적된 부를 관리하는 단계가 마지막 자산관리 단계다. 축적된 부를 금융, 주식 등을 비롯한 여러 종류의 자산으로 분산하여 관리하는 이른바 포트폴리오를 통해 자산을 보호하고 증식시켜 나가는 단계다.

그러나 현재 벌어지고 있는 '영끌' 현상을 발전의 최종 단계에서 나타나는 정상적인 자산관리 행위라고 하기는 곤란하다. 우리 경제가 요소투입 단계를 지난 것은 분명하지만 혁신의 단계를 통과한 것은 아니다. 물론 혁신 단계와 자산관리 단계는 일정 부분 겹칠 수는 있지만, '영끌'은 긍정적 의미의 자산관리가 아니다. 앞에서도 잠깐 언급했지만 불안감에 쫓겨 일종의 심리적 공황상태에서 주택, 주식, 비트코인 등에 몰두하는 이른바 패닉 바잉(panic buying) 현상이기 때문이다.

더구나 '영끌 빚투'는 결코 안정적인 자산관리가 될 수 없다. 미래를 위한 모험적 행위로서 자신의 자산관리에 부채라는 위험요소를 안겨주는 것으로, 이미 개인적뿐만이 아니라 사회적으로도 문제가 되고 있다. 문재인 정부 들어 부동산 가격이 폭등한 가운데 지난 2020년에 서울의 아파트를 가장 많이 산 세대가 바로 이들 청년층이다. 주택담보대출도 당연히 이들이 가장 많이 받았으며, 그 결과 아래 그림에서 보듯 이들의 가계부채가 다른 연령층과는 비교가 안 될 정도로 가파르게 치솟았다. 영혼까지 끌어들여 투자했지만 금리 인상의 불안에 다시 움츠러들고 있는 것이 오늘날 우리 청년들의 모습이다.

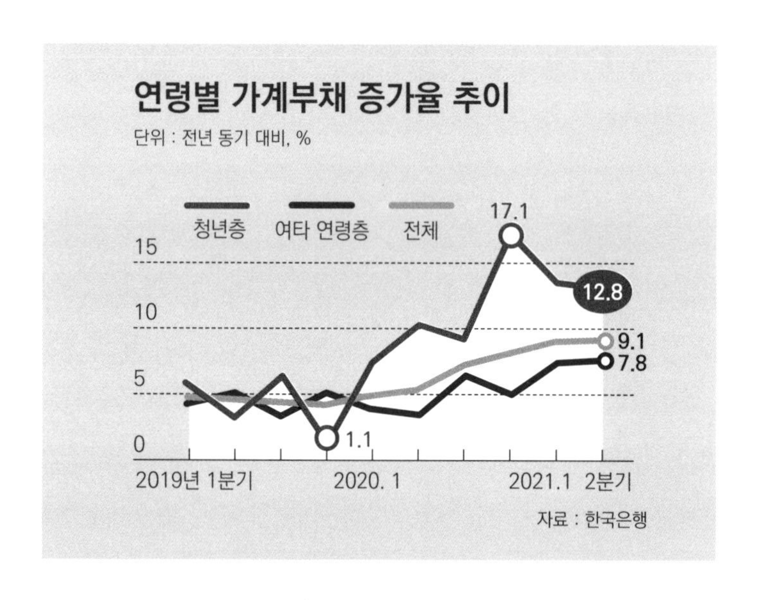

한국 경제, 어디에 와 있나?

앞에서 본 '영끌' 현상은 최근 우리 경제가 활력을 잃어가고 있는 사정과 무관하지 않다. 어쩌면 그 반영이라고 할 수 있다. 1987년 민주화운동 직후 12%로 최고치에 도달한 이후 우리 경제는 대체로 '성장률 둔화-불평등 확대-실업 증가' 추세를 보였는데, 문재인 정권 출범 이후 성장률 하락은 더 빨라져 2017년 3.2%에서 2020년 2%가 되었다. 특히 취업난과 주택난이 겹치면서 이전 세대와 같이 취업을 해 착실히 돈을 모아 집을 마련하는 경로가 막힌 것으로 보이면서 청년들을 '영끌 빚투'로까지 내몰고 있는 비정상의 상황이 벌어지고 있는 것이다.

문 정권은 2020년 코로나가 창궐하는 상황에서도 2% 성장한 것은 상대적으로 월등한 성적이고 2021년에는 3% 중반대의 성장률을 기록한 것으로 전망되니 우리 경제가 잘나가고 있다고 한다. 하지만 2020년의 성적은 여타 대부분 경제활동의 폐쇄(shut-down) 없는 방역으로 제조업 등의 생산유지와 다른 국가의 폐쇄 조치로 인한 공백에 따른 수출 호조에 힘입은 것이지 대외경쟁력 향상과 직결되지는 않는다. 국민들이 불편을 인내하면서도 방역 조치에 적극 협조한 것도 긍정적으로 작용하였다. 2021년의 전망도 기저효과를 감안할 때 V자 회복이라고 하기는 어렵다. 반도체 등 일부 부문은 호조를 보이지만 다른 부문은 침체되어 K자 양극화 가능성이 크다. 성장을 주도하는 대기업 노동시장은 경직적이라 회복이 더디고, 대면서비스업인 자영업과 30인 미만 중소기업의 고용 비중이 크기 때문이다.

성장 엔진은 식어가고

무엇보다도 우려스러운 것은, 우리 경제의 성장잠재력이 급격히 떨어지고 있다는 사실이다. 인플레이션을 자극하지 않으면서 달성할 수 있는 최대 성장률을 나타내는 잠재성장률의 추이를 보면, 2000~2007년의 3.8%에서 2007~2020년에는 2.8%로 이미 1%포인트 하락하였다. 최근 경제협력개발기구(OECD) 발표에 따르면 이 잠재성장률은 2020~2030년에는 1.9%, 2030~2060년에는 0.8% 수준으로 계속 떨어져 OECD 평균(1.1%)을 밑돌 뿐만 아니라 OECD 38개국 가운데 꼴찌(캐나다와 공동)로 전락할 전망이다. 이는 우리나라가 속한 주요 20개국(G20)의 평균치(1.0%)에도 미치지 못하는 수준이다. 잠재성장률의 하락은 그만큼 우리 경제가 성장동력을 잃어간다는 것을 의미하는 것으로, 0%대의 성장은 사실상 성장의 심장이 멈추는 것을 경고하는 것이기 때문에 충격으로 받아들일 수밖에 없다.

잠재성장률의 하락은 그만큼 세수확보가 어려워질 것을 예고한다. 국가 채무비율만 놓고 보면 우리나라는 아직 상대적으로 낮은 수준을 유지하고 있지만 문 정권의 포퓰리스트 정책으로 급속도로 증가해 온 점을 감안할 때 안심할 수 있는 상황이 아니다. 2017년 660조 원이던 국가부채가 문 정부 5년을 거치면서 1000조 원을 넘길 것으로 전망되고 있는데, 지속적인 잠재성장률의 하락은 국가채무의 증대를 더욱 가속화할 수밖에 없다. 최근 국제통화기금(IMF) 보고서에 따르면, 정책변화 없이 이대로 가면 앞으로 5년 동안 우리나라의 국가채무 비율은 선진 35개국 가운데 유일하게 두 자릿 수 증가율(15.6%)을 기록하게 된다는 것이다. 위험속도라 하지 않을 수 없다.

분배도 악화, 삶의 질도 저하

그러면 우리네 살림살이는 나아졌는가? 우선 가계사정을 보면, 코로나 이후 가계부채가 빛의 속도로 늘어 세계 주요 40여 국가 가운데 유일하게 국내총생산(GDP)보다 가계부채가 많은 나라가 되었다. 코로나도 코로나이지만 미친 집값 상승에 따른 '영끌 빚투'가 속도를 끌어올린 것으로 생각된다. 소득분배가 개선되고 있는기 하면 그렇지도 않다. 일반적으로 경제성장의 초기에는 소득불평등이 크지만 어느 수준을 지나면 소득재분배와 복지의 확대로 불평등이 감소하는 추세를 보인다는 쿠즈네츠 가설이 한국 경제에는 들어맞지 않는 것으로 보인다. 경제성장의 초기부터 중산층정책을 함께 펴왔기 때문에 불평등도가 낮았고, 1987년 민주화 이후 지금까지 복지정책을 확대했지만 불평등은 오히려 더 증대하였다. 특히 문 정부 들어와 소득 상위계층과 하위계층의 격차는 더 벌어졌고 재정지출을 통한 소득재분배정책을 강화했음에도 불구하고 격차를 줄이지 못했다.

천문학적인 재정지출에도 불구하고 최선의 복지인 일자리 사정은 최근 몇 년간 악화일로를 걸어왔다. 실업률은 1990년대 초반~2010년대 중반까지만 하더라도 3.5% 내외였던 것이, 문 정부 들어서는 4% 내외로 커졌다. 경제의 허리인 30~40대 고용률이 최근 매년 1.5%포인트씩 감소하여 2021년 8월 현재 OECD 국가 중 30위로 하위권에 머물고 있다. 비정규직 비율도 2017년 32.9%이던 것이 2021년 8월 현재 '비정규직 제로 시대' 슬로건을 비웃듯 38.4%로 껑충 뛰어올랐고 사상 처음 비정규직 800만 명을 넘어섰다. 정규직과 비정규직의 임금 격차도 월 157만 원으로 사상 최대치를 기록하였다. 정규직이더라도 단시간 근로자가 늘었다. 자영업은 특히 코로나에 타격을 받아 폐업이 이어져 전체 취업자에서 차지하는 비중이 통계 작성 이후 최저치로 떨어졌고 아직도 10명 중 4명이 폐업을 고려하고 있는 것으로 알려지고 있다. 노동시장의 이중구조와, 청년들이 선호하는 대기업과 공공부문의 진입장벽으로 인해 새로이 노동시장에 진입하는 청년들의 취업기회가 줄어 청년 4명 중 1명이 사실상 실업상태에 놓여있는 실정이다. 한 번도 경험해 보지 못한 고용참사이자 아찔한 고용절벽이다.

어느 모로 보더라도 문 정권하에서 삶의 질은 향상되지 못했다. 2021년 사회조사 결과에 따르면 32%의 가구가 전년에 비해 소득이 준 것으로 나타났다. 이 수치는 전년 조사 때보다도 9.3%포인트 확대된 것이다. 반면, 소득이 늘어난 가구는 5.7%포인트 줄었고, 비슷하다고 한 가구도 3.6%포인트 감소하였다. 재정지출 확대와 코로나 대응으로 복지와 의료가 나아진 것은 사실이지만 행복을 제고하는 효과는 복지보다 소득이 크다. 소득의 상대적 불평등은 행복을 저해하지만 소득수준 향상에 따른 행복제고 효과는 이를 상쇄하고도 남는다. 의료, 복지는 향상되었지만, 고용불안과 외로움은 커졌다. 문 정권이 일자리 대통령을 내세웠음에도 불구하고, 국민은 당면한 가장 심각한 문제로 일자리를 꼽고 있다. 국민이 원하는 복지서비스의 제1순위도 일자리가 압도적으로, 그 비율은 소득지원보다 2배에 이른다. 특히 새로이 노동시장에 진입하려는 20대의 경우는 소득지원보다 일자리를 원하는 비율이 3배 이상이나 된다.

치명적 유혹:
'소득주도성장'과 '이니언 우기제祭'

문 정권 들어 우리 경제가 채 5년도 되지 않아 이렇게 내려앉은 데에는 여러 원인이 있겠지만 무엇보다도 경제를 정치적으로, 더 정확하게는 정권적 차원에서 접근한 탓이 크다. 이전 두

(보수)정권과의 차별화를 위한 정치적 의도에 따른 (진보)'뇌피셜'로 술수를 부린 것이다. 게다가 잘못되고 있다는 현실의 가르침에도 불구하고 언제나 잘돼 간다고 우겨온 '이니언 우기제'가 이를 더욱 악화시켰다. 인디언의 기우제는 정성이라도 있고 끝이라도 맞추지만 이니언의 우기제는 정성은 고사하고 끝마저도 맞춰 놓지 못했다. 잘못 끼워진 첫 단추를 마냥 우김으로써 이 지경까지 이르게 된 것이다. 정파적 차원에서 보면 자업자득自業自得이지만, 국가적 차원에서는 엄청난 왜곡이다.

말이 안 되는 '소득주도성장', 그 유혹은 치명적

이 첫 단추는 이른바 '소득주도성장'이다. 이제는 국민 대다수가 현실의 가르침으로 인해 이것이 잘못 끼워진 첫 단추라는 사실을 알게 되었지만, 문 정부가 호기롭게 이를 국정의 최우선 순위로 공표할 당시에는 적지 않은 국민이 상당한 매력을 느낀 것도 사실이다. 자신의 주머니가 두둑해지고 그 주머니가 나라 경제를 성장시키는, 누이 좋고 매부 좋은 정책으로 받아들이는 분위기가 감지되기도 하였다. 진보를 자처하는 인사들이 공공연히 지지를 표명하고 심지어는 그들 사이에서 '만세' 소리가 들려오기까지 하였다. 성장과 분배라는 두 마리의 토끼를 한꺼번에 잡을 수 있다고 하니 그럴 만도 하였다.

그러나 이는 이론적으로나 현실적으로 치명적인 결함을 은폐한 정치적 슬로건, 다소 심하게 말하자면 선전·선동에 불과한 것이다. 우선 이론적인 면에서, '소득주도성장'은 개념이 논리적으로 성립되지 않는다. 소득의 증대가 곧 경제성장으로 나타나고 다시 경제성장은 소득의 증대를 의미하기 때문에 논리적으로 동어반복(tautology)일 뿐이다. '학점 주도 성적향상'과 같은 패러디가 이를 꼬집듯, 말이 안 되는 소리에 불과하다. 구태여 이론적인 연결고리를 찾는다면, 소비성향이 높은 저소득층의 소득을 증대시킴으로써 민간소비의 증대를 통해 성장을 도모하자는 것인데 이는 매우 약한 고리에 불과하다. 이 소득증대는 주로 재분배 즉 이전소득을 통해 이루어지는데 그만큼 민간투자나 정부 부문에서 상쇄될 수밖에 없기 때문에 전체 성장에 미치는 효과는 제한적이다.

현실적으로 보면, 저소득층의 소득증대가 곧 소비증대로 이어지는 데에는 제약이 있다. 우선, 절대빈곤 이상과 이하의 계층 사이에는 소비성향에 차이가 있다. 저소득층도 엄연히 합리적인 소비행위를 한다는 사실은 두말할 나위가 없으며 이러한 사실은 2019년 노벨 경제학 수상자들이 실증적으로 증명한 바 있다. 더구나 저소득층일수록 가계부채의 비율이 높기 때문에 증대된 소득의 최우선 사용처는 부채의 상환이고 그 다음이 소비가 된다. 소비에 사용하는 부분도 주로 생필품이 될 것이고,

생필품의 대부분을 수입에 의존하고 있기 때문에 경제성장 즉 국내총생산에 기여하는 부분은 실제로는 미미한 정도에 그치게 된다. 이렇듯 분배를 통해 성장을 하자는 것은 현실적으로는 마차를 말 앞에 매어 놓고 끌도록 하는 것이나 다름없다.

문 정부 들어서면서 '3년 내 최저임금 1만 원'을 내걸고 대폭적인 최저임금 인상을 시도한 것도 '노동존중'의 명분이었지만 실제는 '소득주도성장'에 근거를 둔 것이었다. 이전소득을 통한 재분배에 더하여 정부가 개입할 수 있는 분배의 유일한 수단이 최저임금이기 때문에 정부는 무리를 무릅쓰고 처음 2년 동안 계속해서 두 자릿수의 급격한 인상을 감행하였다. 인상분의 일부를 재정으로 보전하는 등 무리수까지 동원하였지만 우리 경제에 여러 부작용을 낳아 이후에는 속도 조절이 불가피했던 것이다. 소상공업에 치명상을 입혀 폐업이 속출하고 저임금 근로자가 일자리를 잃음으로써 민생경제에 큰 충격을 주었음은 주지하는 바 그대로다. 속도 조절에도 불구하고 이 충격은 아직까지도 완전히 해소되지 않고 있다. 비단 소상공업만이 아니라 거의 모든 분야에서 인력감축이 경쟁적으로 이어지고 있는 오늘날의 현실을 우리는 목도하고 있다.

이니언 우기제가 사태를 악화

'소득주도성장론'은 한마디로

성장론의 외피를 걸친 분배론이다. 성장론이 없다는 지적에 성장으로 포장하면서 방점은 분배에 두고, 마치 성장과 분배를 동시에 달성시키는 새로운 이론이나 되는 것처럼 호도한 것이다. 앞에서 지적한 대로 개념조차 성립하지 않는, 부실한 토대에 기초한 문 정부의 경제정책이 성장은커녕 분배마저도 놓치는 결과를 초래할 것이란 것은 이미 예고된 것이나 다름없었다. 애초부터 전문가들의 우려와 비판이 있었지만 문 정부는 이를 철저히 외면하고, '진보 뇌피셜'을 동원하여 역공을 펴기까지 하였다. 급격한 최저임금 인상에 대한 경고에 대해서도 전혀 문제가 없다고 우기기부터 하였다. 통계수치가 잘못되어 가는 현실을 보여주고 있는데도 이니언 우기제는 통계에다 책임을 돌렸다. 특히 소득분배지표가 악화를 보이자 통계청장을 경질하고 통계의 범위와 방식을 바꾸어 분배가 개선되고 있다고 수장하고 이선과의 시계열 비교가 불가능하게 만들어 놓는 촌극까지 빚었다.

	경제성장률 (%)	5분위 배율 (기말, 배)	최저임금 인상률 (%)	취업자 증가 (천 명)	실업률 (%)
2003-2007	4.5	5.34	10.6	254	3.5
2008-2012	3.2	5.05	5.2	250	3.4
2013-2017	2.9	4.61(6.96)	7.5	354	3.5
2018	2.9	5.47 (6.54)	16.4	97	3.8
2019	2.2	6.08*(6.25)	10.9	301	3.8
2020	-0.9		2.9	-218	4.0

*는 1/4 분기 유경준 추정치: ( )는 바뀐 방식에 의거한 수치

그럼에도 불구하고 소득주도성장이 환상이었고 치명적인 유혹이었다는 것을 깨닫게 하는 데에 그리 오랜 시간이 걸리지 않았다. 위에서 보듯, 실제로는 주요 경제지표가 '소득주도성장'의 기치를 내걸면서부터 하강 길을 걷고 있었기 때문이다. 그리하여 이제 '소득주도성장'이란 말이 아닌 소리조차 들려오지 않고 있다. 그렇다고 해서 이니언의 우기제가 끝난 것은 아니다. 소득주도성장의 오류와 실패를 한 번도 인정한 적이 없다. 일찍이 대통령 소속 정책기획위원회에 둥지를 튼 '소득주도성장 특별위원회'는 아직도 건재하고, 이니언은 국민의 혈세로 그들만의 축제를 밤새워 이어가고자 하는 듯하다.

혁신성장으로:
기조 전환과 기반 강화

이제 그들만의 축제는 멈추어야 한다. 인기영합적 경제정책으로 재정지출 원칙이 훼손되고 규제가 강화되면서 경제성장의 엔진이 식어가고 있다. 나라와 가계의 빚이 늘어가는 가운데 불평등이 심화되고 있다. 성찰이 필요하다. 치명적 유혹을 완전히 떨쳐버리고 활로를 모색해야 한다. 무엇보다 성장 엔진을 되살리기 위해서는 우리 사회경제 전반의 혁신이 필요하다. 요소

투입의 단계를 통과하여 혁신의 단계에 진입했지만 여전히 머뭇거리고 있는 우리 경제의 정책기조를 혁신성장으로 완전히 전환해야 한다.

물량투입 위주에서 벗어나야

물론 그동안 그 나름대로 혁신의 노력이 없었던 것은 아니다. 전통적인 교육열과 더불어 꾸준히 연구개발 투자를 늘려온 것은 사실이다. 그리하여 연구개발 투자와 교육은 세계적으로 최상위 수준에까지 이르렀지만 아직 물량투입 위주의 단계를 크게 벗어나지 못하고 있다.

2021년 세계혁신지수(Global Innovation Index)에서 투입은 세계 1위 수준을 기록하고 있지만 지식과 교육의 수준 및 상품의 창의성을 나타내는 산출지수는 8위에 불과해 그 갭이 크다. 투입지수에선 6위이지만 산출지수에서는 세계 1위를 차지하고 있는 스위스와 비교해 보면 그만큼 혁신도 한 단계 더 업그레이드돼야 함을 알 수 있다. 우리의 경우 혁신의 환경, 즉 혁신의 생태계가 여전히 미흡하기 때문에 무엇보다도 혁신생태계의 조성에 주력해야 한다.

실제로 우리 기업 특히 대기업의 기술융합 역량은 뛰어나지만 이것만으로는 혁신성장을 담보할 수 없다. 우리에게는 다른 두 요소, 즉 제도적 유연성과 창의적 사고가 부족하다.

재산권 등 제도의 유연화

먼저 제도적 유연성을 보면, 앞서 언급한 혁신지수상으로도 우리의 수준은 28위로 뚝 떨어진다. 제도적 수준은 공급 측면에서는 유연성과 공정성, 수요 측면에선 제도적 수용성에 좌우되는데, 수급 양 측면에서 핵심적인 것은 재산권이다. 혁신에 대한 보상이 제대로 이뤄져야 혁신이 추동될 수 있고 혁신을 통해 수익을 증대시키는 경제활동이 제도적으로 수용되어야 혁신이 더욱 활성화될 수 있기 때문이다. 혁신의 과실이 당사자에게 돌아가지 않고 다른 사람이나 조직(정부)에 지대 등의 형태로 지급되면 혁신은 더 나아갈 수 없다. 이는 혁신에 실패한 경우도 마찬가지다. 그 책임은 전적으로 당사자의 것이며 그렇지 않을 경우는 혁신의 도덕적 해이로 인해 꼭 필요한 혁신이 오히려 저해될 수 있기 때문이다. 물론 혁신의 소요투자나 리스크가 아주 큰 경우에는 정부의 보조나 지원이 필요하다.

재산권의 존중과 보호를 이념적으로 접근하는 한 혁신은 멈출 수밖에 없다. 그 실례를 우리는 이미 사회주의권의 몰락을 통해 보아왔다. 노벨 경제학상을 수상한 제도학파 경제사가 더글러스 노스가 제도 특히 재산권 제도의 발전이 곧 인류 경제사의 발전과정이라고 한 데는 그에 합당한 역사적 실증이 뒷받침되고 있음을 명심할 필요가 있다. 이와 더불어 시장경쟁 특히 공정경쟁이 혁신의 제도적 요인으로 작용한다. 경쟁은 혁신을 촉진하고 공정경쟁은 혁신의 제도적 기반이 된다. 규제는 거래비용을 증대시켜 혁신을 저해하기 때문에 제한적으로만 이루어져야 한다. 공정경쟁을 명분으로 이루어지는 과도한 규제 또한 마찬가지다. 다분히 반기업적 정서나 특정 이념에 기초하여 기업의 소유구조에 정부가 직접 개입하는 것은 가급적 피해야 한다. 불공정 행위에 대한 규제에 그쳐야 하고 그에 따른 대응을 소유 구조에까지 확대할지 여부와 정도는 자율적으로 결정하고 책임지도록 하면 된다.

창의적 사고를 위한 교육 혁신

다음으로, 창의적 사고의 부족은 우리 교육부터 혁신되어야 함을 의미한다. 그 방안에 대해서는 이 책의 해당 부분에서 다루어질 것이기 때문에 여기서는 우선 몇 가지 과제에 대해 간략히 언급하고자 한다. 혁신은 아이디어에서 나오고, 아이디어를 키우는 교육은 성장은 물론 분배 개선에도 기여하는 핵심 요소다. 그러나 우리의 교육은 창의적 사고를 키우기보다는 계층이동의 사다리 역할에 주력하여 급기야는 계층 유지의 수단으로 전락하고 있다. 공교육에서 직업훈련이 등한시되고 이공계 기피 현상 등으로 인해 노동시장과의 괴리가 큰 것도 해결해야 할 과제다. 교육예산의 60% 이상이 교사 등에 대한 인건비인데, 교원 급여는 OECD 국가 중에서 상위권이지만 정작 교원의 능력은 하위권에 속하는 것으로 보고되고 있다. 2000년대 초반까지만 해도 세계 1위이던 학업 성취도마저 떨어지고 있는 반면 기초학력 미달자의 비율은 증가하고 있다.

이러한 교육 현실에서는 창조적인 아이디어가 길러지기 힘들다. 획일적 교육과 교육현장의 관행부터 획기적으로 혁신되어야만 창조적 사고가 배태될 수 있을 것이다. 교육 기회가 공정하게 확충되는 것도 중요하지만 현재와 같은 모노레일식 제도교육의 경로를 보다 다양하게 바꿔 나가야 할 것이다. 이와 더불어 교육열이 평준화 일변도로 굳어가고 있는 것도 과감하게 혁신할 필요가 있다. 차이와 차별을 구분하지 않고 다양성을 금기시하는 생각부터 달라져야 할 것이다. 그리고 이에 기초한 우리의 교육정책 전반이 혁신되어야 한다.

이렇게 볼 때, 우리 경제의 혁신성장을 위해서는 새로운 산업을 발굴하여 신성장 동력으로 삼아 정책을 펴나가는 것도 중요하지만 우리가 부족한 혁신 인프라를 확충하지 않고서는 신성장 동력이 제대로 작동하기 어렵다는 사실을 명심해야 한다. 신산업을 중심으로 벤처기업을 육성하고 인력을 양성하고 규제를 합리적으로 조정함과 동시에 정책금융으로 지원하는 등의 기존방식을 넘어서, 제도적 유연성을 높이고 창조적 아이디어가 샘솟게 하는 혁신 생태계를 조성하는 데에 정성을 쏟아야 한다. 이러한 바탕 위에서 정책을 혁신하고, 정책을 집행할 정부를 혁신하고, 궁극적으로는 정부를 규정하는 정치를 혁신함으로써 혁신성장의 길로 내달을 수 있을 것이다.

정책과 정부의 혁신

이제 얼마 지나지 않아 새로운 정권이 출범하게 된다. 여야 어느 쪽이 집권하든 경제정책 기조의 변화는 불가피하다. 문 정권의 '소득주도성장-혁신성장-공정경제'는 앞에서 본 대로 소득주도성장은 치명적인 유혹으로 혁신성장을 저해하고, 공정경제 역시 개념조차 성립되지 않고 공정이란 일반 개념으로 이해하더라도 공정거래로 명료화하여 혁신성장의 제도적 기반으로 삼으면 될 것이다. 그 결과 아이러니컬하게도 문 정권이 가장 등한시한 혁신성장만이 쓸모가 있게 된다. 반드시 그러해서가 아니라 다음 정권이 처할 현실을 감안할 때 다음 정권은 혁신성장을 기치로 내걸 수밖에 없을 것으로 생각한다. 대외적으로는 미·중 갈등으로 인한 세계 경제의 가치사슬(value chain) 변화에 따라 경쟁력 강화가 우리 경제의 과제로 더욱 절박하게 다가올 것으로 전망되고, 이와 맞물려 문 정권의 복지와 분배 정책에 대한 성찰이 불가피하게 될 것이다. 따라서 다음 정부의 경제정책은 혁신성장을 중심으로 재편되지 않으면 안 될 것으로 생각한다.

정책 혁신

경쟁력을 높이기 위해서는 우선 기업 차원에서 대기업과 중소기업의 역량 공유를 통해서 우리 경제 전체의 역량을 제고하는 혁신이 필요하다. 양자 간에는 기술격차가 심하기 때문에 경제성장에 대한 기술의 기여도는 4분의 1 정도로 미국의 절반 수준에 머무르고 있다. 역량 공유를 통해 성장도 하고 격차도 줄이면, 이것이야말로 혁신성장이 아니고 무엇이겠는가. 우리가 강점을 지닌 디지털화는 이를 통해 중소기업의 혁신을 추동하게 될 것이다. 또한 이는 중소기업의 글로벌화를 촉진하고 그에 따라 혁신이 일어나게 할 것이다. 코로나로 인해 중소기업의 해외 진출도 장벽이 높아졌지만 디지털화 혁신을 통해 극복하면 코로나는 오히려 기회 요인이 될 수 있다.

이에 따라 중소기업 지원정책은 인적자본 개발과 혁신에 중점을 두는 방향으로 재편되어야 한다. 보호보다 공정한 경쟁을 통해 중소기업의 경쟁력을 높이고, 국가혁신 시스템을 중소기업이 활용하기 쉽게 산·학·연 협력에 중소기업이 참여하도록 하고 직업교육 훈련의 수준을 높이는 데에 지원하는 편이 효과적이다. 이와 더불어 수출보다 혁신 효과가 훨씬 큰 외국인 직접투자를 중소기업에 유치하면 고기술·고숙련 인력의 유출도 막아 혁신의 잠재력을 키울 수 있다. 자본과 두뇌의 유출이 유입을 훨씬 능가하고 있는 실정을 고려할 때 이는 더욱 적극적으로 추진할 필요가 있다.

혁신성장을 위한 인적자원 정책과 관련해서는 교육과 더불어 노동정책의 혁신이 반드시 필요하다. 이 역시 이 책의 해당 부분에서 다뤄지겠지만 문 정부가 애써 외면해온 분야이기 때문에 강조하는 의미에서 혁신의 방향을 요약하면 다음과 같다. 먼저 고착화된 노동시장의 이중구조를 완화 내지는 해소함으로써 청년층의 노동시장 진입을 원활히 하고 노동시장의 역동성을 높여 혁신성장에 기여하도록 한다. 이와 더불어 노동시장의 경직성을 완화하기 위해 유연한 근로시간과 근로 방식 확대, 연공급 임금체계의 직무급으로의 개편, 능력개발을 통한 고용가능성 제고 및 생산성 증진 등이 필요하다. 그런데 노동시장의 이중구조는 노사관계의 이중구조와 맞닿아 있으므로 노사관계 혁신이 반드시 병행되어야 한다. 노동시장과 노사관계의 이중구조를 혁파하는 전면적인 노동 개혁이 혁신성장에 필수적이다.

다음으로 복지정책도 혁신되어야 한다. 그 기본방향은 일과 복지의 연계성을 높이고, 과도한 복지를 줄이며, 민간부문에서도 복지서비스를 제공하도록 해 복지의 효율성을 높이는 것이다. 역사적으로 복지는 노동을 전제로 해왔다. 일차적으로 근로능력이 없는 사람에게 복지를 제공하고, 일하는 사람에게는 보조적인 지원을 하는 것이다. 전면적 무상복지만이 복지가 아니고 정부가 복지를 독점적으로 제공해야 하는 것도 아니다. 이와 관련하여 거론되고 있는 기본소득(basic income)에 대해 한마디 하자면 이론적으로나 현실적으로 우리나라에 이 정책을 도입하는 것은 적절치 않다. 기본소득이 아니라 기본필요(basic needs)가 복지정책 혁신의 지향점이며, 이에 따른 선별적 복지정책을 넘어서는 기본소득정책은 또 하나의 치명적 유혹이 될 것이다.

정부 혁신

혁신성장을 기본 축으로 정책쇄신을 하려면 정부부터 혁신해야 한다. 정부의 낭비는 줄이고 생산성은 높이고 그 성과에 따른 책임을 지게 해야 한다. 복지국가를 내걸면서 재정을 방만하게 운용해 국가부채를 키우는 정부가 되어서는 안 된다. 일자리를 늘린다면서 재정을 확대했지만 결국 실업률만 높이는 정부가 되어서는 안 된다. 큰 정부, 작은 정부 차원이 아니라 현실적인 비전을 제시하고 합리적으로 문제를 풀어나가는 정부여야 한다.

정부혁신은 공공부문의 개혁과 병행되어야 한다. 코로나19 이전에 OECD 회원국의 4분의 3에 달하는 국가가 공공부문의 고용과 급여를 줄였다. OECD 국가에서 공공부문 일자리를 100개 늘릴 때 민간부문 일자리는 평균 150개가 사라졌고 33명의 실업자가 생겼으며, 개발도상국에서는 공공부문 고용 확대의 40% 이상이 정치적 동기에 의한 것이었는데, 문 정부는 개발도상국과 흡사한 모습을 보였다. 공공부문은 호봉제를 유지하고 고용 보호는 겹겹으로 강화되어 있으며, 중앙 부처든 지방자치단체든 공공사업의 실패나 공기업의 경영 실패에 책임지는 사람이 없다. 정부가 국민 세금으로 시민단체를 지원하지만 지원 단체에 대해 재정 투명성을 요구하거나 정보 공개를 요구하지 않는다. 이러면서 정부가 기업, 학교, 노조 등에 혁신을 요구하기는 어렵다.

정권의 정치적 동기가 혁신성장을 가로막아 온 사례는 허다하다. 그 가운데 가장 대표적인 것이 포퓰리즘이다. 포퓰리즘은 민주주의의 허점을 파고든 독약으로, 아르헨티나와 베네수엘라 등 남미만이 아니라 그리스 등 남부 유럽에서도 멀쩡했던 국가경제를 망가뜨리는 위력을 보여주었다. 문 정부 역시 포퓰리즘에 빠져 있다. 경제뿐 아니라 안보 등 국정 대부분이 그러하다.

포퓰리즘은 집권으로 얻는 이익이 크고, 유권자의 정보에 오류가 있고, 정치인이 미래지향적인 것처럼 보이려고 하고, 집권자의 임기가 짧을수록 기승을 부리기 마련인데 우리가 바로 이 경우에 해당한다. 정치가 혁신되지 않으면 정부혁신도 어렵기에 우선 국민들이 포퓰리즘부터 배격해야 정치혁신을 할 수 있다. 그 이전부터라도 정부가 법치와 재정준칙 등 규범을 확립하고, 정책 결정과 집행 과정에서 원칙을 지키며 그 결과에 책임을 지도록 해야 한다. 이는 국민의 몫이다.

탈탈원전 정책으로 탄소중립

한삼희

Chapter 02

탈탈원전 정책으로
탄소중립

「판도라」 관람 후 탈원전 공약

문재인 정부가 표방한 에너지정책의 두 축은 탈원전과 탄소중립이다. 이 글에서는 탈원전과 탄소중립이 양립 가능한 정책인지에 초점을 맞춰 정리했다.

본론에 들어가기 전에 밝혀둘 부분은 한국만큼 토지 부족 국가가 없다는 점이다. 한국의 인구밀도를 인터넷에서 검색해보면 2015년 현재 km^2당 509명으로 돼 있다. 실제로는 이것의 최소 두 배 이상 되는 거로 봐야 할 것이다. 도시와 농경지로 활용할 수 없는 산지가 국토의 63%나 되기 때문이다. 유럽도 인구밀도가 촘촘하긴 하다. 그러나 유럽 대륙은 2만 년 전까지 두께 2km 이상의 거대 빙하로 덮여 있었다. 그 빙하가 1만 년여에 걸쳐 물러나면서 대륙을 싯이겼나. 그래서 지형이 대체로 평탄하다. 알프스 산맥을 제외하고는 산이라고 할 만한 것이 별로 없다. 영국은 인구 6700만 명이 남한의 2.4배 면적에 살고 있다. 인구밀도가 270명쯤 된다. 그런데 산지 면적 비율이 12%밖에 안 된다. 그렇다면 영국의 실제 인구 압박도는 우리의 5분의 1 정도도 안 되는 것 아닐까. 미국 같은 나라는 더 말할 것도 없다.

한국은 이런 근본적인 지리적 제약 조건 속에 있다. 식량, 에너지 할 것 없이 이런 불리한 물리적 환경을 극복하고 마련해야 한다. 비싼 토지 비용을 안고 갈 수밖에 없다. 최대한 부지를 덜 차지하면서 환경에 부담을 덜 주는 고밀도 에너지를 추구해야 한다.

탈원전은 문재인 정부가 출범 초부터 밀어붙인 핵심 정책이었다. 문 정부가 출범한 2017년 기준으로 전력의 30% 성노를 담당한 원자력발전을 에너지 구성에서 제외한다는 것은 경제, 환경, 에너지 안보 등에 큰 충격을 줄 수 있는 정책 방향이었다. 그런데도 문재인 정부는 탈원전 방침을 정하면서 국가적 토론과 숙고 과정을 거치지 않았다. 권력 핵심과 권력 주변 소수 인사들의 주관적이고 편협한 신념에서 출발한 독단적 결정이었다.

문재인 대통령은 대통령 당선 이전부터 원자력에 반대하는 입장을 보였다. 그걸 보여주는 대표적인 사례는 문 대통령이 2016년 12월 18일 전 더불어민주당 대표 신분으로 부산의 한

극장에서 상영된 원전 재난 영화 「판도라」를 영화 제작진과 함께 본 후 했던 발언이다. 「판도라」는 지진으로 인해 노후 원전의 설비에 이상이 생겨 원전이 결국 폭발한다는 상황을 설정한 영화였다. 문 전 대표는 영화 관람 후 "부산 시민들은 머리맡에 폭탄 하나 매달아 놓고 사는 것과 똑같다. 판도라 뚜껑을 열지 말아야 할 것이 아니라 판도라 상자 자체를 치워야 한다. 비록 (사고가 날) 확률이 수백만분의 1밖에 안 된다고 하더라도 사고 발생 가능성이 있다고 하면 우리가 막아야 하는 것 아니냐"고 했다. 문 대통령은 탈원전을 선거 공약으로 내걸었다.

대통령 공약이라도 그것이 정책으로 실행되려면 그 합리성과 실현 가능성, 부작용 등을 충분히 검토하면서 국가 공식 의사결정 과정을 거치는 것이 맞다. 관련 집단들의 이해관계를 조정하고 국민 전체의 의견을 수렴하는 과정도 필요하다. 탈원전은 대뜸 선언부터 하고 나서 일사천리로 집행됐다.

문 대통령은 취임 후 40일 남짓 지난 2017년 6월 19일 고리1호기 영구정지 기념식에서 '탈원전'을 선언했다. 전임 대통령의 탄핵이라는 비정상적 정치 상황 속에서 인수위원회 등의 준비 절차 없이 정부 임기가 시작됐는데도, 사실상 취임하자마자 국가 에너지 정책의 변경을 공식화한 것이다. 대통령 취임 직후에는 뭔가 이뤄내겠다는 흥분된 정신 상태를 갖게 될 가능성이 높다. 자신감에 충만해 있을 시기다. 그러나 대통령제 역시 민주주의 시스템 아래서 작동하는 것이다. 국가 경제의 운명을 좌우하고, 중요 산업이 하루아침에 무너질 수 있고, 수많은 이해 당사자와 그들 가족의 생계가 달린 문제를 대통령이 혼자 신념으로 결정해서는 안 된다. 탈원전 선언은 대통령이 대통령직의 한계와 책임성을 인식하지 못하는 상황에서 덜컥 튀어나왔다.

문 대통령은 기념사에서 "2011년 발생한 후쿠시마 원전 사고로 총 1368명이 사망했다. 사고 이후 방사능 영향으로 인한 사망자나 암환자 발생 수는 파악조차 불가능한 상황"이라면서 "탈핵 시대로 가겠다. 신규 원전 건설 계획은 전면 백지화하고, 원전의 설계 수명을 연장하지 않겠다"고 했다. 문 대통령은 또 "설계수명이 다한 원전 가동을 연장하는 것은 선박 운항 선령을 연장한 세월호와 같다"면서 "수명을 연장해 가동 중인 월성 1호기는 가급적 빨리 폐쇄하겠다"고 했다.

미생물학자가 만든 탈원전 공약

문재인 정부의 탈원전은 졸속 정책이라는 사실이 하나둘씩 드러났다. 무엇보다 누가, 어떤 집단이 심도 있는 검토를 했다는 정황이 드러난 게 없었다. 문재인 정부의 탈원전 공약과 정책 설정에 관여했다고 알려진 인물의 한 사람이 김익중 동국대 의대 교수다. 그는 정부 출범 후 두 달쯤 지난 2017년 7월 13일 서울의 한 고교에서 1학년생들을 대상으로 강연을 했다. 거기서 김 교수는 "(대선을 앞두고) 문재인 캠프에 들어가서 탈원전 정책을 계속 제안했는데 (캠프에서) 싹 받아줬다. 이게 우리나라 정부 정책이 돼 버렸다"라고 말했다.

김 교수는 에너지 전문가가 아니다. 미생물학 전공학자다. 그는 학생들을 상대로 한 강연에서 후쿠시마 사고를 언급하면서 "앞으로 300년 동안 고등어 명태 대구는 절대 먹으면 안된다. 오늘 밤 유언서를 써서 쭉 10세대 내리 손손 (먹지 말라고) 해야 한다"고 선동했다. 김 교수는 경주 지역 환경운동 단체에 관여하면서 탈원전을 주장해 왔고, 정부의 원자력안전위원회 위원 경력도 갖고 있으며 영화 「판도라」의 총괄 자문도 맡았던 인물이다. 그는 강의에서 "후쿠시마 사고(2011년 3월) 이후 4년간 일본인 60만 명이 평소보다 더 죽었다. 방사능 때문이라는 걸 입증하고 싶다"고 했다. 일본은 고령화가 계속 심화되면서 사망자 숫자가 매년 조금씩 늘어왔다. 원전 사고 이후 4년간(2011~2014) 사망자 505만 명이 이전 4년(2007~2010) 사망자 459만 명보다 46만 명 많은 것은 그런 고령화를 반영한 것일 뿐이었다. 대학생 수준이라도 알아차릴 수 있는 이런 통계적 추세를 교묘히 왜곡, 또는 잘못 이해해 탈원전을 선동한 교수가 탈원전 공약을 만드는 데 관여했다고 스스로 자랑하는 것 자체가 탈원전의 허술한 토대를 말해주는 것이었다.

김 교수와 함께 에너지 공약 작성에 참여한 사람이 김좌관 부산가톨릭대 교수다. 김 교수는 문재인 대통령이 대선 후보 시절 대선 캠프에서 환경에너지팀장을 맡았다. 그는 수질관리, 생태공학을 가르치는 하천학자로 4대강 사업 반대 삼인방 교수 중 한 명이다. 문 정부 시절 한동안 한국전력 이사회 의장도 지냈다. 하천학자로서 맞는 직함인지 아리송하다. 4대강 반대 삼인방 가운데 또 다른 한 명인 박창근 관동대 교수는 하천토목 전공 학자로서 2년간 원자력안전위원회 전문위원을 했다. 이런 사람들이 관여하거나 만든 공약이니 탈원전의 정책적 기초가 허약할 수밖에 없다. 문 대통령이 '후쿠시마 사고 1368명 사망'이라고 했던 것부터 사실과 다른 내용이었다. 1368명이란 숫자는 후쿠시마 원전 사고 후 피난 생활에 나선 17만 명 가운데 지병, 스트레스 등으로 사망한 사람을 말하는 것이었다. 대부분 노인이었다.

문 대통령은 탈원전 선언 8일 뒤 2017년 6월 27일 국무회의에서 공정이 28.8% 진행된 상태의 신고리 원전 5·6호기 공사를 중단하고 계속건설 여부에 대해 공론화 과정을 거치겠다고 밝혔다. 공론화위원회가 구성됐고 2017년 10월 13일부터 2박3일의 합숙토론을 거쳐 15일 찬반 투표가 이뤄졌다. 결과는 '건설 재개'가 59.5%, '건설 중단'이 40.5%로 나왔다. 8월 말 1차 조사 때는 '재개'(36.6%)가 '중단'(27.6%)보다 9%포인트 많았는데 토론 후 격차가 19%포인트로 벌어졌다.

그런데도 문재인 대통령은 공론화 결과 발표 이틀 뒤인 10월 22일 "신고리 5·6호기 건설을 조속히 재개하는 한편, 탈원전 등 에너지 전환 정책을 차질 없이 추진하겠다"고 했다. 공론화위원회 설문 조사 가운데 한 문항에서 원전 축소가 바람직하다고 대답한 비율이 53.2%로 '원전 유지(35.5%)'와 '확대(9.7%)'를 합한 것보다 8%포인트 높았다는 게 이유였다. 공론화위원회는 어디까지나 신고리 5·6호기의 건설 재개 여부를 결정하자는 것이었다. 참여한 시민 471명도 그렇게 알고 있었다. 그런데 당초 예정되지 않았던 문항을 하나 끼워 넣고, 그 문항이 어떤 용도로 활용될지에 대한 사전 설명도 전혀 없는 상태에서, 거기서 '원전 축소 희망' 의견이 많았다는 이유로 탈원전을 밀고 나가겠다고 한 것이다. 시민 참가단은 말할 것도 없고, 국민 모두가 눈 뜨고 있다가 당한 것이나 마찬가지였다. 문제의 문항 자체가 애매했다. 문 정부의 탈원전은 단계적이긴 하지만 결국 원전을 모두 폐쇄하겠다는 것이다. 그건 '축소'가 아니라 '폐지'가 맞다. '축소'라는 항목을 놓고 원전 폐지를 의미하는 것으로 받아들인 사람은 많지 않았을 것이다. '축소' 외에 '폐지'란 항목을 별도로 만들어 설문했다면 아주 다른 결과가 나왔을 것이다. 또, 해당 문항으로 원전 정책 방향을 결정하게 된다는 점을 설명하고 설문이 진행됐다면 전혀 다른 결과가 나왔을 것이다.

그러나 정부는 10월 24일 국무회의에서 '신고리 5·6호기 건설은 재개하되 신규 원전 건설 백지화, 기존 원전의 수명 연장 불허 방침을 공식화했다. 수명 연장 후 가동 중인 월성1호기도 조기 폐쇄한다는 것이다.

국민 상대 속임수 쓴 '월성1호기 폐로'

탈원전 정책의 무리가 그대로 드러난 것이 월성1호기 경제성평가 조작 왜곡 사건이다. 2017년 10월 국무회의에서 탈원전 방침이 공식 확정된 이후 정부는 그 첫 작업으로 월성1호기 폐로 시행에 들어갔다. 월성1호기는 2012년 11월로 30년 운영허가 기간이 만료됐지만 원자력안전위원회의 심사를 거쳐 2015년 2월 '10년 연장 가동' 승인을 받고 가동 중이었다. 한국수력원자력은 월성1호기 수명 연장(계속 운전)을 위해 2009~2011년에 걸쳐 대규모 설비 교체 작업을 벌였고, 여기에 7000억 원이 들었다.

계속운전 승인을 받아 가동 중이던 원자력발전소를 폐쇄하려면 법적 근거가 필요했다. 정부는 국회의 특별법 제정 절차를 검토했지만 어렵다고 봤다. 국회에서 법을 만들려면 공개적 토론과 논란이 불가피했다. 신고리 공론화위원회의 경과 추이를 봤을 때 관철하기 쉽지 않다고 판단했을 것이다. 그래서 정부가 채택한 방법이 한국수력원자력 이사회의 자체 판단에 의한 폐로 결정이었다.

한수원이 자체적 폐로 결정을 하려면 월성1호기의 안전성에 심각한 문제가 있거나 더 이상의 가동이 경제적으로 불합리하다는 근거가 필요하다. 안전성은 원자력안전위원회의 계속가동 심사를 통해 문제없는 것으로 결론 난 상태였다. 정부는 경제성평가를 동원하기로 했다. 자체 경제성평가를 통해 가동을 중단시킨다면 배임 논란도 피해 나갈 수 있는 터였다.

경제성평가 조작의 핵심은 원전 가동률과 전력 판매단가의 두 수치였다. 국내 20개 원전의 2001~2010년 평균 가동률이 92.6%였다. 그런데도 회계법인의 경제성평가에선 월성1호기의 남은 수명 기간 예상 가동률을 60%로 잡았다. 원자력 전기 판매단가는 2013년 kWh당 39원에서 2017년 61원까지 올랐는데도 이것이 돌연 떨어지기 시작해 2022년 49원이 되는 것으로 가정했다. 두 수치를 조작해서 한수원 이사회가 폐로 결정을 내리도록 유도한 것이다.

한국은 탈원전, 선진국은 원전 증설

이 과정에서 숱한 무리가 저질러졌다. 당시 백운규 산업부 장관은 "폐로 결정을 내리더라도 2

년 반은 추가 가동하는 것이 바람직하다"고 건의하는 담당 과장에게 "너 죽을래"라고 윽박질렀다. 그 과장은 도리없이 한수원 본부장 등을 호출해 '즉시 가동 중단' 방침을 통보했다. 그는 회계법인 평가 담당자를 불러서는 "막말로 우리가 원전 못 돌리게 하면 이용률이 나올 수 없는 것 아니냐"고 억지를 부려 예상 가동률을 낮추도록 강요했다. 한수원은 이사회에서의 즉각 폐쇄 결정을 끌어내기 위해 2018년 5월 초 한수원 사외이사 세 명을 교체했다. 새로 선임된 사람 중 한 명은 탈원전 활동 교수, 또 한 명은 여당 원외 인사였다. 6월 초엔 이사회 의장도 바뀌었다. 원래 의장이었던 조성진 경성대 교수는 "아무 사전 통지 없이 밀려났다"고 나중에 언론에 말했다. 조 교수는 6월 15일 이사회에서 유일하게 조기 폐쇄에 반대했던 사람이다. 한수원 이사회는 월성원전 1호기의 조기 폐쇄와 함께 설계 또는 부지매입 단계였던 천지 1·2호, 대진 1·2호 등 신규 원전 4기의 건설 백지화도 결정했다.

문 정부의 탈원전 방침대로라면 월성1호기 외에도 폐로될 원전들이 줄지어 있다. 2030년까지 10기의 원전이 추가 폐쇄될 예정이다. 이어 2050년까지 다시 9기의 원전이 설계수명을 맞게 된다. 그렇게 되면 2050년에는 7기의 원전만 남는다. 원자력 발전소들의 전력 비중은 6~7%로 떨어지게 된다.

국내의 탈원전 흐름과 달리, 국제적으로는 2011년 후쿠시마 원전 폭발 사고 이후 침체기로 들어갔던 원전산업이 2020년 전후로 다시 새로운 부흥기로 들어서고 있다는 조짐이 뚜렷하다. 세계원자력협회(World Nuclear Association)의 2021년 자료에 따르면 세계적으로 53기의 원전이 새로 지어지고 있고, 110기가 계획되고 있다. 미국 상무부는 2030년까지 세계 원전시장이 5000억~7400억 달러 규모에 달할 것이라고 전망했다.

세계 원전시장을 장악하고 있는 나라는 러시아다. 러시아는 방글라데시, 벨라루스, 터키 등 6개국에 11기의 원전을 건설하고 있고, 다른 7개국과는 10기의 원전 공급 계약을 완료했다. 중국도 원전 굴기를 앞세워 자국 내 원전 건설에 고삐를 죄고 있고, 10여 개국에 원전 진출을 추진하고 있다. 미국은 러시아와 중국의 국제 원전시장 주도권 장악을 심각한 문제로 간주하고 자국 원전산업과 핵연료의 영향력 회복을 위한 국가적 지원에 나서기 시작했다. 바이든 행정부는 특히 해외 원전시장에서의 활용을 위해 소형모듈원자로(SMR) 등 혁신 원자로 개발을 적극 추진하고 있다. 그러나 미국은 30여 년간 자국 내 원전 건설이 끊겨 있었던 탓에 독자적인 원전 공급에 필요한 산업 생태계를 갖추지 못하고 있다. 미국은 해외 원전시장 진출을 위해 한국과 협력하는 방안을 고려하고 있는 것으로 보인다. 문재인 대통령의 2021년 5월 방미 때 해외 원전 수출을 위한 한·미 양국의 협약이 맺어졌다.

2021년 후반 불어닥친 에너지난을 겪으면서 세계 각국이 원자력에 대한 시각을 새롭게 조정하는 흐름을 보였다. 에너지난에는 복합적인 이유가 작용했다. 기후 위기의 절박성이 고조되면서 세계 각국이 석탄발전소를 감축하는 등 추가적인 화석연료 생산, 또는 투자를 꺼리게 되었다. 그러면서 태양광-풍력 등의 재생에너지 기반 시설이 크게 늘었다. 그러나 태양광-풍력은 변동성이 심하다는 한계를 갖고 있다. 특히 유럽 북해의 풍속이 예년보다 약해지면서 북해 일대에 집중 설치된 해상풍력 설비들의 전력 생산 효율이 크게 떨어졌다. 반면 코로나로 위축됐던 경제가 기지개를 켜면서 에너지 수요는 크게 늘었다. 수요는 느는 가운데 재생에너지 생산이 이를 따라가지 못하자 유럽 국가들이 천연가스 소비를 늘렸다. 그러나 러시아가 천연가스 공급을 줄였고 유럽의 난방 가스 가격은 1년 사이 5배 폭등했다.

중국 역시 온실가스 감축을 위해 석탄 광산을 규제해 왔다. 호주와의 관계까지 악화돼 호주로부터의 석탄 수입도 차질을 빚어 석탄 공급 가격이 연초보다 3배나 뛰었다. 그런 가운데 세계 경제가 코로나 충격에서 회복되면서 중국 내 공장 가동률이 높아졌다. 하지만 중국의 전기 요금은 정부 규제를 받고 있다. 석탄발전소들은 전력 판매 가격은 정해져 있는데 원료인 석탄 가격 상승으로 채산을 맞출 수 없자 전력 생산을 중단하거나 줄여버렸다. 그러자 중국 내 광범위한 지역에서 전력 부족으로 공장 조업이 단축되거나 중단됐고 도시에서는 엘리베이터가 멈추고 가로등이 꺼지는 사태로 번졌다.

기후를 안정화하면서 에너지를 넉넉하게 공급하기 위해서는 태양광-풍력의 재생에너지와 함께 원자력도 확충해나가야 한다. 마크롱 프랑스 대통령은 2021년 10월 12일 원자력과 수소 에너지를 중점 육성하겠다는 '프랑스 2030' 투자 계획을 발표했다. 2030년까지 SMR 개발, 원자력 폐기물 관리, 수소 인프라 확충 등에 80억 유로(약 11조 원)를 투입하겠다는 것이다. 그에 하루 앞서 11일에는 프랑스 핀란드 등 유럽 10개국 장관들이 "기후변화와 싸울 때 원전은 최상의 무기다. 유럽은 원자력이 필요하다"는 공동 기고문을 발표했다.

뒤늦게 "우리 원전 사달라" 수출 세일즈

이런 상황은 원전 공급 능력을 갖춘 한국에는 절호의 기회일 수 있었다. 한국은 지난 40여 년간 꾸준히 3년에 2기 정도씩 원전을 건설해 왔다. 기술도 발전시켰고 부품과 핵심 장비 공급망도 갖추고 있다. 한국의 두산중공업은 미국 웨스팅하우스가 미국 내에 건설 중인 AP1000 원전 4기의 원자로와 증기발생기 제작을 맡기도 했다. 미국 매사추세츠공과대(MIT)가 2018년 작성한 '탄소제약 사회에서의 원자력 미래'라는 보고서는 한국의 원선 건설비가 kW 설비당 4000달러 수준이라고 분석했다. 프랑스의 8500달러, 미국의 8000달러에 비해 절반 이하다. 한국은 3세대 원전 노형인 APR1400에 대해 2018년 12월 미국 원자력규제위원회(NRC)의 인가도 획득했다. NRC 인가는 프랑스와 일본도 시도했다가 포기했던 사안이다.

아랍에미리트(UAE)에 건설 중인 바라카 원전 4기를 큰 비용 증가 없이 적기에 준공한 것도 한국의 원전 건설 기술력을 입증한 사례다. 한국은 바라카 원전 운영 관리까지 맡기로 UAE 측과 계약을 맺었다. 바라카 원전 1~4호기 건설 수주액은 186억 달러(약 20조 원), 설비 수명 60년간의 운영 관리비는 494억 달러(약 54조 원)다. 여기에 60년간 부품과 핵연료를 공급하면 다시 10조 원 정도 벌어들일 수 있을 것이라고 한다. 총 규모 90조 원대의 초대형 수출 프로젝트인 것이다. 그러나 한국의 원전 수출은 UAE 이후 뚜렷한 진전을 보지 못하고 있다. 탈원전을 표방하는 나라에서 원전 설비를 수입하겠다고 나서는 나라가 있기도 힘들 것이다.

문재인 대통령은 국내에선 탈원전을 밀어붙이면서 외국에 나가서는 우리 원전 기술을 자랑하거나 해당국의 원전 건설 프로젝트에 참여하게 해달라고 수출 세일즈에 나서는 희한한 행태를 보였다. 2018년 11월 체코 순방 때는 바비시 체코 총리와의 회담에서 "한국은 현재 원전 24기를 운영 중이고 지난 40년간 원전을 운영하면서 단 한 건의 사고도 없었다"고 자랑했다. 문 대통령은 2019년 4월 카자흐스탄에 가서도 "한국은 40년간 원전을 운영해오면서 높은 실력과 안정성을 보여줬다"고 했다. 국민 입장에선 어리둥절할 수밖에 없다. 취임 직후에는 "원전은 안전하지도, 친환경적이지도 않다. 탈핵 시대로 가겠다"고 선언했으면서 다른 나라에는 우리 원전이 좋으니 사달라고 한 것이다. 자식에게는 불량 식품이니 먹지 말라고 하면서 다른 집 아이에게는 그걸 파는 업자를 연상케 한다.

탈탄소 에너지 배격, 탄소중립 추진

'탈원전'에 이은 문재인 정부 에너지 정책의 또 한 축이 '탄소중립'이다. 문 대통령은 2020년 10월 28일 국회 시정연설에서 "국제사회와 함께 기후변화에 적극 대응해 2050년 탄소중립을 목표로 나아가겠다"고 밝혔다.

탄소중립이란 온실가스 배출량을 최대한 줄여본 후, 그러고도 어쩔 수 없는 잔여 배출량은 나무를 심는다든지 공장 발전소 등의 굴뚝에서 걸러내 지층 깊은 곳에 묻어두는 방법으로 실질 배출량을 제로(0)로 만든다는 것이다. '순배출 제로(net zero)'라고도 한다. 문 대통령은 이날 시정연설에서 "(탄소중립을 위해) 석탄 발전을 재생에너지로 대체해 새로운 시장과 산업을 창출하고 일자리를 만들겠다"고도 했다. 문 대통령은 이어 11월 11일엔 "2050 탄소중립은 우리 정부의 가치 지향이나 철학이 아니라 세계적으로 요구되는 새로운 경제-국제 질서"라면서 "국제적으로 뛰기 시작한 상태인데, 우리만 걸어갈 수 없다"고도 했다.

문제는 대통령의 탄소중립 선언이 탈원전 선언과 마찬가지로 구체적인 준비 작업이나 고민 없이 느닷없이 튀어나왔다는 점이다. 탄소중립이 얼마나 아득한 목표인지는 민간 전문가 69명으로 구성된 '2050 저탄소 사회비전 포럼'이 정부 의뢰로 작성해 2020년 2월 발표한 안과 대조해보면 알 수 있다. '2050 포럼'은 국책연구기관과 정부 산하기관 등의 관계자 34명이 참여한 기술작업반 도움을 받아 2019년 3월부터 12월까지 논의를 거듭한 끝에 다섯 가지 시나리오를 내놨다. 다섯 안 가운데 가장 급진적인 것이 2050년 배출치를 2017년 배출치에서 75%를 감축해 1억7890만t까지 끌어내리자는 것이었다. 포럼은 이것이 '고려 가능한 모든 옵션을 포함한 가장 도전적인 안'이라고 했다. 나머지는 69% 감축, 61% 감축, 50% 감축, 40% 감축 안이었다. 그런데 문 대통령은 '75% 감축'도 모자라니 '100% 감축'으로 가자고 나선 것이다.

대통령의 선언 이후 탄소중립을 향한 정부의 준비 작업은 일사천리로 진행됐다. 정부는 11개 부처에서 추천한 45개 국책연구기관의 전문가 72명으로 구성된 기술작업반을 2021년 1월 구성해 6월까지 운영했다. 기술작업반에서 '2050 탄소중립'의 시나리오를 만들어낸 것이 6월이었다.

국토 좁은 나라가 고밀도 에너지 배격

이에 앞서 탄소중립위원회가 5월 28일 출범했다. 국무총리가 당연직 위원장이었고 민간 공동위원장은 서울대 환경대학원 윤순진 교수가 맡았다. 각 부처 장관 등 정부 위원 18명과 분야별 민간위원 77명으로 구성됐다. 민간위원은 환경단체 등 시민사회와 종교계 인사들이 다수를 차지했다. 원자력계 인사는 한 명도 없었다.

탄소중립위원회는 정부 기술작업반 안을 토대로 검토를 거쳐 최종적으로 10월 18일 두 개 안을 확정했다. 원자력발전소는 일체 신규 건설 없이 1차 설계수명이 완료되는 대로 모두 폐로시키고, 대신 태양광·풍력을 50~60배 늘리고, 아직 상용화되지 않은 수소·암모니아 터빈 발전을 기존 원자력 발전량의 최대 2배까지로 늘린다는 것이다. 2030년까지 온실가스를 2018년 대비 40% 감축하겠다는 '2030 온실가스 감축 계획'도 함께 발표됐다.

정부가 목표로 내세운 발전량을 감당하려면 2050년 기준 태양광은 450GW 내외, 풍력은 50GW 안팎 등 총 500GW에 달하는 설비가 필요할 전망이다. 향후 30년간 현재 태양광·풍력 설비 용량(17.6GW)과 비슷한 규모만큼씩 매년 반복해 늘려가야 가능한 계획이다. 태양광의 경우 한국은 이미 2019년 누적 설비가 중국 미국 일본 독일 인도 이탈리아 호주 영국 다음의 세계 9위(11.2GW)였다. 국토 면적 대비 밀도는 네덜란드 일본 독일에 이어 4위다. 이걸 30년 동안 다시 30배 가까이 늘려가겠다는 것이다.

문제는 태양광을 이렇게 확충시킬 만한 토지의 여유가 있느냐는 점이다. 98MW 설비로 국내 최대인 솔라시도 태양광 단지(전남 해남)는 여의도 절반 정도 면적(1.58km²·48만 평)에 태양광 패널 25만 장을 깔았다. 450GW면 솔라시도 설비 용량의 4500배가량 된다. 국내 태양광의 이용률은 15% 남짓이다. 솔라시도 단지에서 1년간 생산해내는 전력은 128GWh이다. 현 정부가 폐쇄한 월성1호기의 2015년 1년 발전량의 4%밖에 되지 않는다. 솔라시도 같은 단지를 25곳 만들어야 월성1호기 발전량이 된다. 월성원전 단지에는 폐로시킨 월성1호기 말고도 5기의 원전이 가동 중이다. 면적으로는 솔라시도의 1.6배에 불과한데 전력 생산량은 217배다. 한국 실정에서 솔라시도 태양광과 월성원자력단지 중 어느 쪽이 친환경적인지는 자명하다.

현 정부가 건설을 중단시킨 울진 신한울 3·4호기를 계획대로 완공할 경우 2.8GW 설비다. 이용률을 90%로 잡을 때 솔라시도의 171배, 연 2만2075GWh 전력을 생산할 수 있다. 경부고속도로를 서울에서 출발해 136km 달릴 때까지, 다시 말해 대전에서 7.5km 못 미치는 지점까지 고속도로 좌우 양편에 폭 1km로 태양광 패널을 가득 채워 넣어야 생산할 수 있는 전력량이다. 신한울 3·4호기를 지으면 그만한 크기의 태양광 땅을 절약할 수 있는 것이다. 신한울 3·4호기는 이미 부지(0.85km²)도 닦아놨고 건설 비용 7900억 원을 투입한 상태다. 토지가 무엇보다 귀한 자산인 나라가 이걸 포기하겠다는 것은 거의 자폭 행위라고 봐야 한다.

또 하나의 문제는 태양광·풍력이 갖는 전력 생산의 간헐성이다. 전기는 매순간 수요와 공급이 일치해야 한다. 전기가 남으면 발전량을 줄이거나 다른 곳에 저장하는 등 어떤 형태로든 수요에 맞춰야 한다. 전기가 부족하면 순식간에 발전량을 늘리거나 일부 지역의 전기를 차단해야 한다. 풍력·태양광 비중이 미미한 수준이면 큰 문제가 없다. 그러나 풍력·태양광 비중이 20%, 30% 수준으로 늘어나면 전기 공급 시스템은 불안정해질 수밖에 없다. 풍력·태양광이 멈출 때 언제라도 돌릴 태세가 돼 있는 여분의 백업 발전용량을 갖고 있거나 대규모 에너지저장

장치(ESS)를 마련해둬야 한다.

유럽 같은 나라들은 서로 전력망이 연결돼 있어 전기가 남거나 부족하면 실시간으로 주고받을 수 있다. 그러나 우리는 비우호적인 국가들로 둘러싸여 있고, 이웃 국가와 전력망을 연결하려면 바다에 송전망을 까는 등 막대한 투자가 필요하다. 결국 태양광·풍력 같은 변동성 전력원에 주로 의존하기 위해서는 배터리로 이뤄지는 ESS가 필요하다. 여기에 막대한 비용이 든다. 앞서 예를 든 솔라시도 단지 경우 태양광발전 용량은 98MW인데 총 20개 동에 분산된 ESS 발전 단지 용량은 306MWh에 달한다. 솔라시도 사업비 3440억 원 중 80% 가까운 돈이 ESS에 들어갔다.

탄소중립위는 2021년 8월 5일 2050 탄소중립 시나리오를 발표하면서 "소요 비용은 고려하지 않았다. 탄소중립은 선택이 아니라 우리가 반드시 가야 할 길인 만큼 어떤 혁신이 필요한지를 생각하는 것이 더 중요하다"고 했다. 국가의 에너지 구조를 탈바꿈시킬 계획을 발표하면서 "비용이 얼마 드는지는 따져보지 않았다"고 한 것이다. 그러나 그 얼마 후 실제로는 탄소중립위원회가 태양광·풍력으로 생산한 전력을 저장하기 위한 ESS 구축에만 787조~1248조 원이 필요하다는 분석을 했었다는 사실이 확인됐다. 저장장치의 부지로만 여의도 48~76배의 땅이 추가로 필요하다는 것이다. 탄소중립위원회는 비용을 계산해보지 않은 것이 아니라, 비용을 계산해 봤더니 너무나 엄청난 돈이 드는 것으로 확인되자 이 계산 결과를 국민에게 숨긴 것이다.

마차를 말 앞에 묶고 몰겠다는 무모함

탄소중립은 세계 공동의 과제다. 에너지, 산업, 운송, 도시 등 모든 시스템을 다 바꿔야 한다. 그 목표에 동참해 세계 전체의 이익에 기여하는 길을 찾아야 하는 것은 당연하다. 그러면서도 동시에 국익을 최대한 보호하는 선택을 하는 것이 정부 책무다. 각국은 자연 조건과 기술 조건 등을 감안해 가장 유리하고 가장 장기를 발휘할 수 있는 방법으로 탄소중립을 추진해가야 한다. 문재인 정부는 그렇지 못했다.

전남 신안의 해상풍력 경우를 보자. 정부는 2021년 2월 5일 문재인 대통령이 참석한 가운데 신안 해상풍력단지 투자 협약식을 열었다. 2030년까지 48조 원을 투입해 세계 최대 규모인 설비용량 8.2GW의 해상풍력단지를 세우겠다는 포부였다. 문 대통령은 "완전히 가슴 뛰는 프로젝트"라고 했다. 그러나 해상풍력의 세계 평균 이용률은 33%다. 건설 중단된 신한울 원전 3·4호기 도합 2.8GW를 완성시켜 90% 이상 가동률로 운용하면 거의 정확히 신안 8.2GW 해상풍력 수준의 전기를 생산할 수 있다. 신안 해상풍력 48조 원은 신한울 3·4호기 건설비 10조 원의 다섯 배다. 해상풍력은 진동에 따른 피로 하중 때문에 수명이 25년에 그친다. 신형 원전은 기본 수명 60년에 20년씩 두 번 연장하면 100년짜리 설비다. 신한울 원전 수명 동안 신안 해상풍력은 서너 번 설비를 새로 짓거나 대대적 리모델링을 해야 한다.

문재인 정부 에너지 정책은 앞뒤가 안 맞았다. 말로는 탄소중립을 주장하면서도 온실가스 배출량이 가장 적은 원자력을 선택지에서 배제했다. 유엔 산하 기후변화정부간패널(IPCC)이 2014년 내놓은 보고서를 보면 1kWh의 전력을 생산할 때 배출되는 이산화탄소의 양은 석탄발전소가 820g으로 가장 많고, 역시 화석연료인 천연가스발전소는 490g 수준이다. 태양광은 48g, 풍력은 11~12g, 원자력발전은 12g이다. 원진이 태양광의 4분의 1밖에 안 되는 온실가스를 배출하고 있다. 그런데도 문재인 정부는 2050 탄소중립 목표 실현에 가장 효율적인 수단인 원자력 에너지는 배제한 채 우리 여건에 비춰 결코 유리하다고 할 수 없는 태양광·풍력에 모든 것을 걸었다.

원자력 전기는 안전성 측면에서도 유리한 에너지다. 유럽연합이 유럽 공동연구소(Joint Research Center)에 의뢰해 작성한 '원자력 환경영향평가' 보고서를 2021년 3월 공개했다. 보고서에 따르면 제2세대 원전이 100년 가동할 때 생산되는 전력량에 해당하는 1조kWh당 중대 사고로 나올 수 있는 사망자 수는 0.5명 수준이었다. 최근 건설되고 있는 3세대 원전의 경우 0.0008명이라는 것이다. 같은 양의 전기를 생산할 경우 태양광은 0.03명, 육상풍력 0.2명, 해상풍력 1명 등이었다. 3세대 원전은 태양광보다 37배 안전하고, 풍력보다는 250~1250배 안전하다는 뜻이다.

문재인 정부의 에너지 정책은 내거는 목표와 동원 수단의 선택이 정반대였다. 탄소중립을 주장하면서 탈원전을 추진하는 것은, 비유하자면 말 두 마리를 반대로 묶어놓고 마차를 움직이겠다는 것과 다를 게 없다. 이런 모순이 발생하는 이유는 어설픈 관념에 매달리기 때문이다. 친환경이니 넷제로니 하는 멋져 보이는 말들은 자기들이 독점권을 갖는 듯이 갖다 쓰면서, 그런 목표에 도달하기 위해 무엇을 선택하는지에 대해선 고민하지 않는다. 좋게 말하면 낭만적이고 순진한 생각들이다. 시민단체를 운영하는 수준이라면 봐줄 수 있다. 세상에는 순수해 보이는 주장을 하는 사람들도 일부 필요하다.

국가 경영은 다른 차원의 문제다. 국가가 추구해야 하는 가치에는 다양한 것들이 있다. 때로는 그 가치들이 충돌하는 경우도 있다. 달성 수단도 여러 가지 방법이 있을 것이다. 대통령은 추구해야 하는 목표와 동원할 수 있는 수단의 다양한 조합을 합리적으로 짜야 한다. 좋은 결과를 가져다주는 좋은 수단만 있는 것이 아니다. 때로는 전체의 목표를 위해 덜 중요한 목표는 희생하고, 얼핏 덜 효율적으로 보이는 수단을 선택하는 냉정함이 필요하다.

문재인 정부의 에너지 정책은 그게 아니라 '탈원전'과 '탄소중립'이라는 겉보기에 그럴듯한 키워드에 집착했다. 그러면서 실제 어떤 선택이 국민을 행복하게 하고 세계 기후 안정화에 도움이 될지 하는 근본 성찰에는 소홀했다. 그러니 탄소중립을 말하면서 바다를 메워 가덕도공항을 만들자고 하는 것이다. 어떤 분의 비유가 인상적이다. "영어 성적을 올리는 것이 진짜 목표인데, 문재인 정부는 그게 아니라 학원비 내는 것이 목표인 것처럼 행동하고 있다." 그분은 원자력을 배격하고 태양광으로 탄소중립을 하겠다는 것에 대해서도 "마룻바닥 청소를 면봉으로 하고 있다"고 비꼬았다.

정책 일관성으로 집값 잡기

정수연

Chapter 03

정책 일관성으로
집값 잡기

의도치 않은 결과,
문재인 정부의 부동산정책

'지옥으로 가는 길은 선의로 포장되어 있다'는 속담은 의도가 좋다고 해서 반드시 그 결과가 좋은 것은 아니며, 오히려 더 좋지 않은 결과를 가져온다는 의미를 띠고 있다. 문재인 정부 부동산정책의 많은 부분이 이 격언과 일치한다. 문재인 정부는 지속적으로 투기와의 전쟁과 서민 주거안정을 부동산정책의 목표로 삼았으나, 그 결과는 집값 폭등과 무주택 서민들의 더 큰 주거불안이었다. 규제 일변도의 대책이 발표될 때마다 주택시장 변동성은 더욱 커졌다. 문재인 정부의 부동산정책은 선의로 출발한 정책이었지만, 그 의도와는 달리 전혀 다른 결과를 야기하였다.

의도하지 않은 결과는 정책적 해결이 필요한 문제를 제대로 인식하지 못한 상태에서, 그 원인을 엉뚱한 데에서 찾을 때 발생한다. 2017년 6월 23일 김현미 국토교통부 장관은 취임일성으로 '투기와의 전쟁'을 선포하였다. 서울 부동산시장의 가격 상승은 공급부족에 기인함에도 불구하고, 수요공급의 원칙을 간과한 채 투기세력을 모든 것의 원인으로 간주하였다. 문제의 원인을 잘못 짚었으니, 정책 처방도 잘못될 수밖에 없었고, 기대한 결과도 얻을 수 없었다. 정책이 기대한 결과를 얻지 못하면 정책을 수정하거나 혹은 중단해야 한다. 그러나 문재인 정부는 '더 강하게 하지 못해서 그렇다. 더 센 정책을 펼쳐야 한다'며 시장에 계속해서 개입했다. 울프의 파생적 외부효과이론에 의하면, 정부개입은 예상치 못한 부작용을 종종 야기하는데 그것은 정치적 압력과 정치인들의 근시안적 접근 때문이다. 한국 부동산시장의 지난 4년은 부동산정책이 아니라 부동산정치의 시간이었고, 정치적 목적에 휘둘린 부동산정책이 기대한 결과를 얻지 못한 것은 당연하다고 할 것이다.

정부의 지나친 개입은 필연적으로 정부실패를 야기하고, 그 피해는 일반적으로 시장실패보다 크다. 문재인 정부는 2017년 총 6번의 부동산대책, 2018년에는 5번, 2019년에는 6번, 2020년에는 7번, 2021년에는 10월까지 4번의 부동산대책을 발표해 자그마치 28번의 정책을 추진했다. 이 중에서 5차례의 주택시장 안정화정책이 있었다. 2017년 8·2대책은 투기과열지구 및 투기지역 지정, 분양가 상한제 강화, 재건축 초과이익환수제 등이었다. 이때 양도세가 강화돼 국민들이 가장 민감하게 반응하는 1가구 1주택자 양도세 비과세 요건이 변화하였다. 2년 이상 보유, 양도가액 9억 원 이하의 비과세 요건에 2년 이상 실거주 요건이 추가된 것이다. 그리고 등록임대주택 등록의무화를 위해 양도세 중과 및 장기보유특별공제 배제 대상에서 제외하는 등 각종 혜택을 부여하였다.

2018년에는 9·13대책에서, 투기수요 근절과 실수요자 보호를 위해 종부세를 큰 폭으로 인상하고 대상을 확대하였다. 2019년에도 12·16대책이라는 이름으로 다시 주택시장 안정화 방안을 발표하였다. 2017년 8·2대책, 2018년 9·13대책이 모두 실패했다는 것을 스스로 인정한 이 대책에서 정부는 '15억 원이 넘는 아파트는 담보대출 금지'라는 사상 초유의 규제를 발표하였다. 자본주의 경제에서 대출을 제한한다는 것 자체가 용인되기 어렵고, 국민의 재산권 행사를 방해하고 은행의 영업 자유를 방해한다는 면에서 위헌 소지가 있다는 논란이 있었으며 실제로 대책발표 하루 만에 헌법소원이 제기되었다.

2020년에도 주택시장 안정화대책이 6·17대책이라는 이름으로 발표되었다. 고가주택에 대한 담보대출 금지에 이어 무주택자의 갭 투자조차도 투기행위로 간주, 실거주 요건을 추가하고 새집을 살 때는 진세대출을 회수하는 것을 주요 골자로 하였다. 문재인 정부의 투기 근절과 서민 주거안정이라는 목표가 사실은 '현찰 부자들의 자산증식'을 돕는 것으로 변질되고 있었다. 정책이 거듭될수록 현찰이 없는 무주택 서민들의 내 집 마련은 철저히 차단되고, 경쟁자 없는 시장에서 "현찰 부자들이 아파트를 '줍줍'한다"는 탄식이 흘러나왔다. "서민들은 그럼 집을 사지 말고 전세로만 살란 말이냐"는 반발이 또한 광범위하게 발생했다.

2020년 7월 10일에는 역시 전무후무한 '주택시장 안정 보완대책'이 발표된다. '보완'이라는 명칭을 붙인 것부터 많은 전문가의 실소를 자아냈다. 주택시장 안정화대책이 매년 거르지 않고 발표된다는 것 자체가 정부 스스로 정책 실패를 사인하는 것인데, 안정화대책 발표 한 달도 채 안 된 시점에 '보완'이라는 이름으로 대책을 또 발표했다는 것은 기존에 발표한 6·17대책이 검토도 충분히 하지 않은 설익은 정책임을 실토하는 것이기 때문이었다.

부동산 전문가들은 문재인 정부 최악의 부동산대책으로 이 7·10대책을 꼽는다. 이 대책의 핵심이 아파트 임대주택 등록제도를 완전히 폐지하는 것이었기 때문이다. 이 정책은 정부가 확대한 임대주택 사업자 혜택을 스스로 축소하고, 더 나아가 완전히 폐지함으로써 "정부정책을 믿어서는 안 된다"는 교훈을 국민들에게 뼛속 깊이 새기는 계기가 되었다. 정부정책만 믿고 임대주택사업자로 등록한 사람들에게는 종부세 폭탄이 예정되어, 정부가 국민을 '함정'에 빠뜨렸다는 비난을 자초하는 정책이었다. '투기 근절과 서민 주거안정'이라는 정부의 '선한 의도'는 국민을, 특히 무주택 서민들의 주거사다리를 오히려 걷어차는 의도치 않은 결과를 가져왔다. 문재인 정부의 부동산정책 4년은 시장을 '논리'가 아닌 '윤리'로 접근하면 어떤 결과가 오는지를 실습하는 시간이 되어 버렸다.

집값 잡는 부동산대책?
서민 잡는 부동산대책!

갈팡질팡하는 문재인 정부의 부동산대책은 대출 금지와 징벌적 조세를 정책의 주요수단으로 삼았다는 점에서는 일관성이 있었는데 문제는 이 두 가지가 모두 부작용만을 야기했다는 것이다. 정책의 처음과 끝이 모두 규제 일변도였는데, 시장 반응은 집값 폭등이었다. 서울의 아파트 평균 매매가격은 문재인 정부 초기 6억 원이었지만, 2021년에 이르러 10억 원이 되었다. 정부의 부동산 대책이 발표될 때마다 강남아파트의 시세는 상승했다. 굵직굵직한 정책이 발표될 때마다 시장은 잠시 주춤하는 모습을 보여주기도 했다. 그러나 주춤하는 기간은 길어야 5개월이었으며 그나마도 2020년 7월 이후부터는 정책이 발표돼도 시장이 전혀 반응하지 않았다.

문재인 정부가 첫 부동산정책을 발표하고 4년이 지난 지금, 주택시장의 한가운데 서 있는 무주택 서민들에게는 납득하기 어려운 결과만이 놓여 있을 뿐이다. 지은 지 16년 된 서울 강북의 정릉 힐스테이트 아파트 32평형은 2019년 5억7000만 원이었지만, 2021년 9억7000만 원이 되었다. 2년 만에 4억 원이 상승한 것이다. 주목해야 할 점은 이 아파트가 2004년 시세가 2억6000만 원 수준이었다는 것이다. 즉 2004년부터 2019년에 이르는 15년 기간 동안 3억 원 상승했던 아파트가 문 정부가 부동산정책을 펼치는 동안에는 단 2년 만에 4억 원이 상승했다. 강남은 더 크게 상승했다. 2017년 40억 원 수준이었던 강남 압구정동 현대아파트는 2021년 현재 80억 원에 달한다.

집 가진 서민들도 불행하긴 마찬가지였다. 자기 지역에 오래 거주하며 지역공동체 안에서 살아가던 사람들은 죽기 전에는 그 집을 팔 생각이 없는데, 투기꾼에 대한 징벌적 과세가 그들에게도 똑같이 적용되었다. 집값이 올라갔다 해도 내 손안에 쥐어지는 돈이 없는데도, 세금은 매년 꼬박꼬박 징수되었다. 팔고 싼 곳으로 이사를 가고자 결심을 해도 갈 곳이 없었다. 수도권 주택시장은 모두 '불장'이 되었고, 더 싼 집을 찾으려면 더 좁고

낡은 집으로 이사를 가거나 지방의 깊은 산골짜기로 들어가야 하는 상황이다.

'아니면 말고'식 정책 난무

28번의 정책이 발표되었다는 것은 사실, 27번의 정책 실패가 있었다는 것을 의미하며, 이는 아무것도 하지 않은 것과 동일하다. 수많은 정책을 시행하였음에도 왜 실패하였을까? 가장 큰 원인은 국민의 신뢰를 잃은 정책가의 '아니면 말고'식 '막 던져 부동산정책' 때문이라고 할 것이다. 정책가의 입은 신중해야 하지만, 문재인 정부의 부동산정책에서는 유난히도 그것이 지켜지지 않았다. 정부는 2017년 8월 17일 문재인 대통령 취임 100일 기자회견 당시 "보유세 인상을 검토하지 않고 있다"고 하였으나 불과 넉 달 만인 2017년 12월 27일 "고려하겠다"고 말을 바꾸었다.

2017년 12월 12일에는 임대주택 등록 활성화 방안을 발표하고, 2020년에는 임대주택 사업자 혜택을 폐지하였다. 2020년 6월 17일에는 재건축 아파트 분양권 취득 시 반드시 2년을 실거주해야 한다고 발표하고, 불과 1년 뒤인 2021년 7월 12일에는 그것을 백지화하였다. 정부정책 발표가 신중해야 하는 이유는 그것이 시장에 인종의 시그널로 작용하기 때문이다. 모든 경제주체들은 정부정책이 발표되면 자신의 경제행위를 그것에 맞추어 교정한다. 경제학자들은 어떤 정책에 경제주체들이 어떻게 반응하는지를 예측할 수 있다. 그러나 그것은 정책이 일관될 때에 그러하다.

정부정책이 손바닥 뒤집듯이 뒤집히고, 정책가의 말을 신뢰할 수 없다고 시장이 판단하는 순간, 시장은 예측불허가 된다. 모든 경제주체들이 정책과는 반대로 가게 된다. 정책가의 말은 투명한 메시지여서 시장의 안개를 걷어내는 역할을 해야 하지만, 신뢰를 잃는 순간 정책가의 말 자체가 시장 불확실성의 원인이 되어 버린다. 그리고 그때부터 정책은 무력해진다.

투자와 투기 갈림길에서 갈팡질팡, 부동산어벤져스

2021년 12월 1일 국세청 직원들은 신한은행이 대출한도가 축소된다는 정보를 열흘 전 미리 알려줘 대거 대출쇼핑에 나섰다는 기사가 대서특필되었다. '부채도 자산'이라는 것을 정부는 애써 부정해왔지만, 정부 측에서 일하는 사람들이 그것을 더 잘 알고 있었다. 정부의 부동산정책을 믿고 따르지 않는 것은 국민뿐만 아니라 정부 측 인사들도 마찬가지였다.

2017년 8월 2일 국민들에게 “가지고 있는 집 내년 4월까지 파시라”던 김현미 전 국토부 장관은 남편 소유의 집을 남동생에게 팔았으며, 2021년에는 다시 여동생에게 팔았다. 어느 누구도 그 집이 김현미 전 장관의 집이 아니라는 걸 믿지 않고 있다.

급기야는 2020년 8월 부동산어벤져스의 ‘부동산 투자 특강 14교시’라는 조소 섞인 콘텐츠가 인터넷 공간에 나타나기 시작했다. 이 온라인 콘텐츠에 의하면, 대통령 비서실장이던 ‘반포 노영민 선생’은 청와대의 다주택 소유 공무원은 한 채만 남기고 처분해 모범을 보이라고 일갈하였으나, 본인은 강남 반포 아파트를 지키고 청주시 아파트를 매도하였다. 더 나아가 싼 집을 먼저 처분하고, 그 후 비싼 강남 집은 최고가로 매도하여 양도세를 절약하는 ‘신의 한 수’를 보여주었다. 대통령 비서실 민정수석이던 ‘집택 김조원 선생’은 노영민의 “집 팔라”는 일갈에 반발, 집을 지키고 청와대 민정수석직을 던졌다. 강남에 2주택이 있었으며, 둘 중 하나를 팔면 10억 원에 달하는 양도세를 내야 할 판이었다. 다른 국민들과 마찬가지로 그 또한 과도한 세금이 버거웠을 것이다.

이와 같이 청와대에서 일하던 정부 정책가들이 조롱의 대상이 되어가면서 정부정책의 신뢰성은 땅에 떨어졌다. ‘내로남불’이 정책 기조로 인지되면서 어떤 정책도 시장에 효력을 발휘할 수 없었고 그에 따라 정책은 동력을 잃게 되었다.

창과 방패의 정책

국민들에게는 대출도 하지 말고, 투기도 하지 말라는 정부는 솔선수범의 자세도 보여주지 못하였고, 한 번 발표했던 정책을 다시 뒤집으며 우왕좌왕하였다. 자기가 한 말을 스스로 뒤집는 경향은 점점 더 심해졌다. 정부 내부에서도 상충하는 정책시그널을 내보내기 시작한 것이다. 2020년 7월 28일 금융위원회는 '부동산시장 안정을 위해 국민께 드리는 말씀'에서 수도권 주택가격 상승을 인정하며, 가계대출증가율을 전년 대비 6% 수준에서 관리할 것이며, 그에 따라 전세대출도 축소될 것이라고 발표하였다. 그러나 불과 한 주 뒤에는 집값 상승이 아니라 집값 안징세를 주장하는 목소리가 청와대에서 나왔다. 2020년 8월 10일에 문재인 대통령이 수석보좌관 회의에서 "과열 현상을 빚던 주택시장이 안정화되고 집값 상승세가 진정되는 양상을 보이고 있다"고 발언한 것이다. 누구는 시장이 안정되었다고 하고, 누구는 시장이 불안한 상승세를 이어간다고 한 것인데 이들은 모두 국가정책을 좌우하는 사람들이다.

정책들도 서로 충돌하는 창과 방패의 모습으로 쏟아졌다. 집값 상승과 대출 증가로 주택담보대출을 차단하는 정책이 발표되었지만 2021년 5월에는 서민을 위한 임대 후 분양전환 주택

형태인 '누구나 집'은 담보인정비율(LTV)을 90%까지 상향한다는 발표가 있었다. 정부 정책기조가 대체 무엇인지 본인들도 모르고 있다는 비판과 더불어 내부 조율조차 안 된 정책을 마구잡이로 발표한다는 비판이 있었다. 손바닥 뒤집듯이 바뀌는 정책에 신뢰성은 이미 땅에 떨어졌지만, 한 정부 안에서 서로 다른 목소리가 나오는 것은 정책을 뒤집는 것보다 더 심각한 현상이라고 할 것이다. 정부 내부에서조차 의견이 일치하지 않는다는 것은 해당 정책의 효과에 대한 확신이 없다는 것을 의미한다. 이를 지켜보는 국민, 즉 경제주체들로서는 정부가 발표하는 정책은 절대 끝까지 고수되지 못할 것이라는 믿음이 강화될 수밖에 없다.

일관성 없는 정책, 손바닥 뒤집듯 계속해서 바뀌는 정책, 정책입안자끼리도 합의가 안 되는 정책들이 부동산시장에서 효과가 있기를 기대하는 것은 불가능하다. 경제학에서 단기적으로 효과가 있는 정책은 '뒤통수치기 정책'이다. 경제주체들이 예상 못 한 정책을 급습하듯이 시행하면 경제주체들이 자신의 행동을 미리 수정하지 못하기 때문에 정책이 효과가 있을 수 있다는 것이다. 예측 가능한 정책들은 경제주체들이 이미 그것을 학습해 알고 있는 상태이기 때문에 정책효과가 없고, 예측 불가능한 정책은 효과가 있다는 것이다.

정책무력성 명제로 알려져 있는 이 논리는 문재인 정부에서 실현되었다. 노무현 정부에서 이미 '부동산시장 규제가 집값을 오히려 올린다'는 것을 학습한 경제주체들은 '규제하면 투기하지 않을 것이다'라는 문재인 정부의 바람과는 달리 오히려 '영끌' 매수에 뛰어들었다. 정책무력성 명제를 실제로 확인하는 가운데, 이번에는 김현미 전 장관의 '뒤통수치기 정책'이 등장했다. 임대사업 등록 확대를 위해 여러 혜택을 부여한 다음 경제주체들이 임대사업자로 등록을 하자, 2년 만에 그것을 폐지하였다. 정부정책이 국민들로 하여금 어떤 경제행위를 하도록 유도한 뒤, 정책을 백지화해 그 행위로 오히려 손해를 보도록 한 것이다.

이러한 뒤통수치기 정책은 당장에는 효과가 있을지 몰라도, 장기적으로는 정부정책 불신을 자초하기 때문에 가장 피해야 할 정책이다. 일관성이 있으면서 투명한 정책만이 국민의 신뢰를 받을 수 있고, 정책효과도 기대할 수 있다. 더 나아가 정책입안자의 입은 신중하고 무거워야 한다. 그들의 한마디 한마디가 경제주체의 행위를 수정하게 만들기 때문이다.

시장 보복 부르는 사칙연산정책

문재인 정부의 부동산정책이 실패한 이유는 부동산을 정치도구화한 것도 이유 중 하나이지만 그들이 국민을 위해 일하는 종복이라는 점을 상기해 보면, 국민의 종복으로서의 무능과 나태함에도 기인한다. 문재인 정부의 부동산정책은 대부분 "금지한다(0)"와 "세금을 몇 % 올린다"는 식으로 0에서 출발하여 9까지 진행되는 한 자릿수 정책이다. 중과세 부과 배제는 3억 원 기준, 세 부담 경감은 6억 원 기준, 종부세는 9억 원 기준, 문재인 정부 초반까지 부동산정책들이 고만고만한 숫자 고치기로 일관하자 세간에서는 "3, 6, 9정책"이라는 조소가 일기도 하였다.

부동산시장 안정화가 목표라면 공급확대가 가장 좋은 방법이다. 숫자만 고치는 수요억제정책은 시장에 근본적인 변화를 주지 못하기 때문에 실효성이 있기 어렵다. 그러나 주택공급 확대는 그 공급의 성격상 건설 기간이 길기 때문에 쉬운 일이 아니다. 이 때문에 정책입안자는 늘 숫자만 고치는 쉬운 정책과 문제를 근본적으로 해결할 고난도의 정책 사이에서 갈등하기 마련이다. 그리고 성급한 정책입안자가 숫자만 고치는 쉬운 정책을 선택하고 단기간의 성과만을 우선시하면, 실효성 있는 공급정책이 마련되지 않아 성과 위주의 정책만을 펼쳐 부작용을 양산하게 된다.

전·월세 신고제, 전·월세 상한제, 계약갱신 청구권제로 구성되는 임대차 3법이 대표적인 '숫자고치기' 정책이다. 이 정책은 '강제하고 금지하는' 영(0)의 정책이며 5% 이상 상승 금지, 계약갱신 청구권을 2년에서 4년(2+2)으로 변경하는, 다시 말하면 숫자 10을 넘지 못하는 저차원적 정책이다. 정책가의 어떤 고민과 노력도 없는 이러한 정책은 반드시 시장의 보복이 뒤따르기 마련이다. 실제로 임대차 3법은 양도세 비과세 요건인 실거주 2년과 결합되면서 시장에 폭발적인 부작용을 야기하였다. 집주인들은 계약갱신 청구권이 4년으로 늘어나 자기 집에 거주하려 해도 쉽지 않다는 것을 알고 양도세 비과세 요건인 실거주 2년을 채우려고 자기 집으로 밀고 들어가기 시작했다. 민간임대주택의 기능을 하던 아파트에 집주인이 들어가면서 임대주택은 자가주택이 되고, 그만큼 임대주택 물량은 감소하였다. 5% 이상 임대료를 올릴 수 없다고 하자, 전세를 놓느니 월세를 놓는 것이 더 낫다고 생각한 집주인들은 전세를 월세로 돌렸다. 시장에서 전세가 사라지기 시작했다.

일반적으로 주거복지를 논할 때 '주거상향'이라는 표현을 사용하는데, 이는 월세보다는 전세가, 전세보다는 자가주택이 주거 안정성이 높다고 간주하는 것이다. 전세 주택에서 월세 주택으로의 이동은 상대적으로 '주거하향'이며 주거 불안정성이 높아지는 것으로 보아야 한다. 결국 임대차 3법은 서민 주거안정이라는 원래의 목표를 달성하기는커녕, 제도 도입 전보다 서민들의 주거를 더욱 불안정하게 만드는 역할을 했다. 숫자만 고치는 임대차 3법 정책에 시장은 반대의 결과로 보복했다. 서민 주거안정을 목표로 그 정책을 입안한 사람이 무안할 정도로 임대차 시장은 불안정해졌다. 좀 더 신중하게, 그리고 좀 더 많은 검토를 했었더라면 다른 결과를 얻었을지도 모를 정책은 그렇게 시장에 큰 흔적을 남겼다.

넛지적 주택공급정책의 효능

단순히 숫자를 고치는 정책에 비해, 공급을 늘리는 정책, 특히 사람들이 원하는 입지에 주택을 공급하는 일은 많은 노력을 요한다. 주택공급을 늘리는 정책은 건설하여 공급하는 것이면 개발 가능 토지를 찾는 일부터 시작해야 하고, 토지주와의 협의, 보상 프로세스를 진행해야 한다. 신축이 아니라면 재개발이나 재건축을 통해서 가능하지만 그 또한 기존의 공적 규제하에서 용적률을 높이는 방안을 찾아야 하고, 이해관계자들 간의 대립도 조정해야 한다.

장기적 관점에서 고민하는 정책입안자는 각 개인의 선택의 자유를 존중하는 넛지nudge적 사고를 한다. 넛지란 팔꿈치로 쿡쿡 찌른다는 뜻으로 사람들을 바람직한 방향으로 유도하지만 선택의 자유는 충분히 보장하는 상태를 말한다(리처드 탈러, 『넛지』, 리더스북, 2009). 규제 일변도의 수요억제 부동산정책만이 답이 아니다. 오히려 반대로 적절한 인센티브를 제공하여 경제주체들의 행위를 바람직한 방향으로 유도함으로써 정부정책의 목표를 달성할 수도 있다. 문재인 정부의 부동산정책이 주택소유를 죄악시하고 수요를 무조건 억제하는 정책이 아니라 인센티브를 통해 바람직한 방향으로 부드럽게 유도하는 넛지적 정책을 펼쳤더라면 결과는 달랐을 것이다.

신축만이 주택공급은 아니다. 적절한 인센티브 정책을 통해 기존 주택들이 시장에 매물로 나와도 공급이고, 집주인이 살던 집이 임대되어도 임대주택 공급이다. 공급이 늘면 필히 가격 하락이 동반된다. 임대인 우위의 시장이 얼마든지 임차인 우위의 시장으로 바뀔 수 있는 것이다. 임차인 우위의 시장에서 임대료는 시장원리에 따라 내려가고, 선택의 폭이 넓어진 임대시장에서 임차인은 가격 대비 높은 품질의 주택으로 이동하려 할 것이다. 임대인은 임차인의 선택을 받기 위해 자기 소유 주택의 품질을 높이려고 할 것이다.

그리고 공공만이 임대주택을 공급할 필요는 없다. 일반 국민이 가지고 있는 주택을 활용할 수도 있다. 임대사업자로 등록하고 적절한 세금을 납부하고 정상이윤 수준의 임대료를 수취하는 것에 대해 죄악시할 필요가 없다. 그것을 죄악시할 경우, 시장에서는 빠르게 임대 가능한 주택들이 소멸한다. 문재인 정부에서의 임대차 3법이 그와 같은 부작용을 가져왔다.

북한에 대해서는 그리도 햇볕정책의 따사로운 유인책을 이야기하는 정부가 무슨 이유로 자국의 국민들을 다만 집 한 채 가졌다는 죄로 따사로운 유인책이 아니라 세금으로 징벌하려

하는지 알 수 없는 일이다. 새 정부는 주택정책을 펼칠 때 반드시 넛지적으로 접근하는 전환적 사고를 해야 할 것이다.

징벌적 과세에서
주택소유 촉진 통한 자산형성으로

2021년 현재 한국 사회에서 주택을 2채 이상 가진 사람은 비난의 대상이 되며, 정부 관료들은 업무성과로 유능함을 평가받는 것이 아니라, 주택 수에 반비례하여 평가받는다. 공기업의 수장이 되고 싶은 사람은 묻지도 않았는데 무주택자임을 밝히고, 유주택자는 자신이 강남에 살지 않는다는 점을 강조하며, 강남에 산다고 할지라도 20년 넘게 '어쩔 수 없이' 그곳에 살고 있노라고 말한다. 미국이나 여타 선진국의 관점에서는 이해할 수 없는 사회이며, 국가를 운영하는 사람들의 능력을 주택보유 개수로 측정한다는 면에서 장기적으로 성장을 기대하기 어려운 사회라고 할 것이다. 능력 있는 인사들을 적재적소에 배치할 수 없으며, 능력을 보지 않는 사회에서 각 개인이 스스로의 발전을 꾀할 리가 없다.

최근 두드러진 현상은 정부의 부동산정책 실패로 인한 부동산가격 상승의 책임을 일반 국민이 지고 있다는 것이다. 정책

실패로 지난 4년간 집값이 두 배로 뛰었는데 정책입안자 누구 하나 책임지는 사람은 없고, 집안에 가만히 앉아 있던 국민들은 종부세 폭탄이라는 징벌적 과세를 당하고 있다. 국민은 아무것도 한 것이 없는데, 갑자기 날아든 종부세 고지서는 '세금 낼 돈이 없는데 왜 그 비싼 집에 들어앉아 있는 것인가'를 묻는다.

2021년 겨울, 넷플릭스에서는 한국 드라마 '지옥'이 세계적으로 인기를 얻었는데, 그 '지옥'에서 천사의 '고지'를 받고 '시연'을 당하는 일반 서민들은 한국의 납세자들과 묘하게 닮았다. 그 드라마에서 천사로부터 지옥에 간다는 고지를 받는 사람들은 사실은 아무런 죄가 없으며, 쿵쿵 소리를 내며 뛰어오는 지옥의 사자들의 시연은 그저 초자연적 현상일 뿐이다. 한국의 종부세 납세자 또한 '비싼 집에 들어앉아 있으니 죄인' 취급을 당하고, 징벌적 과세를 당하지만 사실은 아무 죄가 없다. 집값이 상승한 것은 지난 4년간 정부의 부동산정책이 28번이나 실패한 탓이다.

주택 소유는 자본주의 사회에서 죄가 아니며, 자산을 증식하고자 하는 투자행위 또한 자본주의의 꽃이라고 할 것이다. 오히려 주택을 보유하는 것은 국가에서 장려해야 하는 것이며, 자산을 증식하고자 하는 것 또한 마찬가지다. 인플레가 있는 자본주의 사회에서 날이 갈수록 화폐가치는 하락하기 마련이며, 합리적 경제주체라면 화폐를 그 자체로 보유하기보다는 그 화폐의

가치를 어딘가에 저장하고자 한다. 그것이 주식이건, 부동산이건, 비트코인이건 간에 상관이 없는 것이다.

국가는 해야 할 일과 하지 말아야 할 일을 구분해야 하는데, 경제주체가 화폐가치를 어디에 저장하건 간섭하지 말아야 한다. 국가가 해야 할 일은 그저 경제주체들의 행위가 불법적으로 이루어지지는 않는지 정도를 관리하는 것이다. 국가가 모든 일을 하려고 하면 할수록 시장실패보다 더 큰 정부실패를 야기할 뿐이다.

굶어 죽을 자유가 온다

지난 4년간 우리 사회에 양산된 기형적 사고방식은 '주택 소유는 죄악' 외에 하나가 더 있는데 바로 '임대주택은 선하다'라는 것이다. 주택은 '사는 것(buy)이 아니라 사는 곳(live)이어야 한다'는 이상한 강령은 한국 사회를 오래도록 지배하고 있다. 그러나 주택은 '사는 곳'이자 '사는 것'이다. 주택은 필수재의 역할을 하지만 동시에 가치를 저장하는 투자재의 성격도 있다. 노후복지가 불안한 나라에서 모든 이들은 안전자산을 보유하고자 하며, 한국 사회에서 그것은 환금성이 좋은 아파트다. 아파트에만 투자하는 국민들을 투기꾼으로 몰고 가기 전에 정부는 국가가 대체투자처를 마련하지 못한 점을 반성해야 한다. 투자할 곳이 마땅하지 않다는 것은 그만큼 한국 경제가 저성장의 늪에 빠져 있다는 것을 의미한다.

교육이 유일한 계층상승의 사다리인 나라에서는 학원과 학교는 학부모들의 최고 관심사가 되고, 대단지 아파트가 밀집한 곳일수록 학원을 고르기 쉬워 수요는 대단지 아파트에 고이기 마련이다. 미취학 아동이 있는 가정에서는 하교한 자녀를 돌봐줄 돌봄교실의 역할을 하는 학원가를 떠나기 어렵다. 그런 학원가는 특히나 대단지 아파트 주변에 몰려 있다. 온 국민이 아파트에 매달리고, 아파트에 투자하는 기현상은 사실 부동산시장만의 문제가 아니라 한국의 고질적인 노후복지 부실과 살인적인 교육비, 입시로 인생을 판가름하는 교육환경이 모두 결부되어 있다. 한국의 주택문제는 '부동산+노후복지+교육'이 합쳐져 있으며 따라서 국토부 장관 혼자서는 이 문제를 해결할 수 없다. 복지정책과 교육정책에 획기적인 방안이 마련되지 않는 한 국민들은 계속해서 주택에 화폐가치를 저장하고자 할 것이다. 결국은 국가가 마련한 '지옥'인데, 주택에 투자하지 않을 수 없는 사회환경을 만들어놓고 그것을 죄악시하면 할수록 국민의 반감만 커질 뿐이다.

임대주택은 선한 것인가? 그것은 선악과 관계없이 그저 '자가주택'으로 옮겨가는 징검다리일 뿐이다. 임대주택에서 살다가 언제라도 자가주택으로 옮겨갈 수 있는 '주거선택의 자유'가 보장된 사회를 만들어야 한다. 사회에 막 발을 디딘 청년이 임대주택에 거주하며 일정 자본을 형성하면 자기 소유 주택으로 옮겨갈 수 있어야 한다. 그런 면에서 한국 사회의 '전세' 제도는 일정 정도 국가가 해야 할 일을 대신해 왔다. 부모의 도움 없이 전세자금 대출을 받아 절약하며 강제저축한 청년들은 중년이 되어 그 전세자금을 레버리지 삼아 자기 소유 주택으로 옮겨간다. 대출이자를 내야 하는 부담이 있지만, 대출이자가 월세와 같을 수는 없다. 월세는 내고 나면 사라지지만 대출을 갚고 나면 자산이 남는다. 시세차익을 기대하는 것은 자연스러운 일이다. 대출을 갚기 위해 그는 많은 것을 포기하고 희생했다.

2021년 정부의 정책 실패로 인한 집값 상승은 폭발적이어서 이제는 대출을 받는다 해도 청년들은 집을 가질 수 없다. 그래서 다시 임대주택을 권하는 사회라면 청년들에게는 해외로의 탈출을 권해야 할 것이다. 임대주택에 30년을 갇혀 지내다 노년이 되면, 그들의 앞에는 손에 쥔 보증금으로는 구매할 수 없는 주택만이 있을 것이기 때문이다. 정부 정책은 투기 없는 세상, 모두가 임대주택에 어울려 사는 차별 없는 세상을 그리고 있다. 그러나 그 선의로 포장된, 지옥으로 가는 길의 끝은 소득 없는 노인의 '월세 지옥'일 뿐이다. 임대주택을 강권하는 사회는 굶어 죽을 자유만 충만하게 될 것이다.

보편적 주거복지,
다시 시작해야

문재인 정부의 부동산정책의 특징은 모든 것을 '전체 평균'으로 획일화한다는 것이다. 재개발 재건축을 죄악시하면서 주택공급이 부족해 서울 집값이 상승한다는 여러 전문가의 비판이 빗발칠 때마다 정부는 전국을 평균 낸 통계로 '주택은 충분하다'는 논리를 펴왔다. 한국 주택보급률이 2019년 기준 104.8%라는 것을 이유로 들지만 사실 서울시만 해도 96%에 불과하여 집이 부족함을 알 수 있다. 서울시 안에서도 사람들이 선호하는 지역은 따로 있다. 사람들이 선호하는 지역의 주택보급률은 더 낮기 마련이다.

문재인 정부는 처음부터 임대주택 보급에 많은 노력을 기울여 왔는데, 그것은 소득 1분위 계층과 소득 2분위 계층에게는 상당히 바람직한 시작이었다. 그러나 정부의 관심이 정권 유지로 기울자 저소득층에 가야 할 공적 재원은 중산층에 쏠리게 되었다. 기본주택이나 평생주택, '누구나 집'은 사실상 많은 공적 재원을 중산층에게 집중하는 것인데, 그렇게 하면 할수록 저소득층에게 돌아갈 재원이 사라진다.

정책이 소득분위별로 균형을 이뤄야 하는데, 문재인 정부는 종종 소득 1분위와 2분위를 잊어버린다. 코로나19의 긴 터널을 지나면서 양극화가 극심해져 가는 우리 사회에서 저소득층을 보호하는 것은 정부뿐만 아니라 사회구성원 모두의 의무이다. 가계금융복지조사에 따르면 소득 1분위와 2분위는 월 소득이 85만6000~179만 원에 불과하고 따라서 국가가 보조해도 자기 집을 가지기 쉽지 않다. 이 계층은 영구임대 또는 공공임대주택에서 안정적으로 오래 거주할 수 있도록 도와야 한다. 주택 바우처 제도를 통해 살고 싶은 위치에서 민간임대주택을 구할 수 있게 돕는 것도 좋은 방법이다.

청년들의 자가보유 촉진 위한 처음주택

그러나 3분위와 4분위는 1, 2분위와는 다르다. 그들은 월소득이 260만~327만 원으로 자가구입 능력이 지금은 부족하지만 국가가 조금만 도와주면 자기주택을 마련할 수도 있다. 미국에서는 청년들의 첫 집을 위한 다양한 정책이 마련되어 있다. 지역의 중위소득 이하의 청년들이 중위가격 이하의 주택을 처음 구입하고자 하면 지방자치단체에 보조를 요청할 수 있다. 일반적으로 10%의 계약금이 무이자로 대출되며, 그것은 그 청년이 나중에 그 집을 팔고 나갈 때 회수된다. 중요한 것은 시세차익은 모두 그 청년의 것이라는 점이다. 지방자치단체가 10%의 계약금을 지원하는 이유는 청년의 자본형성을 위한 것이다. 이 때문에 시세차익은 온전히 그의 것이 된다.

청년들에게 지원되는 10%의 계약금은 어디서 재원을 마련하는 것일까? 이 재원 마련을 위해 지방자치단체는 부동산개발사업을 허가하고, 그로부터 발생하는 개발이익을 지역 청년들의 자가주택 보유 촉진을 위해 사용한다. 문제는 비싼 집값이다. 이미 오를 대로 오른 집값은 LTV 90%에 30년 모기지를 이용한다 할지라도 그의 소득 30%를 초과할 것이다. 이 때문에 미국에서는 지역 건설회사에 인센티브를 제공하고, 저렴한 주택을 짓도록 독려한다. 청년들은 3억 원대 주택을 마련하고, 자신의 기초자산을 형성한다.

5분위와 6분위의 월소득은 396만~461만 원인데 좀 더 나은 품질의 민간임대주택에서 거주하며 자기집 마련에 나설 것이다. 7분위와 8분위는 흔히 말하는 '능력 있는 흙수저, 개룡이(개천에서 난 용)'인데 이들은 갚을 능력이 있기 때문에 LTV 완화가 그들에게 주거복지의 역할을 한다. 그리고 9분위와 10분위는 정부 보조가 필요하다기보다는 양질의 주택으로의 이동을 보장하고 주택가격을 안정화하는 것이 주거복지가 된다. 따라서 주택정책과 주거복지정책은 계층별로 다양해야 하며, 전체평균, 일괄임대로 접근해서는 안 된다.

청년세대와 노인세대의 자산 양극화가 심화되며 세대갈등이 초래되는 이때에 청년들을 위한 자가보유 촉진정책이 시급하다. 2019년 주거실태조사에 의하면 내 집이 필요하다는 의식은 계속 높아지고 있으며, 집을 구매하려는 이유는 주거안정(89.7%)이 1위였다. 주거안정 측면에서 월세는 전세를 따라올 수 없으며, 전세는 자가주택 보유를 따라올 수 없다.

이러한 욕구를 인정하지 않은 채 펼치는 부동산정책은 반드시 실패한다. 윤리와 강령으로 시장을 이겨보려던 문재인 정부의 지난 4년은 처음부터 실패가 예정되어 있었다. 주거안정을 추구하며, 동시에 자산을 증식하고자 하는 경제주체의 욕구를 규제로 억누를 수 있다는 것 자체가 오판이었다.

시장을 이기는 정부가 없는 이유는 시장 그 자체가 바로 국민이기 때문이다. 각 개인의 수요가 모여서 시장수요가 되며, 각 개인이 한 방향으로 뛰어가기 시작하면 시장이 움직인다. 시장을 이겨보려 한다는 것은 결국 국민을 이겨보겠다는 것이며 그러한 정책이 국민들의 지지를 받는다는 것은 불가능한 일이다. 다음 정부는 이러한 점을 인지해 시장을 더 잘 이해하고, 넛지스러운 합리적 부동산정책을 펼치기를 희망한다.

규제 혁파해야 경제 산다

최준선

Chapter 04

규제 혁파해야
경제 산다

과도한 규제에 신음하는 기업들

기업이 국가를 선택하는 시대

기업이 규제를 피해 국가를 선택한 사례는 대단히 많다. 2016년 이탈리아 자동차 업체 피아트는 117년의 역사를 버리고 미국 크라이슬러와 합병 후 본사인 FCA를 네덜란드로 옮겼다. 세계적인 가구 회사인 스웨덴 대표기업 이케아도 본사를 네덜란드 델프트로 옮겼다. 스웨덴 아스트라가 영국의 제네카와 합병하여 현재의 아스트라제네카가 됐고 본사는 영국 케임브리지에 있다. 테트라팩은 1981년 본사를 스웨덴에서 스위스로 이전했다. 세계적인 의류 회사 H&M의 창업자인 엘링 페르손과 부동산 개발·투자회사 룬드베리 창업자는 스웨덴을 버리고 이민 갔다. 세계적 가전업체 다이슨도 영국에서 싱가포르로 옮겼다. 미국 내에서도 기업활동의 자유가 보장되는 델라웨어주가 법인 설립지로 인기가 높다. 포천 500대 글로벌 기업 중 67.8%(339개사), 뉴욕증권거래소·나스닥 상장사 147곳 중 88.4%(130개사)가 델라웨어주에 법인을 두고 있다. 대주주 의결권을 제한하지도 않고, 감사위원회를 의무적으로 두지 않아도 된다는 게 가장 큰 장점이다. 다중대표 소송에 대한 규정도 없다. 한국의 병폐는 '소통 부재'다. 한국 거대 여당은 기업인의 호소 따위에는 관심도 없이 패스트트랙에 태워 '법도 아닌 법'들을 마구 찍어낸다.

주주 소유권 행사의 상징인 의결권 제한

한국 상법은 주주의 의결권을 함부로 제한함으로써 헌법이 보장한 국민의 사유재산권을 아무 죄의식 없이 간단하게 침해한다. 주주의 의결권이 제한되는 대표적 사례로는 감사 및 감사위원 선임 시 의결권 제한, 집중투표 배제를 위한 정관변경 시 대주주 의결권 제한, 공익법인의 의결권 행사 제한 등이다.

한국은 감사, 감사위원을 선임할 때 최대주주와 그 특수관계인의 의결권을 모두 합해 발행주식 총수의 3% 이내에서만 행사할 수 있도록 하는 이른바 합산 3%룰, 그 외의 최대주주 아닌 일반 대주주는 자신이 보유한 주식 중 발행주식 총수의 3% 이내에서만 의결권을 행사할 수 있도록 하는 개별 3%룰을 운영하고 있다.

기업 지배구조에 대한 시시콜콜한 간섭

한국은 주주총회 요건도 지나치게 까다롭게 규정하고 있다. 현재 상법은 발행주식 총수의 4분의 1 찬성과 출석 의결권의 과반수 찬성에 의한 총회 보통결의와, 발행주식 총수의 3분의 1의 찬성과 출석 의결권의 3분의 2 이상 찬성에 의한 특별결의를 규정하고 있다. 중국은 출석의결권의 과반수 찬성으로써 보통결의, 그 3분의 1의 찬성으로써 특별결의를 할 수 있도록 하고 있고, 영국은 주주 2인 이상이 출석하면 주주총회가 성립하고, 출석의결권의 과반수로써 보통결의를 할 수 있고, 그 4분의 3으로써 특별결의를 할 수 있다. 대부분의 일본 기업은 정관에 출석 의결권의 과반수 찬성에 의한 보통결의를, 그 3분의 2 이상의 찬성에 의한 특별결의를 규정하고 있다.

한국은 회사가 특례감사위원회를 두어야 하는 경우 감사위원 1명은 반드시 다른 이사 또는 감사위원과 분리선임하도록 한다. 세상 어느 나라에서도 규제하지 않는 매우 독특하고 창의적인 규제이지만 그 부작용은 이루 말할 수 없다.

상법 시행령은 기업 사외이사의 임기를 6년으로 제한하고, 계열회사의 사외이사임기를 포함하는 경우는 9년까지로 제한했다. 특정경제범죄 가중처벌 등에 관한 법률 위반 기업인에 대해서는 그 시행령으로 자기회사에 취업도 할 수 없도록 하고, 취업하기 위해서는 법무부 장관의 승인을 얻도록 했다. 이러한 규정들은 법률과 판결에 의하지 않고 행정부의 시행령에서 국민의 권리를 과도하게 제한하는 것으로, 위헌적 명령이다.

2020년 12월 29일에 개정된 상법은 이른바 다중대표소송을 인정해 모회사의 주식 1% 이상을 보유한 주주가 자회사의 임원을 상대로 주주대표소송을 할 수 있게 했다. 미국에서도 판례법상 다중대표소송이 인정되고는 있으나 모자회사 간 법인격의 구별이 없을 정도인 경우에만 인정된다. 한국 외 유일하게 이 제도를 도입한 일본에서는 100% 완전 모자회사 간에만 다중대표소송을 인정하는데, 한국에서는 자회사 주식 50%를 초과 소유한 모회사의 1% 이상 주주에게 이를 인정한다.

기업에 적대적인 M&A에 대한 방어 방법은 전혀 마련해 두지 않는다. 주요 선진국은 포이즌필(신주인수선택권) 제도 및 차등의결권 제도 도입으로 경영권 공격방법과 방어방법에 균형을 이루고 있으나, 한국에서는 공격방법은 무수하나 방어방법은 전무한 실정이다. 예컨대 상장회사의 주주 소수주주권행사를 위해서는 일본은 소수주주가 6개월 이상, 미국(주주제안권 행사)은 1년 이상 주식 보유를 의무화하고 있으나 한국은 그럴 필요가 없게 개정했다. 다만, 한국에서는 자기주식을 대거 매집하여 방어에 활용할 수는 있으나, 이는 투자해야 할 자금을 쓸데없이 자기주식을 사서 보유하게 함으로써 자금을 사장死藏시키는 고비용 저효율 방어방법에 지나지 않는다.

기업인에 대한 행정·형사처벌

한국에는 배임죄가 있어 기업인이 정상적인 경영활동에 대해서까지 배임죄로 형사처벌을 받을 가능성이 매우 크다. 미국 등은 징벌적 손해배상 제도가 있는 반면, 기업인을 행정처벌 또는 형사처벌하는 예가 드물다. 한국은 20개 이상의 법률에서 징벌적 손해배상 제도를 도입했고, 과징금의 형태로 어마어마한 행정벌을 지우면서 배임죄로 형사처벌까지 한다. 미국에서는 판례법상 경영판단의 원칙이 적용되어 정상적인 경영활동에 대해서는 비록 회사에 손해를 끼치는 결과가 되었더라도 이사가 형사처벌이나 민사책임을 부담하지 않는다. 독일도 경영판단의 원칙을 독일'주식법'에 명문화했다. 한국은 경영판단의 원칙도 인정되지 않고,

특정경제범죄 가중처벌 등에 관한 법률, 중대재해처벌법, 산업안전보건법 등 2300여 건의 법률에서 행정처벌과 형사처벌을 규정하고 있다. 그중 최고경영자(CEO)를 처벌하는 법률이 2000개가 넘는다.

폭발적으로 증가한 외부감사 비용

2017년 개정된 주식회사 등의 외부감사에 관한 법률에서 2020년부터 시행된 주기적 지정감사제가 도입됐다. 이 제도는 주권상장법인 등이 연속 6개 사업연도 자유수임 이후 3개 사업연도는 증권선물위원회가 지정한 외부감사인에게 감사를 받도록 하는 제도다. 이 외에 외부감사의 내실화를 위해 감사인이 투입해야 하는 표준시간을 법률에 따라 공인회계사회가 정하도록 한 표준감사시간제도, 기업의 회계오류나 부정을 예방하기 위해 재무보고 과정에 대한 외부감사인의 인증수준을 약식 '검토'가 아니라 정식의 '감사'로 격상시킨 내부회계관리제도 등이 도입됐다.

법률 개정 전에는 제한된 지정감사제가 시행됐다. 현행 외부감사법 제11조(증권선물위원회에 의한 감사인 지정 등) 제1항에 증권선물위원회가 외부감사인을 지정할 수 있는 사유 12가지를 정해두고 있다. 예컨대 3개 사업연도 연속 영업이익이 0보다 작은 회사, 3개 사업연도 연속 영업현금흐름이 0보다 작은 회사, 3개 사업연도 연속 이자보상배율이 1 미만인 회사, 그 밖에 대통령령으로 정하는 재무기준에 해당하는 회사 등(제6호), 주권상장법인 중 대통령령으로 정하는 바에 따라 증권선물위원회가 공정한 감사가 필요하다고 인정하여 지정하는 회사(제7호) 등이다. 지정감사를 해야 할 경우를 매우 포괄적이고 상세하게 규정해 두고 있어 이것만으로도 충분한데, 멀쩡한 기업까지 6년 후엔 반드시 지정감사를 받도록 한다.

본질적으로 자본주의 국가에서 정부 파견 감사인이 사기업을 감사할 이유가 없다. 민간 기업은 국가 소유가 아니다. 민간기업이 망하면 주주가 가장 큰 피해를 입기 때문에 당연히 회사가 심사숙고해 역량 있는 외부감사인을 선임해야 한다. 제3자일 뿐이며 회사가 망해도 아무 책임도 지지 않는 정부가 감사인을 지정해야 할 이유가 없다. 조급하게 도입된 한국 지정감사인제도는 기업에 막대한 감사비용 부담을 안기고, 회계법인은 인력 부족으로 인해 내실 있고 시간적으로 충실한 감사를 진행하지 못한다는 문제점이 지적되고 있다. 이는 기업을 범죄 집단 취급하는 것이다. 세계 어느 나라에도 없는 반시장적 법률이다.

40년 만에 전면 개악한 공정거래법

독점규제 및 공정거래에 관한 법률(공정거래법)은 제정 40년 만인 2020년 12월 9일 전부개정안이 국회 본회의를 통과해 개정법이 2021년 12월 29일부터 시행됐다. 개정 공정거래법은 기업집단 규율 법제 개선을 목표로 하나, 실은 크게 개악되어 기업 규제를 강화했다. 사익 편취(일감몰아주기) 규율 대상을 확대해 총수일가 지분이 30%(비상장사는 20%) 이상인 회사에서 20% 이상인 상장·비상장사와 이들이 50% 넘게 지분 보유한 자회사까지 포함했다.

지주회사의 자·손회사 지분 요건을 강화해, 총수일가가 보유해야 하는 지분을 상장사는 20%에서 30%로 강화하고, 비상장사는 40%에서 50%로 상향 조정했다. 다만, 이와 같은 규제는 신규 지주회사 또는 신규 편입 시에 적용하도록 했다.

상호출자제한기업집단 소속 공익법인의 국내 계열회사 주식에 대한 의결권 행사는 원칙적으로 제한했다. 다만, 계열회사가 상장사인 경우 적대적 M&A에 대응할 수 있도록 임원 임면, 합병 등 사유에 한정해 특수관계인이 행사할 수 있는 주식의 수와 합산해 그 계열회사 발행주식 총수의 15% 한도 내에서 의결권 행사를 허용했다. 이는 2년 유예기간 부여 후 3년에 걸쳐 30%에서 15%로 축소하도록 했다. 아울러 현행법은 상호출자제한

기업집단에 속하는 회사가 새로운 순환출자를 형성하거나 강화하는 행위를 금지하나, 상호출자제한기업집단 지정 전에 이미 다수의 순환출자를 보유하고 있었던 경우를 직접 규제하지 않았다. 개정법은 법 시행 이후 최초로 상호출자제한기업집단으로 지정되는 기업집단의 경우 지정 이전부터 보유한 기존 순환출자 주식에 대해서도 의결권을 제한했다.

공정거래법 집행 체계를 개편해 사인의 금지청구제를 도입했다. 불공정 거래행위에 대해 피해자가 공정위를 거치지 않고 법원에 직접 중단 청구할 수 있도록 했다. 가격·생산량 등 정보를 주고받아 실질적으로 경쟁을 제한하는 행위를 부당한 공동행위의 유형으로 추가했다. 또한 가격의 공동인상 등 외형상 일치가 있고 이에 필요한 정보가 교환되었으면 사업자 간 합의는 추정된다. 아울러 분쟁조정 신청 대상을 확대하고, 과징금 부과 수준을 상향 조정해, 법 위반 행위별로 과징금 상한을 2배 상향 조정했다. 부당공동행위는 관련 매출액의 10%에서 20%로, 시장지배력 남용행위는 3%에서 6%로, 불공정거래행위는 2%에서 4%로 올렸다. 이 모두가 기업의 목을 죄는 조치들이다.

공정거래법을 독점금지법으로

공정거래법을 고유의 경쟁법인 독점금지법으로 환원시켜야 한다. 세계 200개국 이상이 독점금지법을 운용하고 있다. 그러나 한국처럼 자산규모를 기준으로 대기업집단을 지정해 공정거래위원회가 엄밀히 거래행위를 모니터링하고 과징금을 매기며 검찰에 고발까지 하는 나라는 없다. 한국 공정거래법은 독점금지보다는 대기업집단 규제에 집중하는 모습이다. 기업집단의 계열사 간 거래나, 특수관계인 거래는 그 자체가 경쟁제한 행위도 아니고 부당한 행위도 아니다. 이것은 경쟁법으로 규제해서는 안 되며, 이들 행위가 '구체적인 경쟁제한성'이 증명되어야 위법행위로 금지해야 함에도 불구하고, 한국 공정거래법은 계열사 간 거래 및 특수관계인과의 거래는 '부당이익제공'으로 규정한다(제47조). 경쟁법 본래 취지를 살려 글로벌 스탠더드에 맞춰야 할 것이다.

형사처벌 남용하는 공정거래위원회

경쟁법 위반에 대해 형벌로 다스리는 나라는 희소하다. 예컨대 유럽연합(EU), 뉴질랜드 등 대부분의 국가는 형사처벌 규정이 없다. 기업인을 형사처벌한다면 복수심에서 통쾌할 수는 있겠으나, 가해 기업에도 피해 기업에도 아무런 도움이 되지 않는다. 형사고발보다 과징금 부과가 효율적이나, 과징금도 문제가 많다. 과징금은 국고에 귀속되어 피해 기업에는 아무런 도움이 되지 않는다. 특히 공정거래위원회는 영장도 없이 임의조사 형식으로 기업을 수색해 아무 자료나 다 가져간다. 이뿐만 아니라 수많은 무의미한 공시요구로 기업들이 행정적 처리를 하느라 몸살을 앓을 지경이다. 혹시 공시가 잘못 되면 기업주가 형사처벌의 위기를 겪게 된다. 공시위반의 경우 형사처벌하는 것도 과도한 조치다.

특수관계인 제도

법무부는 최근 형제자매의 유류분遺留分을 제외하는 민법 일부개정안을 입법예고한다고 발표했다. 유류분은 피상속인(사망자)의 뜻과 무관하게 상속인이 받을 수 있도록 법으로 보장된 최소한의 유산 비율을 뜻한다. 1977년에 도입된 이 제도에 따라 배우자와 직계비속(자녀·손자녀)은 법정 상속분의 2분의 1을, 직계존속(부모·조부모)과 형제자매는 3분의 1을 유류분으로 유언이 없어도 받을 수 있다. 반면 피상속인은 가족이 아닌 제3자에게 유언을 통해 자신의 재산을 몽땅 상속하고 싶어도 유류분만큼은 줄 수 없다. 법무부는 이 제도가 농경사회와 대가족제를 전제로 한 제도로서 도입된 지 40년이 훨씬 지난 현재, "형제자매의 유대관계가 과거보다 약해진 만큼, 고인이 자신의 재산을 더 자유롭게 처분할 수 있도록 유언의 자유와 효력이 강화돼야 한다는 공감대가 형성됐다"고 설명했다.

법무부는 유대관계가 약해진 현대의 형제자매 관계는 이미 경제적 공동체로 보기 어렵다고 본 것이다. 그러나 이 점에 관해 국민의 공감대가 형성됐다고 보는 것이 법무부의 입장이라면 공정거래법, 상법, 자본시장법, 금융지주회사법, 은행법, 벤처기업육성법, 국세기본법, 법인세법, 소득세법, 상속증여세법, 부가가치세법 등 수많은 법률에서 규정하고 있는 '특수관계인'을 경제공동체로 일괄 취급하는 논리는 무엇인가. 법령상 특수관계인의 범위는 대부분 '6촌 이내의 혈족, 4촌 이내의 인척'으로 규정되어 있다.

법무부의 설명이 틀린 것은 없다. 그러나 형제자매는 촌수로는 2촌이다. 2촌도 가족으로 보지 않으면서 6촌 이내의 친족, 4촌 이내의 인척까지 묶어 규제의 틀 안에 넣고 감시하는 것은 과연 합당하다고 할 수 있는가. 특수관계인 제도는 조속히 폐지되어야 한다.

기업 경영 옥죄는 노동보호법

'이번 생은 망했다'(이생망)라고 느끼는 청년이 많은 것 같다. 얼마 전 한국경제연구원이 여론조사기관 모노리서치에 의뢰해 전국 거주 20대 청년 542명을 대상으로 실시한 '청년 일자리

인식 설문조사'가 이를 뚜렷이 증언하고 있다. 전체 응답자의 62.9%는 향후 청년 일자리 상황이 악화될 것이라고 전망했고, 10명 중 7명꼴로 원하는 직장에 취업할 가능성도 낮고, 일해서 부자가 될 수 없다고 응답했다.

청년들이 능력이나 학력이 부족해서도 아니다. 기성세대보다 몇 배나 똑똑하고 멋진 청년들에게 일자리를 만들어 주지 못하는 것은 기성세대 책임이다. 청년 실업 증가는 코로나19로 인한 세계적 현상이 아닌가? 아니다. 2020년 기준 주요 5개국(G5) 청년고용률 평균은 56.8%인데, 한국은 42.2%며 경제협력개발기구(OECD) 38개국 중 31위이다. 청년 경제활동참가율은 OECD 38개국 중 35위에 그친다. 한국 청년층 4명 중 1명은 사실상 실업상태로, 구직단념자가 급증하는 추세다. 부동산값 폭등(24.7%), 물가상승(21.5%) 등으로 근로 의욕도 바닥이다. 그러니 주식과 암호화폐로 몰린다. 이 모두는 기성세대가 책임져야 할 정책 실패 탓이다.

첫째, 노동시장의 경직성으로 기업이 청년 정규직을 고용할 수 없게 만들었다. 해고가 엄격히 규제되고 해고 비용이 높아 기업은 저성과자를 해고할 수 없다. 한 번 뽑으면 정년까지 보장해야 한다. 정규직 해고 비용은 G5 평균이 1주일 급여의 9.6배인데 한국은 27.4배다. 기업이 직원을 뽑는 것이 인적 투자인데, 지금은 투자는커녕 인적 리스크가 되고 있다. 이래서는 인력을 효율적으로 활용할 수 없다. 기업은 과거처럼 대량 공채를 통한 신규채용을 꺼린다. 대신 시장에서 검증된 경력직을 채용한다. 반면 정규직 과보호는 지속적으로 강화돼, OECD는 한국 정부에 2018년, 2019년 연속 '정규직 근로자 고용 보호 완화'를 권고했다.

비정규직 제로 정책

비정규직 제로 정책도 문제다. 공기업인 인천국제공항 사태로 촉발된 하청업체 직원 직고용 문제는 건보공단에서 재폭발되었고, 급기야는 민간 기업인 현대제철에까지 확산됐다. 악성 규제는 정부 말을 들을 수밖에 없는 공공기관에서 먼저 시행되고, 곧 이어 민간기업까지 확산된다. 노동이사제가 그렇다. 이미 많은 공기업이 노동이사제를 채택했고, 민간 기업인 금융업에도 도입됐다. 여당 대선후보는 이번 정기국회에서 공공부문 노동이사제를 패스트트랙에 태워 통과시키라고 주문했고, 야당 후보자도 동조했다. 노조 표를 의식한 조치이겠으나 MZ세대(밀레니얼+Z세대)에게 얼마나 공감을 얻을지 두고 보자. 공공부문에 이어 민간부문까지도 금방 확산된다.

기업과 노조 모두 현대제철 사건이 어떻게 귀결될 것인지 날카롭게 지켜보고 있다. 비정규직 제로 정책은 계약 위반을 사주하는 정책이며 정의와 형평에도 반하고, 직원을 빼앗긴 하청업체의 생존권을 박탈한다. 분업의 원리에도 반한다. 1700년대 애덤 스미스는 분업을 하게 되면 업무 한계가 세분화하고 넓이보다는 깊이가 있게 돼 전문화·계열화가 자연적으로 이루어진다고 했다.

자칭 '일자리 정부'라던 이 정부는 정확히 반대로, 청년 일자리를 없애는 정책으로 열심히 일했다. 공무원은 10만 명 이상 늘어, 과거 정부가 20년간 늘린 수를 능가했다. 공무원 수를 1% 늘리면 실업률은 2.1% 는다는 분석도 있다. 공기업들도 올해 신규 채용 규모를 최근 3년간 연평균 신규 채용 규모보다 46% 가량 줄였다. 최근 4년간 5만 명에 가까운 비정규직을 정규직으로 바꾸는 데 앞장섰기 때문이다. 그만큼 신입사원을 채용할 수 없게 됐다.

정년 연장

1인당 국민소득이 높아지고 우리 삶이 안정되어 감에 따라 국민의 평균수명도 크게 늘었다. 따라서 정년 연장도 당연한 추세다. 다만, 청년 중 63.9%는 정년 연장이 청년 신규 채용에 부정적 영향을 줄 것이라고 생각한다. 신입사원의 2~3배 연봉을 받는 근로자들이 기득권을 계속 누리는 것은 좋지만, 기업에 신규채용 여력이 줄어들 수밖에 없음은 자명하다. 정년이 연장되더라도 임금피크제 등 보완책과

동시에 시행되어야 한다.

MZ세대는 우리의 미래를 짊어질 세대다. 그들에게 우리가 남길 것은 국가부채 1000조 원뿐인가. 이치에 맞지 않는 비정규직 제로 정책 폐지, 노동시장 개혁 외에는 그들에게 미래를 열어줄 도리는 없다.

한국에서 사업하지 말라는 중대재해처벌법

2022년 1월 27일부터 시행될 예정인 중대재해처벌법은 치명적 결함을 안고 있다. 이 법률의 목적은 표면적으로는 재해를 예방해 인명사고를 줄이기 위한 것이라고 한다. 그렇다면 법률은 마땅히 사업장의 안전을 증진하고 안전한 사업장을 운영할 때 어떤 인센티브가 주어지는지를 명시하여야 한다. 그러나 이 법률은 인센티브는커녕 사업자의 의무와 책임, 의무를 다해도 결과적으로 발생한 사망사고에 대한 사업주 처벌규정만 나열하고 있다. 결국 이 법률은 사업자에게 한국에서 더 이상 사업하지 말라는 메시지를 던지고 있는 것이나 다름없다. 국회가 찍어낸다고 다 법률인 것은 아니다. 자연과 인간의 이성에 일치하지 않는 이런 법률은 진정한 법률이라고 할 수도 없는 것이다.

문제는 이 법률상 '사업주나 경영책임자'가 이 법을 피할 방법이 없다는 것이다. 불친절한 이 법률은 단 하나의 면책규정도 마련해 두고 있지 않기 때문이다. 예컨대 매출액의 반을 안전에 투자한다 해도 일단 사업장에서 사망사고가 발생하면 사업주나 경영책임자는 처벌을 피할 수 없다. 사기, 강도, 상해 등 대부분의 범죄는 범죄를 저지르기 전에 스스로 범행을 멈출 수 있다. 그러나 중대재해는 피하고자 결심하고 맹세한다고 해도 아무 소용이 없다. 재해는 사업주나 경영책임자의 의도와 무관하게 발생하기 때문이다. 세계적으로 유례가 없는 5배 징벌적 손해배상도 한국의 법체계와 맞지 않는다.

이 법률은 '사업주나 경영책임자'를 '원 스트라이크 아웃'시키겠다는 것이다. 사업주는 대주주를 말하고, 경영책임자는 '사업을 대표하고 총괄하는 권한이 있는 사람 또는 이에 준해 안전보건에 관한 업무를 담당하는 사람'을 말하는데, 고용노동부 해설서에는 '안전 분야 조직, 인력, 예산에 대해 최종 결정을 내릴 수 있는 사람'이라고 표현한다. 보통은 대표이사(CEO)를 말한다. 중소기업 경영책임자는 대부분 오너 사장이다. 사장이 감옥가면 기업은 파탄이 나고 본인 가족과 근로자와 그 가족의 삶도 파탄 난다. 수백 명이 근로현장에서 함께 일하는 기업인으로서는 하루도 편할 날이 없을 것이다.

병상 수 100개 이상인 병원과 요양병원도 공중이용시설로서, 병원에서 사망 또는 부상사고가 나거나 1년 내 의사, 간호사, 병원종사자 3명 이상이 B형간염, C형간염, 에어컨병(레지오넬라증) 등 질병에 걸리면 병원장이 1년 이상 감옥에 갈 수 있다. 백화점 쇼핑몰은 다중이용영업장으로서, 그리고 대규모 놀이터는 종합유원시설로서 사고가 나면 점주나 경영책임자가 처벌받는다. 직영근로자는 물론, 도급 계열에 있는 모든 하청근로자, 직영 9종 특수고용직 종사자(보험설계사, 건설기계운전자, 학습지 교사, 골프장 캐디, 택배원, 퀵서비스 기사, 대출모집인, 신용카드 모집인, 대리운전 기사)까지 모두 보호대상이다. 그만큼 경영책임자가 책임져야 할 범위는 감시의 한계를 벗어난 사고까지로 한없이 넓어진다.

'드라콘의 성문법' 환생

그런데 이 법률상 처벌이 지나치게 강하다는 것도 문제다. 중대재해라고 해도 사업주나 경영책임자가 고의로 사람을 죽게 했을 리는 만무하므로 기껏해야 과실범인데도 불구하고 1년 이상의 징역이나 10억 원 이하의 벌금에 처하게 했다. 징역형 하한이 1년이므로 판사가 벌금형이 아니라 징역형을 선고한다면 반드시 1년 이상으로 선고해야만 한다. 이 법률이 이처럼 가혹하다는 점에서 기원전 621년 그리스 아테네 '드라콘(Drakon)의 성문법'을 닮았다. 드라콘의 법률 제정 이전에는 구전口傳으로 알려진 관습법을 귀족들이 멋대로 해석해 왔기 때문에 일관성이 없고 피해자가 많았다. 문제는 이 법률이 얼마나 가혹한지, 양배추나 과일을 훔친 자에게도 사형을 언도하게 되어 있었고, 채무를 갚지 못한 채무자는 채권자의 노예가 되거나 노예로 팔려가야 했다. 이 법전에 대해 훗날 아테네의 웅변가 데마데스는 "잉크가 아니라 피로 씌었다"고 했다. 기원전 594년 아테네의 집정관 솔론은 이 법률을 고쳐, 살인죄를 제외하고는 모두 폐지했다.

기업인들은 지금 옴짝달싹 못 할 막다른 골목에 갇혀 있다. 기업인들이 무슨 죽을죄를 지었길래 배임죄의 굴레만으로 부족해 중대재해처벌의 굴레까지 씌우나. 대선후보들은 청년세대에 대한 구애에 열심이지만, 누구도 기업정책에 대한 진지한 비전을 발표하고 있지 않다. 얼마든지 청년을 고용하고 기업인 자신의 신변에 위협을 느끼지 않고 일에만 몰두하게 해 주는 것이 그렇게 어려운가. 여당은 당장 이 법률의 시행을 미루고 법률 폐지 또는 개정에 나서야 한다. 대선 후보만이라도 이 약속을 해 주면 좋겠다.

쇼 정권의 현란한 쇼 – 탄소중립기본법

2021년 8월 말 여당이 단독 처리한 '기후위기 대응을 위한 탄소중립·녹색성장 기본법(탄소중립기본법)'은 2022년 9월 25일부터 시행될 예정이다. 이 법률의 심각한 문제는, 먼저 기술적 실현 가능성이 거의 없다는 점이다. 이 법률은 '2030년 국가온실가스 감축목표'(2030 NDC)를 '2018년 대비 35% 이상 감축'으로 정했다. 정부는 한술 더 떠 40% 감축으로 대폭 상향 조정했다. 2018년이 기준이 된 이유는 2018년에 탄소배출이 역대 가장 많았던 때문이라고 한다. 하지만 2018년 한국이 달성한 정상급 기술을 더 개발해 2030년엔 2018년의 40%를 감축하라는 것은 현 기술 수준으로는 가능하지 않다.

수소전기가 답일까? 일론 머스크는 2014년 6월 연례주주총회에서 "수소 연료전지는 놀랄 정도로 멍청한 생각", "연료(fuel) 전지는 바보(fool) 전지로, 결코 성공할 수 없다"고 했다. 하긴 1932년 알베르트 아인슈타인도 "핵에너지를 얻을 수 있다는 징조는 전혀 없다. 그러려면 원자를 임의로 부술 수 있어야 하기 때문이다"고 했었고, 1934년 최초로 인공 핵융합을 시현한 어니스트 러더퍼드도 "핵융합으로 에너지를 생산하는 것은 망상(moonshine)이다"라고 했었다. 누가 맞을지는 두고 보자.

수소는 그린수소가 의미가 있다. 그린수소는 탄소를 전혀 배출하지 않는 친환경·재생에너지로만 생산한 수소를 말하는데, 태양광·풍력이 약한 한국에선 단가가 비싸 현재로선 경제성이 전혀 없다. 실제 국내에서는 낮은 경제성 때문에 탄소배출이 전혀 없는 그린수소가 단 1g도 생산되지 않고 있다. 차라리 호주 등으로부터 구입하는 것이 더 나을 수 있다. 블루수소 생산도 기술의 한계로 탄소 포집·매장 비용을 따지면 현재는 경제성 확보가 어렵다.

그린수소를 수입한다고 해도, 수소 저장·운송·기화 등에 필요한 기술개발에 상당한 시간과 비용이 소요된다. 수소로 운행하는 선박도 현재는 없다. 탄소중립위원회는 태양광·풍력으로 생산한 전력을 저장하기 위한 에너지저장장치(ESS) 구축에만 최대 1248조 원이 필요한 것으로 추산한다. 희토류 등 배터리 소재 가격이 급격히 오를 가능성도 크다.

정부는 비용에 대해서는 나 몰라라 한다. 업계의 자발적 협조를 얻으려면 기술개발에 소요되는 막대한 투자비에 대한 적극적인 지원과 함께 그린수소나 그린전력이 충분히 공급될 수 있도록 국가 인프라를 선행 또는 병행 구축해야 한다. 다른 나라에서는 대규모 기업 지원을 논의하는 것과 딴판이다. 미국 대통령은 청정에너지와 저탄소 등 인프라에 2조 달러(2200조 원)를 지원하겠다고 밝혔다. EU 일본 등에선 정부가 막대한 자금을 지원한다. '2030 NDC'는 제조업 중심 산업 구조에 지나친 부담과 충격을 줄 것이 틀림없다. 모든 비용과 책임은 기업에 떠넘기면서 '2030 NDC'만 강조한다면 기업이 선택할 수 있는 최선의 방법은 아예 아무것도 생산하지 않는 것뿐이다. 고용은 더 어려워진다. 쇼 정권의 화려한 쇼에 기업만 골병든다.

환경이익집단들의 잔치판

탄소중립정책은 이처럼 기업에 비용과 책임을 떠넘기면서, 경제적으로 국가에 엄청난 부담을 주는 비현실적인 계획이다. 이 법률은 각종 기본계획 수립과 이행 점검을 위한 거대 행정조직 신설을 법률에 못 박았다. 중앙정부는 주요 정책 및 계획과 그 시행에 관한 사항을 심의·의결하기 위해 대통령 소속으로 위원장 2명과 50명 이상 100명 이내의 위원으로 구성되는 '2050 탄소중립녹색성장위원회'와, 이 위원회를 지원할 사무처를 설치한다(제15조·제21조). 지방자치단체에도 '2050 지방탄소중립녹색성장위원회'와 그 사무국을 둘 수 있다(제22조). 사실상 17개 광역자치단체와 232개 기초지방자치단체에 위원회와 사무국을 둘 수 있게 했다. 수많은 공무원이 필요하고, 대규모 예산이 소요된다. 공무원이 늘어나는 만큼 규제도 늘어나, 정부가 지향하는 '공무원 공화국', '위원회 공화국'이 성큼 실현될 것 같다.

한편 탄소중립정책 이행으로 발생하는 이익을 공정하고 공평하게 공유하기 위하여 협동조합 및 사회적 협동조합 활동을 행정적·재정적·기술적으로 지원할 수 있다고 돼 있다(제52조). 이익 공유를 위해 협동조합을 지원한다니, 여기서 갑자기 협동조합이 왜 나오는가?

국가와 지방자치단체는 '정의로운 전환 지원센터'를 설립·운영할 수 있다(제53조). 이 조직은 탄소중립으로의 이행과정에서 일자리 감소, 지역경제 침체 등 사회경제적 불평등이 심화되는 산업과 지역에 대한 지원을 목적으로 한다. 또 지방자치단체는 '탄소중립 지방정부 실천연대'와 사무국을 둘 수 있고(제65조), 지방자치단체의 장은 '탄소중립 지원센터'를 설치,운영할 수 있으며, 중앙정부는 이의 재정지원을 할 수 있다(제68조). 이처럼 수많은 위원회, 실천연대, 지원센터 등과 각 사무국 자체가 대규모 행정공무원을 필요로 하고, 거대 행정조직을 운영하기 위한 막대한 예산이 소요된다. 탄소중립을 위해 고군분투하는 기업에 대한 지원은 쏙 빠진 채 공무원 숫자 늘리는 것만큼은 확실한 것처럼 보인다. 탄소중립 실천을 위해 정력을 쏟는 대신 환경 관련 행정조직과 환경단체의 세력만 커진다.

항상 빠지지 않는 것은 기금 설치다. 정부는 기후위기에 효과적으로 대응하고 탄소중립 사회로의 이행과 녹색성장을 촉진하는 데 필요한 재원을 확보하기 위해 '기후대응기금'을 설치하도록 하고 있다. 기금은 정부 출연금과 정부 외의 자의적 출연금 및 기부금으로 조성한다(제69조). 지금까지 조성된 수많은 기금이 그랬듯이 기부금은 결국 기업이 부담할 수밖에 없다. 정부는 회계연도마다 '교통·에너지·환경세'의 1000분의 70에 해당하는 금액을 일반회계로부터 기금에 전입하도록 돼 있다(제71조). 전부 돈이다. 이 돈으로 거대조직을 만들어 당장은 실현 불가능한 사업판을 벌이면 과연 누가 이득을 볼 것인가.

기업의 자율성 강화

한국의 '반기업 정서'는 뿌리가 깊다. 이 '반기업 정서'는 실은 '반反 대기업 정서'다. 반기업 정서가 자라나는 가장 중요한 이유는 기업에 대한 무지 때문이다.

국제통화기금(IMF)은 매년 세계경제전망(World Economic Outlook)의 하나로 1인당 GDP 전망을 내놓는다. 최신 자료인 2021년 4월 추정치를 보면, 스위스 2위(9만4700달러), 미국 5위(6만8310달러), 일본 23위(4만2930달러), 한국 26위(3만4870달러), 중국 56위(1만1820달러), 러시아 59위다. 60위를 넘어서는 개인소득 하위권 국가들의 특징은 세계적 대기업을 보유하지 못하고 있다는 것이다. 2021년 포천 글로벌 500대 기업에 이름을 올린 기업들의 전체 매출액은 전 세계 GDP의 3분의 1을 넘었으며 매출액 31조7000억 달러, 순익 1조6000억 달러이고, 전 세계에서 6970만 명을 고용하고 있다. 말하자면 국가경쟁력 제고와 양질의 일자리 창출은 글로벌 대기업이 하고 있다는 뜻이다. 그도 그럴 것이 대기업만이 할 수 있는 일이 따로 있기 때문이다. 고부가가치 혁신 산업을 선도할 수 있고, 글로벌 네트워

크로 세계시장 선점이 가능하기 때문이다.

'글로벌 선도기업'이란 매출액과 영업이익 모두 글로벌 상위 500대에 속하는 기업으로, 'S&P Capital IQ'에 등록된 전 세계 외부감사기업 중 281개사만 해당한다(2020년 기준 매출액 25조3000억 원, 영업이익 2조3000억 원 이상). 한국은 겨우 6개뿐인데, 한전을 제외한 삼성전자, SK하이닉스, 현대자동차, LG전자, POSCO 등 5개사가 제조업체다. 이들의 경쟁력도 매우 취약해 최근 3년간 매출액증가율은 (글로벌 평균이 5.8% 증가한 반면) 0.4% 감소했다(한국경제연구원 추산). 2020년 말 기준 한국 상장회사 수는 2268개이고, 시가총액은 2365조 원이다. 삼성전자 시가총액은 얼추 480조 원인데, 2020년 8월 애플의 시가총액은 2조228억 달러, 2674조 원이다. 애플 한 회사의 시가총액이 한국 주요기업 2268개 전체 시가총액을 넘어선다. 이런 상황에서 대기업 규제에만 열을 올리는 것은 '우물 안 개구리' 아닌가. 세계시장을 상대로 경쟁을 벌이는 대기업에 대한 인식을 전환할 때다.

구체적 목표는 '포천 글로벌 톱 500'에 한국 기업 50개를 올리는 것이며, 이를 위해 중견·중소기업의 대기업 진입장벽을 제거하는 것이다. 2021년 포천 글로벌 톱 500 기업에는 중국 143개, 미국 122개, 일본 53개인 데 비해 한국 14개뿐이다. 인구 800만 명인 스위스와 동수이며, 톱 10에 한국 기업은 없다.

100년 이상 기업은 일본이 3만3079개, 미국 1만2780개, 독일 1만73개인데, 한국은 8개뿐이다. 200년 이상 기업은 일본이 3937개, 독일 1563개, 프랑스 331개인데, 한국은 하나도 없다. 10년 내 100년 기업 1000개를 만들 수 있는 인프라를 구축해야 한다. 유니콘 기업이란 기업가치 10억 달러(약 1조1732억 원, 2021년 8월 23일 매매기준율 기준) 이상의 비상장 기업을 말하는데, 2021년 상반기에만 세계적으로 291개 기업이 유니콘으로 신규 등극한 가운데, 한국은 단 1개의 유니콘 기업만을 배출했다. 유니콘 기업 수가 연간 10개 정도는 배출될 수 있는 인프라를 구축해야 한다.

무원칙 수사·판결에 추락한 신뢰의 회복

전상현

Chapter 05

무원칙 수사·판결에 추락한
신뢰의 회복

리더십 실종에 이념 갈등까지

문재인 정부는 출범 전부터 적폐청산이라는 공약을 내세워 선거에서 압도적으로 승리한 바 있다. 일반 국민은 이러한 적폐청산을 공정사회 실현이라는 용어로 미화한 문재인 정부의 전략전술에 현혹된 듯 일곱 번의 선거에서 모두 문재인 정부 손을 들어주었다. 그러나 결과적으로 적폐청산은 사법부를 이용해 정치적 반대 인사들을 단죄하는 것을 정당화하기 위한 수단에 불과했던 것으로 나타났다. 이는 사법부를 이용해 대한민국 사회 전반에 걸쳐 이념 갈등을 조장해 편가르기 식으로 국론을 분열시키고, 이를 통해 정권을 재창출하려는 의도가 있었던 것으로 이해된다.

그러나 적폐청산이라는 이념 갈등을 이용한 편가르기 정책은 결국 조국 사태 등과 같은 사회적 혼란과 정권에 대한 불신을 심화시켜 문재인 정권의 리더십을 약화 내지는 실종시키는 결과를 초래했다. 결국 문재인 정부의 적폐 대상이었던 자들은 복수를 다짐할 수 있어 정권이 바뀌면 다시 또 적폐 청산과 유사한 이름으로 편가르기를 할 가능성이 높아지고 있다.

이처럼 적폐 청산의 반복을 불러오게 한 문재인 정부의 가장 큰 패착은 이념적 갈등을 조장하는 법치주의의 훼손이었다. 문재인 정권이 이념 갈등을 조장하여 정치적 목적을 달성하려다가 리더십을 상실한 가장 큰 원인 중 하나는 사법부를 권력의 시녀로 만들려고 법치주의를 훼손한 점이다. 일반적으로 문재인 정부 출범 이후부터 법치주의가 훼손되었다는 비판을 받고 있는데, 이처럼 대한민국이 쉽게 법치주의가 훼손됐다는 의심을 받는 근본적인 이유는 사법부의 독립이 제도적으로 보장되지 않았기 때문인 것으로 이해된다. 이하에서는 이를 중심으로 문제 제기와 개선 방안을 제시해 보고자 한다.

원칙 없는 법관 인사로 불신 확대

문재인 정부 출범 이후부터 지속적으로 법원의 원칙 없는 인사논란, 즉 정권에 충성하는 법관 위주의 인사가 있었다는 문제

제기가 있었다. 특히 김명수 대법원장의 코드 인사 논란이 법원 안팎으로 널리 확산된 바 있다. 주된 내용은 전 정권에서 법원행정처 요직을 맡았던 법관들은 사법행정권 남용 연루 의혹을 이유로 사표를 내도록 종용하고, 그 당시 진상조사에 참여한 법관들은 요직에 배치했다는 의혹을 받는 등 임기 내내 법관인사에 대한 불신이 확대되어 온 바 있다. 그럼에도 문재인 정부는 이념적으로 반대 성향을 갖는 법관에 대해 2021년 2월에 탄핵소추를 감행하였고, 일을 무리하게 추진하는 과정에서 대법원장이 사적으로 나눈 대화의 녹취록이 공개되는 등 법관 인사에 대한 불신이 깊어져 왔다.

그러나 법원 인사와 관련해 법원은 삼권분립의 요체로, 헌법에서 정하고 있는 헌법기관이라는 점에서 이를 개선하는 것이 매우 어려운 것이 현실이다. 헌법 제104조에 따르면 대법원장은 국회의 동의를 얻어 대통령이 임명하고(제1항), 대법관은 대법원장의 제청으로 국회의 동의를 얻어 대통령이 임명하며(제2항), 대법원장과 대법관이 아닌 법관은 대법관회의의 동의를 얻어 대법원장이 임명하도록 규정되어 있다(제3항). 즉, 정치적으로 사법부가 대통령으로부터 독립하기 어려운 게 현실인 것이다. 선진 각국은 그럼에도 나름대로 사법부의 독립을 위한 법제도들을 정비해 놓고 있다.

참고로 미국은 연방대법원장과 연방대법관은 대통령이 지

명하고 상원의 동의를 얻어 임명하며, 이들은 스스로 사임하거나 범죄행위로 탄핵받지 않는 한 종신직으로 그 직을 수행한다. 즉, 종신직으로 보장받는 만큼 인사로부터의 독립성이 어느 정도는 보장된다는 점이다. 그러나 우리나라는 6년 단임제로 매년 대법관 중 일부를 새로이 선임하는 과정에서 인사의 독립성이 훼손되고 있는 것이다.

독일의 경우 연방대법원 판사들은 독일 법무부와 연방의회에 의해 임명되는 대표자로 구성되는 선출위원회에서 임명하므로 정치권력으로부터의 독립성이 다소 보장돼 있다고 할 수 있다.

이처럼 나라마다 헌법에 의거해 대법원장과 대법관을 임명하고 있으며 다소 차이는 있지만 대통령이 임명하는 국가와 선출위원회를 통해 임명하는 국가로 구분된다고 할 수 있다.

대한민국은 대통령이 임명하는 제도를 택하고 있으며, 이 또한 헌법에 명시돼 있다. 따라서 대법원장과 대법관 임명에 관한 한 개선방안을 제시하기는 쉽지 않다. 즉, 대법원장 임명에 대해서는 헌법에 명시되어 있어서 헌법을 개정하지 않는 한 대통령이 임명한 대법원장과 대법관의 임명에 대한 독립성 보장을 위한 개선방안을 제시해도 이를 실현하기 쉬워 보이지는 않는다.

다만, 법관의 경우에는 대법관회의의 동의를 얻어 대법원장이 임명하는 만큼 법원조직법을 개정해 법관인사위원회에 관한 규정을 신설하고 법관인사위원회에 다양한 분야의 일반 전문가들이 참여해 이를 견제할 수 있는 장치를 마련하는 것이 필요하다. 또한 대법관 임기를 대통령의 임기보다도 장기로 설정해 인사로부터 독립성을 보장하는 방안도 고려해 볼 필요가 있다.

법관인사위원회 개선

현행 법원조직법상 법관인사위원회는 대법원장이 구성하도록 규정되어 있다(제25조의 2). 법관 3명, 법무부 장관이 추천하는 검사 2명, 대한변호사협회장이 추천하는 변호사 2명, 사단법인 한국법학교수회 회장과 사단법인 법학전문대학원협의회 이사장이 각 1명씩 추천하는 법학교수 2명, 학식과 덕망이 있고 각계 전문 분야에서 경험이 풍부한 사람으로서 변호사의 자격이 없는 사람 2명(1명 이상은 여성)으로 구성한다. 임명 또는 위촉은 대법원장의 재량사항이다.

이는 대법원장의 의도에 따라 법관인사가 가능하고 원칙 없는 법관인사가 이뤄질 수 있다는 점을 의미한다. 따라서 법관인사위원회 위원의 임명과 위촉에 대해서는 대법원장이 임명하거나 위촉하는 것이 아니라 추천기관의 추천으로 당연히 위촉되도록 법제도를 개선하는 것이 시급하다.

이를 위해서는 법관인사위원회의 구성에 대한 대법원장 재량권 행사를 최소화하는 법제도적 정비가 필요하다.

현행 법원조직법에서는 7명의 법관인사위원을 위촉하며, 그 조직 및 운영에 관해서는 대법원 규칙으로 정하도록 규정되어 있는데, 대법원 규칙에서는 위원장 및 위원의 자격요건 등에 대한 상세한 규정이 없어 대법원장의 위촉재량권이 매우 광범위한 것으로 해석된다. 따라서 대법원 규칙에 법관인사위원회의 선임에 관한 자격요건을 더 상세히 규정해 대법원장 자유재량의 폭을 축소하는 것이 시급하다고 본다.

정권 눈치만 보는 검찰

검찰의 독립성은 정치검찰이라는 이름으로 오랫동안 비판받아 왔다. 그리고 정권이 바뀔 때마다 검찰개혁방안을 제시했고 문재인 정부도 예외는 아니다. 즉, 문재인 정부 출범 직후인 2017년 법무부 훈령으로 법무·검찰개혁위원회(검찰개혁위) 규정을 제정해 법무·검찰의 개혁방안을 마련하고 이를 법무부 장관에게 권고·제안하기 위해 법무부에 법무·검찰개혁위원회를 설치했다.

그리고 지난 2020년 법무부 산하 법무·검찰개혁위원회가 검찰총장의 권한을 하위 기관으로 분산·축소하는 내용의 권고안을 제시한 바 있다. 이 권고안에서는 검사 인사와 관련해 현행 검찰청법에서 법무부 장관이 인사를 할 때 검찰총장의 의견을 듣도록 규정하고 있는데, 권고안에서는 총장의 의견진술권을 폐지하고 인사위원회에 서면으로 의견서만 제출하도록 하는 안이 포함되어 있다. 이 권고안들의 핵심내용은 검찰총장의 권한을 대폭 축소하고 법무부 장관의 수사지휘권과 검찰인사권을 확대하는 것이다.

추미애 법무부 장관 시절에 단행된 검찰 고위간부 인사가 부적절했다는 평가를 받는 이유는 현행법상 보장된 검찰총장의 의견개진권을 법무부 장관이 무시했다는 의혹이 제기되고 있기 때문이다. 결국 문재인 정권하에서는 법무부 장관이 사실상 모든 검사인사권을 장악할 권한을 법적으로 보장하고자 했다는 점에서 검찰의 정치적 중립이나 독립성은 치명적 손상을 입은 바 있다.

최근 발생한 이재용 삼성전자 부회장의 삼성바이오로직스 분식회계 의혹이나 '채널A 강요미수 의혹'에 연루돼 검찰 수사를 받고 있는 한동훈 검사장 사건의 경우가 대표적이라고 할 수 있다. 검찰수사심의위원회(수사심의위)는 두 사건 모두가 법리적으로 입증 사유가 없음에도 불구하고 검찰이 무리하게 수사를 하고 있다고 보고 수사 중단과 불기소를 권고하는 의결을 한 바 있다. 즉, 마녀사냥식 검찰 수사를 하면 안 된다는 경고를 보낸 것이다. 검찰개혁위는 이러한 문제에 직면하자 수사심의위 제도를 폐지하려 한 바 있다.

따라서 법무부 장관으로부터 검찰의 독립성을 확보하는 제도적 개선이 마련되지 않으면 검찰은 지속적으로 정권의 눈치를 볼 수밖에 없고 대한민국에서 법치주의는 크게 훼손될 수밖에 없다.

또한 문재인 정부는 정권 유지 차원에서 공위공직자범죄수사처를 신설해 정치적 반대세력이 정치적 행위를 하지 못하도록 사전에 차단하려는 공수처법을 제정하기까지 했다. 그리고 정권에 충성할 공수처장을 임명하기 위해 여당인 더불어민주당은 공수처장 후보 추천위원회의 의결 기준을 낮추는 공수처법 개정안을 단독 처리한 바 있다. 과거에는 7인의 위원 중 6인이 찬성해야 공수처장을 대통령에게 추천할 수 있는데 이를 3분의 2 이상 찬성으로 개정했다. 야당 측 인사 2인이 반대해도 임명을 강행할 수 있도록 법을 바꿔 현재의 공수처장을 임명한 것이다. 결국 공수처도 정권의 눈치를 보도록 만든 셈이다.

이런 문제를 해결하기 위해서는 당장이라도 공수처장을 과거처럼 7인의 위원 중 6인이 찬성해야 임명할 수 있도록 재개정할 필요가 있다.

법무부의 수사지휘권 배제

앞에서 언급한 바와 같이 문재인 정권은 2018년 검찰개혁 차원에서 대검찰청 예규 운영지침에 근거해 수사심의위원회를 설치해 왔다. 그리고 문재인 정부 시절 여덟 번의 수사심의위 결정에 따라 기소 여부를 결정한 바 있다. 그러나 추미애 전 법무부 장관이 수사권을 지휘하면서 수사심의위원회의 권고결정을 거부하고 기소를 지휘한 바 있다. 물론, 검찰청법 제8조에서 "법무부 장관은 구체적인 사건에 대해 검찰총장을 지휘·감독할 수 있다"고 규정하고 있다. 이것이 검찰의 독립성에 치명적인 훼손을 가하고 있는 것으로 판단된다.

현행법상 검찰의 기소독점주의 원칙을 감안해 볼 때 수사지휘권과 기소권의 최종 책임자는 검찰총장이며, 기소독점주의는 형사소송법상의 원칙 중 하나인 만큼 계속 유지될 필요가 있다. 물론, 고위공직자범죄수사처가 신설되며 기소독점주의 원칙이 흔들린 것으로 보는 시각도 있다. 그러나 과거에는 검사가 검찰청에만 있었으나 현재는 공수처에도 검사가 존재하는 만큼 검찰청 검사와 공수처 검사가 병행하고 있을 뿐 기소독점주의 원칙은 여전히 지켜지고 있는 것이다.

그리고 검찰청법상 검찰총장은 대검찰청의 사무를 맡아 처리하고 검찰사무를 총괄하며 검찰청의 공무원을 지휘·감독한다고 규정하고 있다(법 제12조 제2항). 따라서 수사심의위 권고결정을 따르고 안 따르고는 전적으로 검찰총장의 권한이다. 이런 점에서 법무부 장관이 수사심의위 결정을 거부한 것은 월권의 여지가 크다.

대검 예규상 심의위 설치 및 운영에 관한 최종 책임자도 검찰총장임이 분명하다. 즉, 검찰수사심의위원회 운영지침 제1조에서 "이 지침은 검찰수사의 절차 및 결과에 대한 국민의 신뢰를 제고하기 위하여 설치하는 '검찰수사심의위원회'의 운영에 필요한 사항을 규정함을 목적으로 한다"고 규정하고 있다. 그리고 이 위원회는 법무부가 아니라 대검찰청에 설치하며(제2조), 심의대상은 "국민적 의혹이 제기되거나 사회적 이목이 집중되는 사건"으로 한정함으로써(제3조) 위원회의 역할을 명확히 했다.

이런 점에서 보면 심의위의 권고결정을 수용할지 여부 역시 전적으로 검찰총장이 결정할 사항이지 법무부가 검찰의 독립성을 훼손하면서까지 수사를 지휘하는 것은 문제다. 물론, 검찰총장이 법 위반 등을 이유로 피의자 신분이 되거나 기타 직무를 수행할 수 없는 상황에 처해 있다면 검찰청법 제8조에 의거해 법무부 장관이 권고 수용여부를 직접 결정할 수도 있을 것이다.

그러나 검찰총장이 직무 수행에서 법위반을 한 사실이 없다면 심의위의 권고결정을 따르는 것이 검찰 독립성을 보장하는 길이라고 판단된다. 따라서 법무부로부터 검찰의 독립성을 확보하는 방법 중 하나는 법무부 장관이 수사심의위의 결정을 거부하는 것을 제도적으로 차단하는 일일 것이다.

심의위는 법조계와 학계, 언론계 등 형사사법제도에 학식과 경험을 갖춘 150~250명 이하의 위원으로 구성돼 있으며 이 중에서 추첨으로 선발한 15명이 심의에 참여했다고 한다. 따라서 검찰의 독립성을 확보하기 위해서는 수사심의위의 법적 지위를 격상시켜 예규가 아니라 법률에 근거 규정을 두는 것이 더 바람직하다고 본다. 즉, 수사심의위원회에 대한 규정을 검찰청법에 신설하는 방안도 대안이 될 수 있다.

공수처 제도 개선 필요

공수처법 제정 당시 '정권의 충견', '게슈타포' 등과 같은 비판이 있었다. 이는 공수처가 독재정권의 중심에 설 수 있다는 것을 의미한다. 그럼에도 더불어민주당은 2020년 공수처법을 개정해서 7인의 추천위원 중 6인이 찬성해야 공수처장 후보를 대통령에게 추천할 수 있었던 것을 3분의 2 이상 찬성하면 추천할 수 있게 했다. 이는 야당 측 인사 2인이 반대해도 임명을 강행할 수 있도록 법을 개정해 공수처도 정권의 눈치를 보도록 만든 것이다. 또한 공수처 검사의 자격요건을 기존 변호사 자격 10년 이상 보유 및 실무 경력 5년 이상에서 변호사 자격 7년 이상으로 완화했다. 이와 관련해 야당에서는 실무 경력을 배제한 것은 민변 소속 등 좌파 성향의 법조인을 대거 공수처에 투입하기 위한 음모라고 지적하고 있다.

공수처법 개정안의 내용을 종합적으로 보면 어떠한 수단을 동원해서라도 공수처를 머리부터 발끝까지 정권의 하수인만으로 구성하겠다는 더불어민주당의 의지 표현이라고 평가할 수 있다. 아무리 봐도 거대 여당의 과도한 입법권 남용임은 분명하다. 이 시점에서 공수처가 어떤 존재이기에 거대 여당이 안면몰수하고 이처럼 공수처법 개정에 사활을 걸고 있는지를 생각해 볼 필요가 있다. 그리고 공수처의 독립성 및 중립성에 대해 고민해 봐야 한다. 이미 공수처법 제정 당시부터 수없이 많은 지적이 있었던 것처럼 공수처는 어느 정권이 들어서든 법치주의를 훼손할 위험이 큰 초법적 권력기관으로 전락할 수 있다. 즉, 정권을 쥐고 있으면 권력을 휘두를 수 있는 중요한 수단을 확보하게 되지만 정권을 상실하는 순간 그 희생양이 될 수 있기 때문이다.

최근 문 대통령에 대한 지지도가 하락하는 추세를 보이자 청와대와 여당은 비로소 공수처법의 위험을 피부로 느끼고 있는 듯하다. 공수처는 대통령은 물론이고 국회의원 등의 범죄 수사를 전담한다. 특히 이들에 대해서는 검찰이 기소하지 못하고 공수처가 기소권을 갖게 된다. 이는 현재의 검찰보다 더욱 강력한 무소불위 권력기관이 탄생한다는 것을 의미한다. 즉 대통령도 마음대로 통제할 수 없는 권력기관이 탄생하는 것이다. 경우에 따라서는 공수처장이 임명권자인 대통령을 수사하는 순간 가장 유력한 대권 주자로 등장하는 등 비정상적 사태가 비일비재할 수 있다. 대한민국이 자유민주주의 공화국이 아니라 '공수처장 공화국'으로 전락할 수도 있다는 의미다.

따라서 공수처장은 그 어느 기관장보다도 민주적으로 선임되어야 한다. 이런 관점에서 본다면 공수처장 추천과 관련해 공수처법이 야권 인사 2인 위원의 의견을 반영하도록 했던 것은 '공수처장 공화국'을 예방할 수 있는 최소한의 요건이므로 다시 공수처법을 개정해 공수처장의 임명에 대한 독립성을 확보할 필요가 있다.

수사·재판의 독립성 필요

검찰수사 및 법원 재판이 정권으로부터 독립성을 갖기 위해서는 법관과 검찰 인사의 독립성이 보장되어야 한다. 이처럼 검찰의 정치적 중립성과 독립성이 보장되어야 하는 가장 큰 이유는 검찰이 법치주의 수호의 선봉대이기 때문이다. 즉, 마녀사냥식 구속수사로부터 국민을 보호할 수 있는 최후의 보루인 것이다. 이와 동시에 수사와 재판의 독립성을 보장하기 위해서는 검찰의 정치적 수사와 기소를 견제하는 제도적 장치도 마련되어야 한다.

이와 관련해 문재인 정부는 출범 이후인 2018년에 검찰개혁 차원에서 수사심의위원회를 도입해 수사와 재판에 관한 한 정권 개입을 최소화하고 정치적 수사를 최소화하려는 시도를 했던 것으로 이해된다. 즉, 국민적 의혹이 제기되거나 사회적 이목이 집중되는 사건에 대해 수사 계속 여부, 공소 제기 또는 불기소 처분 여부, 구속영장 청구 및 재청구 여부, 공소 제기 또는 불기소 처분된 사건의 수사 적정성·적법성 등을 전문가들에게 심의하도록 해서 검찰의 공정성과 독립성을 확보하기 위해 도입한 제도다.

심의위원회 구성도 비교적 객관성을 확보할 수 있도록 정비되어 있다. 즉, 검찰수사심의위원회 운영지침 제4조에서는 위원의 수를 150명 이상 250명 이하로 폭넓게 구성하도록 규정하고 있다(제1항). 이는 검찰총장 등이 임의적으로 위원을 선정해 원하는 결과를 얻도록 계획하기 어렵다는 의미다.

또한 운영지침은 사법제도 등에 학식과 경험을 가진 사람으로서 덕망과 식견이 풍부한 사회 각계의 전문가를 위원으로 위촉하되, 특정 직역이나 분야에 편중되지 않도록 검찰총장이 노력할 것을 요구하고 있다(제2항). 그리고 위원을 위촉할 때는 법조계, 학계, 언론계, 시민단체, 문화·예술계 등 사회 각 분야로부터 후보자를 추천받을 수 있게 했다(제3항). 정당인은 참여할 수 없도록 제한함으로써 정치적 중립성을 확보하는 방안도 마련했다(제4항). 따라서 이런 수사심의위 결정을 법무부 장관이 나서서 거부하는 것은 검찰의 독립성을 오히려 훼손하는 결과를 초래하는 것이다.

문재인 정부 출범 이후 8건의 수사심의위 결정을 모두 검찰총장이 수용했을 때만 하더라도 검찰의 독립성에 대한 기대가 컸던 것이 사실이다. 그러나 법무부 장관의 개입으로 이를 거부한 것은 그동안의 노력을 일시에 물거품으로 만든 반개혁적 권한 남용이었던 것이다. 이런 점에서 추미애 전 법무부 장관이 재임 시절 삼성 이재용 부회장의 삼성바이오로직스 분식회계 건과 한동훈 검사장의 '채널A 기자의 강요미수 의혹' 사건에 대해 심의위가 불기소 및 수사 중단을 권고 결정했음에도 불구하고 대신 수사권을 지휘해 기소한 것은 다시는 일어나선 안 될 일이다.

이런 문제를 해결하기 위해 최소한이라도 정권이 검찰의 독립성을 훼손하는 것을 차단할 수 있는 제도적 장치를 마련할 필요가 있다. 구체적으로는 법무부 장관이 수사심의위의 결정을 번복하기 위해서는 검찰총장의 위법성을 입증해야만 거부할 수 있다는 조항을 검찰청법에 신설할 필요가 있다.

검찰인사위원회의 개선

문재인 정부 출범 이후 검찰이 권력으로부터 독립해 있지 못해 권력 입맛에 맞는 검찰수사와 기소가 이뤄진다는 지적을 받아 왔다. 앞에서 언급한 바와 같이 이재용 부회장의 분식회계 사건과 한동훈 검사장 사건에서 법무부 장관이 수사심의위가 불기소 및 수사중단 권고를 거부한 것이 대표적인 예라고 할 수 있다.

그러나 현행법상 검찰의 기소독점주의 원칙을 감안할 때 수사지휘권과 기소권의 최종 책임자는 검찰총장이다. 대검 예규상 심의위 설치 및 운영에 관한 최종 책임자도 검찰총장임이 분명하다. 심의위의 권고결정을 수용할지 여부 역시 전적으로 검찰총장이 결정할 사항이다.

그럼에도 수사심의위원회의 결정을 무시하고 기소를 하도록 한 법무부 장관 지시에 따른 것은 검찰이 정권의 눈치를 보아 기소 여부를 결정하는 등 검찰 독립성이 보장되지 않았기 때문인 것으로 판단된다.

이런 문제를 해결하기 위해선 검찰총장의 임명에 대한 독립성이 보장되어야 한다. 검찰은 헌법상 기구가 아닌 만큼 헌법이 아니라 검찰청법에서 검찰총장의 임명에 관한 규정을 두고 있다. 이에 따르면 검찰총장은 검찰총장후보추천위원회의 추천을 받아 법무부 장관의 제청으로 대통령이 임명하며, 임명 시

국회는 임명에 대한 인사청문회를 하도록 규정되어 있다(검찰청법 제34조). 그리고 검찰총장후보추천위원회는 후보자로 3명을 추천하도록 돼 있다(제34조의 2 제6항).

그러나 추천위원회의 구성과 관련해 당연직 위원이 많아 독립성 보장이 어렵다는 비판이 많다. 따라서 당연직 위원의 수를 축소하고 민간위원의 수를 늘려야 검찰이 정권의 눈치를 볼 가능성이 줄어들 것으로 보인다.

그리고 검찰인사와 관련해 검찰인사위원회도 행정부처인 법무부 장관으로부터 독립성을 확보할 필요가 있다. 현행 검찰청법상 검사의 임용, 전보, 그 밖의 인사에 관한 중요 사항을 심의하기 위해 법무부에 검찰인사위원회를 두고 위원장과 위원 모두 법무부 장관이 임명하거나 위촉하도록 규정돼 있다. 그리고 그 임기도 1년으로, 사실상 법무부 장관의 거수기에 불과하다고 할 수 있다. 물론 11명의 위원 중 검사는 3인에 불과하고 나머지 위원은 법원행정처장이 추천하는 판사 2명, 대한변호사협회장이 추천하는 변호사 2명, 사단법인 한국법학교수회 회장과 사단법인 법학전문대학원협의회 이사장이 각각 1명씩 추천하는 법학교수 2명, 학식과 덕망이 있고 각계 전문 분야에서 경험이 풍부한 사람으로서 변호사 자격을 갖지 않은 사람 2명으로 구성되도록 하고 있다. 얼핏 독립성이 어느 정도 보장된 것처럼 보이지만 사실상 1년 임기의 위원들이 이를 객관적으로 심의하기에는 한계가 있는 것으로 판단된다.

따라서 검찰인사위원회도 임기를 3년 이상으로 하고 학식과 덕망이 있는 비변호사 인사에 대한 기준을 좀 더 명확히 할 필요가 있다. 현재는 재적위원 과반수의 찬성으로 결정하는 만큼 검사 3인과 판사 2인, 비변호사 위원만으로도 모든 결정을 할 수 있기 때문에 이를 재적위원 3분의 2 이상으로 개정하는 방안도 모색해 볼 필요가 있다.

미국에서는 검찰 독립성이 주로 연방 법무부 장관(검찰총장)과 대통령 간의 상호독립성의 문제로 나타나고 있다. 우리나라 검찰의 독립성이 주로 법무부 장관의 수사지휘권과 관련해 법무부 장관과 검찰총장 간의 문제로 인식되고 있는 점과 상당한 차이를 보인다. 그리고 그 중심에는 미국 지방검사가 임명직이 아니라 선출직이며 임기가 보장된다는 점에서 큰 차이를 보이고 있다. 따라서 미국의 검사는 대륙법계의 검사들에 비해 광범위한 재량권이 있다는 점에서 독립성이 보장되어 있다고 할 수 있다. 다만, 우리나라에서 검사들이 임명직이면서도 광범위한 재량권을 갖는 경우에는 오히려 검찰공화국이 될 수 있다는 점에서 재량권 확대에 대해서는 신중할 필요가 있다.

산으로 간 대북통일정책, 제자리로

조영기

Chapter 06

산으로 간 대북통일정책,
제자리로

환상에 젖은 한반도정책

2017년 5월 출범한 문재인 정부의 대북정책은 김대중 정부의 햇볕정책, 노무현 정부의 포용정책의 DNA를 물려받았다. 문재인 대통령은 그의 대북통일정책을 '문재인의 한반도정책'이라고 명명했다. 생뚱맞게도 대통령의 이름을 붙인 대북통일정책은 처음이다. 문재인 정부는 그의 한반도 정책을 한반도 평화 프로세스라고 부르면서 적극 홍보했다. 이들 좌파정부의 대북통일정책의 뿌리는 기능주의다.

기능주의는 교역(접촉)을 통해 상호신뢰를 구축하고 이를 통해 통일을 완성한다는 것이다. 명분은 그럴듯해 보이지만 실현 가능성이 없다. 기능주의가 적용되는 공간은 동일 또는 유사한 이념과 가치를 공유해야만 제대로 작동한다. 특히 극단적 이념과 가치 대립이 70여 년 이상 지속된 남북한 상황에서 기능주의가 발붙일 공간이 전혀 없다.

또한 한국의 자유민주주의 체제와 북한의 주체사상에 기반을 둔 인민민주주의 체제가 결코 융합될 수 없다. 이런 체제 차이도 문제지만 북한은 주체사상을 버릴 생각이 추호도 없다. 그러나 문재인의 한반도정책을 북한을 변화시킬 전가의 보도처럼 들이밀고 있다. 오히려 우리 사회가 북한체제에 동조하는 역기능도 나타났다. 또한 좌파정부는 북한이 변화하지 않는 것은 우리가 북한이 원하는 만큼 지원해주지 않았기 때문이란다. 참으로 어이없는 강변이다.

기능주의의 환상을 북돋운 건 평화와 민족주의다. 사람들은 평화를 사랑하고 전쟁을 싫어한다. 평화를 전면에 내세워 대북통일정책을 미화하고 국민은 평화에 현혹됐다. 평화가 주는 착한 이미지 때문에 대북통일정책의 정당성을 확보하고자 하는 의도도 숨겨져 있다. 평화가 강조되면 북한의 잔혹성은 감춰지고 대남·대외 폭력성은 가려지게 마련이다.

우리는 전쟁이 없는 상태를 평화라고 한다. 그러나 공산(사회)주의자들은 우리와 다르게 평화를 바라본다. 바로 계급투쟁이 완전히 사라진 상태를 평화라고 한다. 이는 공산주의 사회가 도래해야만 진정한 평화가 달성된다는 의미다. 이처럼 남북은 서로 다른 시각으로 평화를 바라본다. 평화가 서로 다른 의미로 사용되는 남북의 현실을 무시하고, 한반도평화 프로세스에 집착하는 것은 현실감각이 없는 것이다. 문재인 정부가 임기 말에 평화 프로세스로 대못을 박아 남북관계를 오히려 망치지 않을까 걱정스럽다.

민족주의도 기능주의 환상에 빠지게 했다. 사실 민족주의는 공산주의 사회 건설의 장애물로 여겨졌다. 그래서 김일성은 1957년 "민족주의를 배격한다"고 선언했다. 그러나 1980년대 동구 사회주의권이 몰락하자 김정일은 대내 결속을 위해 사회주의에 민족주의를 가미한 '우리 민족 제일주의'를 주창하고, '애국적' '참다운' 등의 수식어를 동원하면서 민족주의를 용인했다.

1980년대 이후 민족주의는 북한을 지키는 보루였다. 그리고 북한의 민족주의는 주체사상과 결부되면서 '주체의 민족관'이 등장하고 급기야는 '김일성 민족주의'라는 해괴한 용어로 변질되고 '조선민족 제일주의'로 진화했다. 김일성 민족주의는 오직 수령체제에 복종하기 위한 수단으로만 작동해야 한다는 의미다.

1990년대에 조선민족 제일주의는 '민족 공조', 또는 '우리민족끼리'라는 감성적 외피로 포장됐다. 그리고 감성적 민족 공조는 대남 통일전선의 구호로 악용되고 우리 사회도 아무런 거부감 없이 이를 수용하면서 아직도 큰 효력을 발휘한다. 특히 민족 공조는 반미 자주투쟁의 중심구호로 사용되면서 남남갈등을 유발한다. 남북한의 민족주의는 그 속성이 다르다.

민족 공조는 같은 인종, 혈통, 언어, 관습, 문화 등과 같은 동질성을 강조한다. 이런 민족주의는 종족적 민족주의(tribalism)에 가깝다. 반면 우리가 일반적으로 말하는 민족주의는 정치공동체를 이끄는 공통의 정치적 규범과 헌법적 가치에 대한 헌신과 충성, 성찰적 시민정신 등을 강조하는 시민적 민족주의(civic nationalism)다. 종족적 민족주의는 자유와 평등의 원리에 기초한 주권재민主權在民이 발붙일 공간이 전혀 없다. 이런 엄연한 차이를 두고 '민족'에 올인하는 행동은 위험천만하다.

북한 주민 인권 철저히 외면

인권은 인류의 보편적 가치다. 문재인 대통령이 구사하는 미사여구 중 하나도 인권이다. 그러나 문재인 대통령은 유독 북한 주민의 인권 신장에는 눈을 감았다. 문명국가의 인권 지도자라면 북한 주민의 인권 신장에 노력하는 것은 당연하다. 오히려 북한 인권법을 의도적으로 사문화시키고, 대북전단금지법도 제정해 북한 민주화를 차단하는 데 앞장섰다. 이런 배경에는 북한 눈치보기가 자리한다.

2016년 여야 합의로 북한 주민의 인권 보호 및 증진을 위해 북한 인권법을 제정했다. 북한 인권법의 핵심은 북한 인권재단의 설립, 북한 인권실태 기록·보존을 위한 통일부 북한 인권기록센터와 법무부 북한 인권기록보존기구 설치, 국제사회에 북한 인권 문제를 대변할 북한 인권 국제협력 대사 임명, 북한 인권 증진자문위원회 설치 등이다. 그러나 법 제정 이후 북한 인권법은 더불어민주당의 비협조로 사실상 사문화됐다.

우선 북한 인권재단의 실질적 의결기구인 이사회는 더불어민주당의 비협조로 단 한 차례도 구성되지 않았고, 2017년 8월 이후 북한 인권 국제협력 대사도 임명하지 않고 있다. 그리고 문재인 정부는 2018년 북한 인권재단 설립도 의도적으로 저지·와해시키는 데 일조했다. 이사회 설립을 통해 북한 인권재단의 정상화를 꾀하기보다는 이사회가 구성되지 않았다는 이유로 배정된 예산 108억 원을 불용 처리하고 소액만 배정했다. 이는 북한 인권재단 설립을 저지한 행정 조치였다. 또한 인권을 중시하고 보호해야 할 국가인권위원회도 북한 인권법 사문화에 동참했다.

국가인권위원회는 2021년 주요 정책과제로 북한 인권법 폐지를 제안하고, 북한 주장이 국제사회의 보편적 의견인 것처럼 호도하기도 했다. 이는 국가인권위원회의 존재가치를 의심하지 않을 수 없게 하는 일이다. 또한 정부는 유엔 인권이사회의 북한인권결의안 공동 제안국에 2년 연속 참여하지 않으면서 북한 인권 신장을 위한 국제공조도 외면했다.

문재인 정부는 북한 주민들이 인권의 가치를 자각할 수 있는 제도적 장치를 차단했다. 그 장치 중의 하나가 바로 대북 전단금지법이다. 사실 북한 주민들은 대북 전단을 통해 외부세계와 접속한다. 전단을 통해 북한 체제의 폭압성을 알 수 있게 되면서 자연스럽게 인권이 무엇인가, 왜 인권이 중요한지도 알 수 있다. 따라서 대북 전단은 북한 주민에게 인권 의식을 깨우쳐주는 중요한 수단으로 작용한다. 이처럼 대북 전단의 중요한 역할을 외면한 채 오히려 문재인 대통령은 4·27 판문점선언에서 대북 전단살포 금지를 합의했다. 북한 주민의 인권 신장을 외면했다는 점에서 잘못된 합의였다.

대북 전단금지법은 2020년 6월 김여정이 대북 전단을 핑계로 각종 협박·공갈 직후 제정되었다. 그래서 '김여정 하명법'이라는 오명도 얻었다. 이 법의 문제는 북한 정보화의 기반이 허물어지면서 북한 주민들이 자유와 민주, 인권과 평화의 메시지를 접속할 수단이 봉쇄됐다는 데 있다. 문재인 정부는 대북 전단금지법이 4·27 판문점선언을 지키기 위한 것이라고 강변한다. 하지만 북한의 위반행위에 대해 정부는 적절한 대응조치에 눈을 감았다.

북핵 폐기 포기한 판문점·평양선언

스웨덴의 스톡홀름평화연구소(SIPRI)는 '군비와 군축 및 국제 안보 2019년 연감'에서 북한을 60개의 핵탄두를 보유한 국가로 지정했다. 국제사회도 북한을 사실상 핵보유국이라고 인정한 것이다. 북한도 여러 차례 핵보유국임을 천명했다. 2018년 김정은의 신년사와 당중앙위원회 전원회의(4월 21일)에서도 국가핵무력 완성을 주장했다. 사실상 핵보유국을 재천명한 것이다. 이런 엄연한 현실을 무시하고 4·27 판문점 회담이 개최되었다. 이처럼 우리는 늘 북핵 위협을 애써 외면했고 외면하고 싶어 했다.

2018년 북한의 의도는 우리의 한반도 평화 프로세스를 경제 회생의 지렛대로 활용해 빈사 상태의 경제를 회생시키는 것이었다. 오직 핵이 있는 상태에서 대화와 협상을 통한 경제 회생의 토대를 구축하는 것이다. 따라서 북핵 문제 해결은 처음부터 주제가 될 수 없었다. 그러나 정부는 대화와 협상으로 북핵 문제를 해결할 수 있는 것처럼 국민을 기만했다. 기만의 결과물이 4·27 판문점선언이고 9·27 평양공동선언이다. 정부는 판문점선언과 평양공동선언이 북핵 폐기에 중대한 진전을 이뤄 한반도평화에 기여한 것처럼 선전했다. 하지만 선언의 유효기간은 1년도 지속되지 못한 단타성 선언인 것이 입증되었다.

남북대화의 역사를 보면 우리가 애걸복걸해서 대화와 협상으로 무엇을 해결해 보겠다는 것이 과욕이었음을 알 수 있다. 이런 경우 오히려 북한의 언어 전술에 휘말려 해결을 더 어렵게 만든 경우가 다반사였다. 대표적인 단어가 '완전한 비핵화'와 '핵 없는 한반도'다. 얼핏 보면 두 단어의 의미는 같아 보이지만 전혀 다르다. 완전한 비핵화는 북한의 모든 핵무기와 현존하는 핵 계획을 포기하는 완전하고 검증 가능하며 불가역적인 핵 폐기(CVID)를 의미한다. 반면 북한의 핵 없는 한반도는 비핵지대화(nuclear free zone)를 의미한다.

결국 핵 없는 한반도는 비핵화를 표명하는 것 같지만 결코 핵을 포기하지 않겠다는 의미로 해석해야 한다. 이런 북한의 숨은 의도를 이해하지 못하고 '완전한 비핵화'와 '핵 없는 한반도'가 판문점선언문 3조④항에 함께 포함됐다. 이 조항만 보면 핵 폐기는 물 건너간 것이다. 부실한 판문점선언이 평양공동선언에서는 혹시 보완되지 않을까 기대했다. 오히려 평양공동선언은 더 부실했다. 평양공동선언 당시 김정은이 구두로 한반도 비핵화에 대해 언급했다. 평양공동선언이 비핵화의 실질적 진전에 대한 확약이 아니라 인식 공유라는 차원에 머물렀고, 평양공동선언은 과거 및 현재 핵무력에 대한 구체적 폐기 방안도 찾지 못했다. 오직 이벤트로 시작해서 이벤트로 끝난 남북한의 만남이었다.

판문점선언과 평양공동선언은 이벤트에 치중하면서 문제점을 남겼다. 우선 민족공조가 만병통치약이 될 수 없음에도 불구하고 민족공조가 북핵 위협의 실체를 가렸고, 북핵이 대남적화통일의 수단으로 악용될 수 있다는 사실도 호도됐다. 아직도 민족공조가 위력을 발휘한다는 점이 문제다.

둘째 판문점선언과 평양공동선언은 북핵 폐기의 기반을 전혀 마련하지 않은 상태에서 선물 바구니만 약속했다. 이 약속이 부메랑이 되어 우리를 위협할 수도 있다는 점이 문제다.

셋째 우리의 안보역량을 약화시키거나 무력화시켰다. 해군·공군의 훈련 중단과 군사력 증강정책 포기 등 대북방위능력이 무력화되었고, 비무장지대(DMZ) 내 부대의 군사연습 중지로 군전력이 약화될 우려가 커졌다. 또한 군사분계선 인근을 비행금지구역으로 설정함으로써 항공정찰자산과 항공전투자산의 항공방어 활동을 포기하는 결과를 초래하게 됐으며, DMZ 내 감시초소(GP)를 11개씩 동수 철수에 동의함으로써 감시기능의 저하를 자초한 점도 문제다.

넷째 판문점선언과 평양공동선언이 미·북 회담의 견인차 역할을 함으로써 김정은의 국제적 위상을 높여주고 김정은의 독재 체제를 연장하는 데 일조했다는 점도 문제다.

국제공조 이탈, 암묵적 북한 지원

김정은은 2011년 12월 집권 이후 4차례의 핵실험과 6차례의 대륙간탄도미사일(ICBM)을 발사했다. 이런 국제규범을 위반한 행위 때문에 북한은 유엔 안보리로부터 8차례의 제재를 받았다. 유엔 안보리의 경제제재는 북한이 대량살상무기(WMD)를 확산하는 것을 방지·차단하는 한편 북한이 핵을 포기할 수밖에 없는 환경을 조성해서 핵을 폐기하게 하는 것이다. 대북제재가 유일한 평화적 수단이다. 그러나 북한은 경제제재가 취약한 경제구조를 더욱 압박하기 때문에 반발한다.

초기의 유엔 대북제재는 대량살상무기 확산 차단에 주력해 경제제재가 북한경제에 미치는 영향은 제한적이었다. 그러나 북한의 4차 핵실험(2016년 1월 6일) 이후 대북제재는 북한경제에 실질적인 충격을 주는 방향으로 전환했다. 8차례의 경제제재는 종전의 제재 목록에 새로운 목록이 추가되면서 가뜩이나 취약한 경제를 더욱 취약하게 만들면서 북한경제에 직접적인 영향을 미쳤다.

북한의 주력 수출품인 석탄, 철 및 철광석 수출 전면 금지, 섬유제품에 대한 수출규제 강화, 유류 공급량을 연간 500만 배럴 → 450만 배럴 → 50만 배럴로 축소, 2019년 12월 21일까지 북한으로의 송환 등 규제 조치가 취해졌기 때문이다. 그리고 유엔

회원국의 실행의무를 강제해 제재 실효성도 높였다.

수출규제와 해외파견 노동자 송환은 달러유입을 차단하기 위한 조치였고, 정유제품 도입 축소는 북한 경제활동이 최소의 수준에서만 작동하도록 하겠다는 의도다. 국제사회의 대북경제제재는 2017년부터 수출 감소에 영향을 미치기 시작해 2018년 이후 치명적 타격을 주었다. 수출규제와 노동자 송환 조치가 동시에 시행되면서 한국은행은 북한의 외환보유액이 매년 20억 달러 정도씩 감소할 것으로 예측했다.

유엔 안보리의 대북경제제재가 실효성을 거두기 위해서는 제재에 구조적 허점이 없어야 한다. 국제사회가 함께 경제제재에 동참할 때만 가능하다. 그러나 국제공조는 국제정치적 역학관계, 제재의 피로감, 업무착오, 암묵적 지원 등의 요인 때문에 구조적 허점이 생긴다. 이런 구조적 허점을 차단하기 위해 유엔의 제재위원회에서 제재이행 여부를 모니터링하고 있다. 유엔의 모니터링 결과는 제재에 적극 동참해야 할 한국이 오히려 국제공조의 틀을 허무는 데 앞장섰음을 보여줬다.

한국이 북한의 석탄 수출 우회로를 찾아주거나 불법적 원유 수입 통로에 동참했다. 대북제재로 수출길이 막힌 석탄과 철광석은 원산지 세탁을 통해 국내로 반입하고, 해상에서 원유 불법 환적(ship to ship)을 통해 수입 길을 열어주었다. 중국의 무역업자가 북한산 석탄을 일단 러시아로 옮긴 뒤 통관절차를 거치지 않고 허위로 러시아산 원산지 증명서를 작성해 한국으로 도입하는 수법으로 원산지 세탁이 이루어졌다.

이 수법을 통해 2017년 4월부터 10월까지 57억 원어치 상당의 석탄과 11억 원어치 정도의 선철이 국내로 도입되었다. 일부 업체는 품목 세탁(무연 성형탄→세미 코크스)의 방법도 활용했다. 이렇게 도입된 석탄은 한국전력의 발전용 연료로 사용됐다. 그리고 한국석유공사가 1대 주주인 물류기업 오일허브코리아(OKYC)가 원유 불법 환적에 관여했다. 오일허브코리아는 2017년 9월부터 2018년 2월까지 공해상에서 대북제재 위반 의심 선박 6척에 100여 차례에 걸쳐 유류 64만여t을 불법 환적해 주었다.

이처럼 원산지 세탁과 품목 세탁, 해상 정제유 불법 환적에 한국전력과 한국석유공사가 관여했다. 이는 관계기관의 협조나 묵인이 있었다는 방증이다. 국제규범을 무시하는 이 같은 행동은 정부가 대북제재의 국제공조를 허물뿐만 아니라 한국이 미국의 제3자 제재(secondary boycott) 위험에 노출될 수 있다는 점을 보여준다. 참으로 안타까운 정부의 민낯이다.

북한 앞에만 서면
작아지는 문 정부

2019년 2월 미·북 간 하노이 회

담에서 김정은은 빈손으로 돌아갔다. 핵 있는 상태에서 경제제재 해제를 기대했기 때문이다. 하노이 회담이 무산되자 '하노이 노딜'의 책임을 한국의 중재 잘못으로 전가하고 북한의 대남 자세도 돌변했다. 2019년 4월부터 미사일 도발, 개성 남북연락사무소 폭파, 문 대통령에 대한 막말과 폄훼 등이 잇따랐다.

우선 한국을 향한 북한의 첫 도발은 미사일 발사다. 미사일 도발은 2019년 5월 시작해 지금까지 26차례 발사했다. 북한의 미사일 발사는 유엔 안보리 대북제재 결의안 위반이다. 정부는 미사일을 불상의 발사체라는 해괴한 용어로 둔갑시켜 북한이 유엔제재를 회피할 수 있는 방도를 찾아주고, 26차례의 북한 도발에도 어떤 대북 경고 메시지도 전달하지 않았다. 오히려 국방부 장관은 북한의 극초음속 미사일 발사(2021년 9월 28일)와 SLBM 발사(2021년 10월 19일)를 도발(provocation)이 아니라 위협(threat)이라면서 의미를 축소했다.

서해 접경 해역의 창린도에서 김정은이 해안포 사격을 진두지휘한 사실(2019년 11월 23일)을 은폐 후 나중에 공개하거나, 비무장지대 감시초소(GP) 총격 사건(2020년 5월)을 우발적 총격 사건으로 무마하려 했다. 북한의 도발을 우리가 은폐해주는 어처구니없는 안보 적폐 행위도 서슴지 않았다.

한편 김여정의 협박 공갈에 굴복해 대북전단금지법을 제정하고 개성공단 남북연락사무소를 폭파(2020년 6월 16일)해도 원

상복구를 요구하지 않았다. 그리고 서해북방한계선(NLL) 인근 해상에서 40대 해양수산부 공무원이 공무 수행 중 실종(2020년 9월 22일)된 사건을 자진월북(?)으로 단정하면서 국민의 안전은 뒷전이었다. 이런 정부의 대북 저자세와 안이한 안보인식의 근저에는 어떤 수모를 당하더라도 대화만 하면 된다는 대화만능주의가 자리하고 있다.

하노이 노딜 이후 문재인 대통령을 향한 막말과 폄훼의 첫 포문은 김정은의 최고인민회의 시정연설(2019년 4월 12일)에서 나왔다. 북한은 "오지랖 넓은 중재자로 행세하지 말라"면서 문 대통령을 폄훼하더니, '한반도 평화 프로세스를 계속 추진하겠다'는 문 대통령의 8·15 광복절 경축사에 대해 "삶은 소대가리도 앙천대소(하늘을 보고 크게 웃음)할 노릇"이라고 조롱했다. 이런 김정은의 무례한 행동에 대해 청와대는 무대응으로 일관했다. 북한은 남북 고위급 접촉에 대한 외교적 관례를 무시하고 일방 독주의 무례를 반복하고 있다.

북한은 문재인 대통령이 부산 한·아세안 정상회의(2019년 11월)에 김정은을 초청하는 친서를 보내 왔고 참석이 어려우면 특사방문도 요청했다는 사실을 공개했다. 또 때와 장소를 잘 선택할 것을 훈계하면서 저지른 잘못에 대한 반성을 촉구하는 내용도 포함하고 있다. 이처럼 하노이 노딜 이후 북한의 도발, 협박, 조롱에 대해 당당하게 대응하지 못하고 북한에 굴종하는 모습에서 국민의 자존심은 심한 상처를 받았고, 국가의 품격은 심하게 훼손되었다. 문제는 대통령에 대한 조롱은 국민에 대한 조롱과 같은 의미라는 점에서 국가의 격을 떨어뜨린다는 점이다. 특히 문재인 대통령의 친서를 공개한 것은 앞으로 북한이 대통령의 굴종을 강요하는 도구로 악용할 수 있다는 점이다. 따라서 대북정책은 불가피한 경우를 제외하고 가능한 한 공개된 상황에서 추진해야 할 것이다. 그래야 국민과의 소통과 합의를 중시하는 대북정책의 추진 원칙에도 부합할 수 있을 것이다.

통일 포기한 문재인

문재인 대통령은 취임 직후 2017년 7월 독일 쾨르버재단에서 신新베를린 대북정책 구상(신베를린 구상)을 밝혔다. 신베를린 구상은 북한이 도발을 지속하는 한 국제사회와 더불어 더욱 강한 제재와 압박 외에는 다른 방법이 없음을 분명히 하고 있다. 그러나 신베를린 구상은 북한이 호응한다면 체제보장, 평화, 공동번영을 통해 평화적인 통일의 길로 가자는 내용이 핵심이다.

신베를린 구상은 북한 붕괴 불원, 흡수통일 및 인위적 통일의 불不추구 등 '3-NO 통일정책'이다. 이는 사실상 통일을 포기한 것과 같은 의미다. 즉 3-NO 정책은 남북한이 평화를 매개로 해서 서로를 인정하는 가운데 평화공존 체제를 유지하다가 일정 시점에 통일을 완성한다는 구상이다. 따라서 문재인 정부의 3-NO 정책은 평화공존을 우선시하면서 통일은 뒷전으로 밀려났다. 바로 '평화로운 한반도는 핵과 전쟁의 위협이 없고 남북이 서로를 인정하고 존중하며 함께 잘사는 한반도를 건설한다'는 것이 골자다. 통일이 사라진 통일정책이다.

한편 문재인의 3-NO 통일정책 기조는 2017년 11월 문재인의 한반도정책을 수립하는 뼈대가 되었고, 문재인의 한반도정책에 근거해 판문점공동선언과 평양공동선언이 이행되었다. 그리고 신자주노선의 민족공조가 판문점선언과 평양선언에 담겨져 있기 때문에 암묵적으로 연방제통일을 합의한 것이 아닌가 하는 의문이 제기되고 있다.

문 대통령의 3-NO 통일정책의 문제는 중국의 한반도정책인 '3불 1무 원칙'과 매우 흡사하다는 점이다. 중국의 3불 1무 원칙은 한반도 내에서의 전쟁 반대(不戰), 북한 체제의 급격한 붕괴 반대(不亂), 한국에 의한 흡수통일 반대(不統), 한반도의 비핵화(無核)이다. 이처럼 붕괴 반대와 흡수통일이라는 용어가 닮았고, 그 의미도 유사하다는 점도 문제다.

특히 북한 동맹인 중국의 한반도정책과 문 대통령의 3-NO 정책이 매우 유사하다는 점은 문제가 아닐 수 없다. 또한 문 대통령의 3-NO 정책은 분단국가에서 분단을 해소할 통일정책과 전략이 실종되었다는 점도 문제이고, 통일을 준비하기보다 더 많은 교류와 협력에 의존하려는 정책이 오히려 북한의 대남 적화통일의 입지와 역량을 강화시켜 준다는 현실도 문제다. 문 대통령의 3-NO 정책은 제72차 유엔총회 기조연설(2017년 9월)에서 재천명된 이후 평화 우선론으로 포장돼 국제사회로 발신되었다.

그리고 문 대통령은 6·25 전쟁 70주년 기념사에서 자유민주주의 체제에 기반한 통일을 추구하기보다는 평화라는 구호만 남발했다. 그러나 자유민주주의 체제에 의한 한반도통일이 이루어지지 않으면 문 대통령이 주장하는 평화는 건강한 평화가 아니라 허약한 평화라는 점이 도외시되었다는 점은 더 큰 문제다.

황당한 남북 평화경제론

2019년의 한·일 관계는 강제징용 배상책임 문제로 최악이었다. 한국이 일본의 배상책임을 묻자 일본은 수출심사 우대국가(화이트리스트 국가)에서 한국을 제외했다. 그리고 문재인 대통령은 그해 8월 극일克日을 위한 정책으로 남북평화경제라는 생뚱맞은 제안을 내놓았다. 극일과 평화경제는 남북한의 경제 현실을 완전히 무시한, 어울릴 수 없는 조합이었다. 남북평화경제

제안은 현실감각이 없는 대통령의 경제 인식과 북한에 대한 무한한 편애가 만든 황당한 결과물이다.

극일은 반일 선동과 민족 공조의 감성적 문제가 아니다. 그러나 문 대통령은 74주년 8·15 광복절 경축사, 9월 25일 유엔총회 기조연설, 10월 22일 국회예산안 시정연설, 12월 8일 한·스웨덴 정상회의에서 평화경제에 대한 편애를 이어갔다. 문 대통령의 평화경제에 대해 북한은 막말과 조롱, 도발로 대응했다. 문 대통령의 평화경제에 대해 북한은 단거리 탄도미사일 발사로 무시하고, "삶은 소 대가리도 앙천대소할 노릇"이라며 악담을 퍼부었다. 그리고 김정은이 '금강산 시설을 모두 헐고 새로 건설할 것'을 지시(2019년 10월)하고 남북교류협력의 상징물인 남북연락사무소를 폭파하자 남북평화경제라는 단어가 사라졌다.

엄혹한 국제경제의 작동원리에 감상적 민족공조로 포장된 평화경제가 개입할 여지가 전혀 없을 뿐만 아니라 우리 경제의 체력이 약화되는 것은 불을 보듯 뻔한 이치다. 또한 한국의 국내총생산(GDP)은 1900조 원, 북한은 35조 원, 일본은 6800조 원이라는 지표만 보아도 평화경제가 얼마나 허구인가는 확인된다. 그리고 평화경제로 8000만 단일시장을 형성해 일본에 대항할 수 있다는 논리도 모순덩어리다.

주체사상에 기반한 폐쇄적 자립경제가 엄존하는 상황에서

남북한의 호혜적 단일시장 구축은 불가능하다. 따라서 극일과 평화경제는 다른 방법으로 접근해야 한다. 대통령은 극일을 위해 최첨단의 기술 축적이 가능하도록 제도 개혁과 규제 완화의 환경을 만드는 지도력을 발휘해야 한다. 평화경제가 성공하기 위해서는 우리의 선의에 북한도 선의로 대응할 것이라는 대통령의 희망적 사고에서 벗어나야 한다. 그리고 열성劣性의 북한 체제 전환 방략을 찾아야 한다. 그래야 평화경제의 성공 가능성을 높이고 자유민주주의에 기반한 통일의 기회도 잡을 수 있다.

현대판 양반제, 공공개혁 없이 대한민국 미래 없다

김대호

Chapter 07

현대판 양반제, 공공개혁 없이
대한민국 미래 없다

역주행한 공공개혁

문재인 정부의 공공부문 관련 정책의 핵심은 공공부문 일자리 81만 개 창출이다. 소방관, 경찰관 등 국민의 안전복지 담당 공무원 17만4000명 추가 채용과 사회복지, 보육, 요양, 공공의료 등 사회서비스 일자리 34만 개(1단계 17만 개) 확충이 요체다. 이 외에도 공공기관 비정규직 폐지, 공공기관 청년고용 의무 비율 상향(매년 정원의 3%→5%), 공공부문 여성(관리직 등) 진출 대폭 확대, 공공부문 블라인드 채용 의무화, 공공기관 성과연봉제 폐지, 공공기관 감사 독립성 강화 및 노동이사제 도입, 고용친화적 공공기관 경영평가, 공공부문 시중노임단가 적용 의무화, 공공기관 (온실가스) 배출량 30% 감축, 공공기관에 에너지

저장장치(ESS) 설치 의무화, 공공부문 제로에너지 건축물 인증 의무화 등이 있다. 공공부문이 사회적 가치 실현에 모범을 보이면 민간부문이 따라온다는 비논리적이고 비현실적인 가정을 깔고 있다.

김대중 정부가 추진한 4대 개혁(기업, 금융, 공공, 노동개혁) 중 하나였던 공공개혁은 '작지만 효율적인 정부' 기치 아래 규제완화, 공기업 민영화, 지배구조 개선, 인원감축이 주축이었다. 정부의 핵심인 정부조직과 공무원의 규모, 처우 등은 거의 건드리지 못하고 정부의 외곽에 해당하는 공공기관만 건드렸다고 해도 과언이 아니다. 그럼에도 불구하고 노무현, 이명박, 박근혜 정부는 표현은 각기 달랐지만 적어도 공공개혁의 필요성을 부정하지는 않았다. 다만 공공부문 기득권의 반발이 거세기도 하고, 집권 세력에게는 비대한 공공부문이 큰 힘이기에 몸을 사렸다고 보아야 한다. 그런데 문재인 정부는 아예 역주행 해버렸다. 문 대통령은 후보 시절 공공부문 일자리 81만 개 확충과 비정규직 제로화를 공언하였는데, 취임 3일째인 2017년 5월 12일 첫 외부일정으로 인천국제공항공사를 방문하여 공공부문 비정규직 제로화를 선언하였다. 그 결과 국가공무원은 박근혜 정부(2017년 5월 9일) 103만2000명에서 2020년 말 113만2000명으로 늘어났다. 중앙정부 공공기관 임직원은 2016년 32만8000명에서 2021년 3분기 44만3000명으로 늘어났다. 당기순이익은 2016년 15조7000억 원에서 2020년 5조3000억 원으로 급감했다. 박근혜 정부가 공공기관 노조의 극심한 반발을 무릅쓰고 실행하려 한 공공부문 개혁정책인 양대지침(저성과자 해고 기준을 규정하는 '공정인사지침'과 취업규칙 변경 기준을 완화한 '취업규칙 해석 및 운영지침') 폐기를 선언(2017년 9월)하여 공공부문의 양반귀족적 지위를 더욱 강고하게 만들었다.

공공부문 기준과 인적 규모

공공, 공공적, 공공성이라는 말은 '국민 전체의 이해와 요구를 최상위에 놓아야 한다'는 뜻이다. 공공(public)과 정의(justice)는 시간(시대)과 공간(정치공동체)과 정부(행정·입법·사법 권력)의 해석에 따라 달라진다. 그러므로 한국에서 공공부문을 논할 때는 그 정의, 실체, 규모(인력, 자본 등), 종사자 처우와 효용(비용 대비 편익, 투자 대비 효율) 등을 엄밀히 따져 묻는 것으로부터 출발해야 한다. 국제적으로 통용되는 국가회계기준인 UN2008SNA(System of National Accounts: 국민계정체계)의 정의에 따르면, 공공부문은 정부단위와 정부단위에 의해 소유되거나 지배되는 모든 제도단위다. 정부 지배 여부 판단을 위한 요건을 다음과 같이 권고한다.〈표〉 하지만 강제 사항은 아니다.

위 권고 사항을 한국에 적용하면 공공부문은 훨씬 늘어난다.

법인기업	비영리단체
- 과반수의 의결권 보유 - 이사회, 기타 협의체기구에 대한 통제 - 주요 인사의 임면권에 대한 통제 - 핵심 위원회에 대한 통제 - 황금주(golden shares) 등의 보유 - 사업영역 및 가격정책 등에 대한 규제 및 통제 - 지배적 고객으로서의 영향력 행사 - 정부 대출과 연계된 통제	- 임원의 임면권 보유 - 기타 법률 등에 의한 지배 - 계약·협정 체결에 관여할 수 있는지 여부 - 정부로부터의 자금 지원 정도 - 비영리기업의 활동에 따르는 위험을 정부가 부담하는 정도

뒤에 자세히 설명하겠지만 한국은 협소한 기준에도 불구하고 경제협력개발기구(OECD) 국가에서는 비교 대상을 찾기 힘들 정도로 비대한 공기업·공공기관을 가지고 있다. 그런데 정부단위와 정부단위에 의해 소유되거나 지배되는 부문, 산업, 기업은 그보다 훨씬 많다. 정치와 정부에 의해 휘둘리는 사람과 일자리도 공공부문 일자리 통계에 나오는 것보다 월등히 많다. 이는 권력을 잡기 위한 경쟁이 그 어떤 OECD 국가보다 살벌하고 파괴적인 배경이자, 정치의 지독한 무능, 무책임과 본말전도의 이유이기도 하다.

UN2008SNA 기준을 적용한 통계가 2014년부터 나오기 시작했다. 통계청이 생산하는 공공부문 통계는 판매하는 상품서비스의 시장성 유무 등에 따라 일반정부(general government)와 공공법인기업(public corporations)으로 나눈다. 가장 최신 통계인 '2019년 공공부문 일자리 통계'에 따르면 일자리 개수는 일반

정부 222만 개, 공기업 38만2000개로 총 260만2000개였다. 일반정부 일자리 중 공무원 일자리(공무원 및 군인연금 대상자 기준)는 직업군인을 포함하면 135만9000개다.

공공일자리 폭증

정부조직관리정보시스템에 따르면 2020년 12월 말 기준 공무원 정원은 총 113만1796명인데, 행정부 국가직이 73만5909명, 행정부 지방직이 37만643명, 행정부 외(입법부, 사법부, 헌법재판소, 선거관리위원회)는 2만5244명이다. 이 기준에 따른 공무원 정원(113만1796명)은 김대중 정부 90만4266명, 노무현 정부 97만8711명, 이명박 정부 99만827명, 박근혜 정부 103만2331명과 비교하면 그야말로 폭증했다고 볼 수 있다. 그런데 공공부문(일반정부+공기업) 일자리 개수로 보면 2016년 총 236만5000개에서 2019년 260만2000개로, 23만7000개가 늘어났다. 늘어난 일자리 대부분은 일반정부 일자리로, 같은 기간에 무려 18만7000개가 늘어났다. 정부조직관리정보시스템의 국가·지방공무원 정원과 공공부문 일자리 통계의 중앙·지방정부 일자리 개수가 크게 차이 나는 것은 분류 기준 때문이다. UN2008SNA 기준에 따르면, 정부의 다른 통계(공공기관 경영정보 공개시스템 등)에서는 공공기관으로 분류되는 744개 공공비영리단체는 일반정부로 분류된다. 사실상 정부 역할을 하기 때문이다.

공공기관으로 분류되는 국민연금공단, 국민건강보험공단 등은 사회보장기금으로 묶인다. 공공부문 종사자에는 정부 예산으로 인건비와 운영비를 충당하는 사립학교 교직원, 사립 유치원·어린이집 교직원과 직업군인이 아닌 의무복무 중인 병사를 포함하기도 한다. 하지만 한국에서는 이들에 대해, 비록 운영 예산 대부분을 정부가 지원하지만, 교직원 채용에 직접 관계하지 않고, 기관 운영의 자율성이 다소 있기에 공공부문에 포함하지 않았다. 국제비교를 할 때 주의해야 할 지점이다. 한편 공공기관 경영정보 공개시스템에 등재된 중앙정부 공공기관은 2021년 6월 말 현재 350개인데, 이 중 공기업은 36개, 준정부기관은 96개, 기타공공기관은 218개다. 지방공공기관 경영정보 공개시스템에 등재된 지방공공기관은 지방공기업 410개, 지방출자출연기관 805개다. 지방공기업의 주된 업종은 상수도, 하수도, 교통(궤도 등), 토지개발, 주택, 농수산식품, 에너지, 시설관리공단 등이다. 전두환, 노태우, 김영삼, 김대중 정부를 거치면서 지속적으로 줄어들던 공기업·공공기관은 노무현 정부 시절부터 서서히 증가하기 시작했다. 지방 공기업·공공기관은 지방자치제가 시작되면서 꾸준히 늘어났다.

한국은 중부담 저복지 국가

UN2008SNA 기준을 적용한 통계는 한국은행이 2014년부터 생산하기 시작하면서 공공부문의 인적, 재정적 규모에 대한 국제비교가 가능하게 되었다. 가장 최신 통계는 한국은행의 '2020 공공부문 계정(잠정)'과 통계청의 '2019년 일자리 행정통계' 및 '2019년 공공부문 일자리통계'다. 이들 통계에 따르면 전체 피용자 보수(임금+고용주 부담 사회보험료)는 2016년 786조 1900억 원에서 2020년 918조3400억 원으로 16.8% 증가했다. 일반정부는 112조5200억 원에서 138조9400억 원으로 23.5%, 독과점 업역을 가진 비금융공기업은 19조300억 원에서 24조 6700억 원으로 29.6%, 금융시장에 크게 영향을 받는 금융공기업은 2조4200억 원에서 2조8100억 원으로 16.1% 각각 늘어났다.

공공부문 전체의 피용자 보수는 133조9700억 원에서 166조 4200억 원으로 24.2% 증가하였다. 시장에 의해 규율되는 민간부문에 비해, 오직 정치 논리와 공공부문 종사자의 이해 및 요구에 의해 규율되는 공공부문 피용자 보수가 훨씬 빨리 늘어난 것이다. 공공부문 근로자의 1인당 연간 보수는 2019년 기준 6396만 원으로 전체 임금근로자 보수 4517만 원보다 1.4배가량 높다. 만약 민간과 공공부문만을 비교하면 그 차이는 더 커질 것이다. 2020년 공공부문 계정(잠정)에 따르면 일반정부와 공공법인기업을 합친 공공부문 총수입은 883조4000억 원(GDP의 45.7%)이고, 총지출은 934조 원(GDP의 48.3%)이다. 문 정권 출범 직전인 2016년과 2020년을 비교하면, 총수입은 2016년 GDP의 44.1%에서 2020년 45.7%로 다소 증가했으나 총지출은 41.4%에서 48.3%로 폭발적으로 늘었다. 일반정부만 보면 총수입은 2016년 GDP의 32.5%(565조8000억 원)에서 2020년 35.3%(681조9000억 원)로, 총지출은 GDP의 30.3%(527조4000억 원)에서 37.6%(726조2000억 원)로 늘었다. 조세부담률은 2016년 GDP의 18.3%에서 2019년 20.0%로(OECD 평균은 24.9%), 국민부담률은 2016년 GDP의 24.7%에서 2019년 27.3%(OECD 평균은 33.8%)로 증가했다. 2020년 일반정부의 총수입(GDP의 35.3%)은 조세부담률(2019년 20.0%)은 물론 국민부담률(2019년 27.3%)보다 월등히 높다. 이는 국민부담률의 양대 기둥인 조세수입(384조7000억 원)과 사회부담금 수입(182조2000억 원) 외에 정부의 재산수입(배당금, 이자 등) 32조6000억 원, 상품비상품판매수입(국공립대 수업료, 상하수도 사용료, 각종 시설공단의 주차장, 대관료 수입 등) 29조5000억 원, 경상이전수취(각종 부담금, 과태료 등) 47조5000억 원이 있기 때문이다. 이 수입들은 한국을 제외한 OECD 국가에서는 그리 많지 않다고 알려져 있다. 재산수입도, 국공립대 수업료도, 각종 부담금과 과태료도 매우 적기 때문이다.

주요국 정부 수입·지출·복지지출 비교(2019년)

국가	GDP 대비 정부수입(A)	GDP 대비 정부지출(B)	GDP 대비 사회복지지출(C)	국민부담률 (D)	C/D	C/A
미국	31.52	38.14	18.7	24.5	76%	59%
스위스	34.14	32.72	16.7(2018)	28.5	59%	49%
한국	34.86	33.92	12.2	27.4	45%	35%
일본	36.54(2018)	38.83(2018)	22.3(2017)	32.0(2018)	70%	61%
영국	38.78	41.1	20.6	33	62%	53%
스페인	39.19	42.05	24.7	34.7	71%	63%
독일	46.7	45.17	25.9	38.8	67%	55%
이탈리아	47.08	48.63	28.2	42.5	66%	60%
스웨덴	49.92	49.33	25.5	42.9	59%	51%
프랑스	52.54	55.62	31.0	45.4	68%	59%
OECD평균	41.77	42.45	20.0	33.8	59%	48%

자료:Data extracted on 04 Oct 2021 12:06 UTC (GMT) from OECD.Stat
A=General government revenues(as a percentage of GDP), B=General government expenditures C=Social Expenditure-Aggregated data D=Tax revenue

OECD 통계에 따르면 한국의 정부수입은 2019년 기준 GDP의 34.8%로, 미국(31.5%), 스위스(34.1%)보다 높고 일본(36.5%)보다 약간 낮다. 그런데 2019년 기준 사회복지 지출은 한국이 12.2%로, 미국(18.7%), 스위스(16.7%)보다 훨씬 낮다. 국민부담률(D) 대비 사회복지 지출은 한국이 45%지만, 미국은 76%, 스위스는 59%, 일본은 70%, 영국 62%, 독일 67%, 프랑스 68%, OECD 평균 59%다. 정부수입 대비 사회복지 지출을 따지면 한국이 35%로 더 낮아진다. 이 통계는 한국이 저부담 저복지 국가가 아니라 중부담 저복지 국가라는 것을 말해준다. 공공부문 종사자의 높은 인건비(임금, 복리후생, 연금 등), 여전히 많은 경제 관련 예산, 국방예산, 사회부담금의 흑자(2020년 기준 사회부담금은 182조2000억 원, 사회수혜금은 124조2000억 원) 등이 주요 원인일 것이다.

일본보다 많은 공무원 보수

공무원의 처우(임금, 연금, 고용유연성 등)는 공공기관 종사자의 표준일 뿐 아니라, 규제 산업 및 예산 사업 종사자의 표준이 된다. 2015년 12월 31일 기준 통계(빅데이터 분석을 통해 본 대한민국 공무원)에 따르면 직업군인 25만 명가량을 제외한 공무원 총원은 102만6000명인데, 평균연령 42.2세, 평균 재직기간 15.7년, 월평균 초과근무시간 25.1시간, 세전 연봉은 5892만 원이다. 이는 2016년 공무원 전체의 기준소득 월 평균액(491만 원)을 연봉으로 환산한 금액과 같다. 하지만 여기에는 복지포인트와 공무원연금 부담금 등 실제 고용주(정부) 부담액이 빠져 있다. 점용 공간, 책상, PC, 생수, 냉난방, 통신, 피복비, 식대(일부) 등 수많은 간접경비도 빠져 있다.

일본 인사원 자료에 따르면 거의 동일한 시기(2016년 4월 1일

기준) 일본의 국가공무원은 58만3000명, 지방공무원은 274만 5000명으로, 국가공무원은 일반직 28만5000명, 특별직 29만 8000명으로 구성되어 있다. 공무원급여법 적용 대상에는 일반 행정직, 외교관, 세무서 직원, 형무관(교도소 직원), 해상보안관, 의사, 간호사 등이 포함되어 있다. 일본 공무원급여법에는 공무원 급여를 정하는 기준과 원칙이 있는데, 2016년 4월 1일 기준 법 적용 대상 인원은 25만3624명이다. 평균연령은 43.3세(평균경력 21.7년), 평균급여는 41만7394엔(연봉 500만8728엔)이다. 2015년 12월 31일 기준 '빅데이터 분석을 통해 본 대한민국 공무원' 102만6000명과 비교하면, 일본이 평균연령은 1.1세 많고, 평균근속연수는 6.0년 길지만 연봉은 5124만 원으로 한국의 87% 수준에 불과하다(100엔=1023원 기준). 일본 후생노동성이 공시한 근로자 평균임금은 2015년 기준 월 30만4000엔(42.2세, 11.9년)으로, 남성 33만5200엔(43.0세, 13.3년), 여성 24만4600엔(40.7세, 9.3년)으로, 일본 국가공무원의 급여 수준은 근로자 평균임금의 137%에 불과하다. 나이는 한국보다 한 살 많고, 근속기간은 거의 10년이나 긴데도 그렇다. 2016년 OECD 연평균임금 통계에서 일본과 한국을 비교하면 일본의 평균임금은 연 424만5380엔, 한국은 3378만1368원이기에 한국 공무원의 보수 수준은 평균임금의 1.81배, 일본은 1.18배다. 원·엔 환율을 적용하면 일본 연평균임금은 4343만237원으로 한국의 1.29배다. IMF가 발표한 2016년도 1인당 GDP도 일본이 3만8282달러, 한국이 2만9115달러로 일본이 1.31배 많다. 그럼에도 불구하고 일본의 공무원 임금이 한국에 비해 적은 것이다.

일본 공무원급여법의 비교 대상 기업 규모는 50인 미만 36.9%, 50인 이상 63.1%다. 여기에다가 역할(직급), 근무지역, 연령, 학력을 고려하여 급여 기준을 마련한다. 따라서 공무원 급여의 기준인 민간기업 임금이 전년에 비해 떨어지면 공무원 임금도 자동으로 떨어지게 되어 있다. 하지만 한국은 공무원급여법이 없고, 대통령령(제31709호)인 공무원보수규정이 있는데, 일본 같은 상세 기준은 없다. 단지 '제3조(보수자료 조사) ① 인사혁신처장은 보수를 합리적으로 책정하기 위하여 민간의 임금, 표준생계비 및 물가의 변동 등에 대한 조사를 한다'고만 되어 있다. E나라지표에는 인사혁신처가 관리하는 공무원 보수 추이 지표가 있는데, 여기에 비교대상 민간임금은 상용 근로자 100인 이상 사업체의 사무관리직 보수이고, 비교방식은 공무원과 민간과의 학력수준과 연령 등 근로자 구성의 차이를 통제하고 격차지수를 산출하는 피셔(Fisher) 방식이라고 되어 있다.

공기업 임금,
미국 유럽보다도 높아

상용근로자 100인 이상 사업체

에는 한국거래소, 한전, LH(한국토지주택공사), 가스공사, 코레일 등 '신의 직장' 소리를 듣는 공기업들과 높은 진입장벽으로 독과점 이익을 누리는 은행, 방송, 통신, 항공, 정유회사와 삼성전자, 현대기아자동차, 포스코 등 글로벌 기업이 다 포함되어 있다. 이들은 소득수준이 한국보다 훨씬 높은 유럽, 미국, 일본의 동종 기업에 비해 오히려 임금 수준이 더 높다는 것이 공공연한 사실이다. 게다가 한국은 기업 규모와 근속연수에 따른 임금격차가 가장 큰 나라다. 민간기업은 경쟁력이 떨어지면 끊임없이 퇴출·교체되고, 생산성이 낮은 부문은 중소기업에 외주화되든지 비정규직 손에 맡겨지며, 사무자동화 기술의 도입으로 격렬한 합리화가 일어난다. 공무원의 직접적 비교 대상인 민간사업체 사무관리직은 사원→대리→과장→부장으로 올라가면서 계속 줄어든다. '삼팔선'(38세 정년), '사오정'(45세 정년), '오륙도'(56세까지 버티면 도둑놈)라는 신조어가 나온 배경이다. 그래서 50~60세 민간기업 사무관리직은 대개 5 대 1, 10 대 1의 생존경쟁을 뚫고 올라온 '용장', 즉 생산성 자체가 높은 사람들이다. 큰 잘못 없으면 정년까지 보장되는 공무원의 보수는 이처럼 처절한 경쟁과 생산성 검증을 거치며 임금이 상승하는 민간 사무관리직을 고려했기에 높을 수밖에 없다. 후불임금적 성격이 있다는 공무원연금도 한국이 일본보다 훨씬 후하다. 윤석명의 '일본 공무원연금 운영 현황과 시사점'(한국행정학회 기획세미나 자료, 2015년)에 따르면, 2012년 기준 일본 민간 근로자연금인 '후생연금'의 월평균 연금액은 16만1000엔이고, 국가공무원 공제연금 평균액은 월 21만4000엔이다. 그런데 공적연금 일원화 조치로 인해 2015년 10월부터 국가공무원 공제연금이 일반 국민 대상의 후생연금 월평균액인 16만1000엔(2012년 가치)으로 같아진다. 그런데 한국은 2017년 기준, 국민연금의 월평균 수령액은 37만7895원인데 반해 공무원연금 1인당 월평균 수령액은 240만 원이다. 이는 중간정산자와 조기 퇴직자의 연금 수령액을 합산한 수치다. 정상적으로 정년을 마친(30년 내외의 근속자) 공무원들의 연금 수급은 월평균 300만 원을 상회한다고 알려져 있다. 그럼에도 불구하고 연금 개혁은 회피하고, 오히려 2022년까지 공무원만 17만4000명을 증원하는 정책을 펼쳤으니 공무원연금과 군인연금의 적자 폭은 커질 수밖에 없다. 국회예산정책처가 발표한 '2021~2030년 중기재정전망' 보고서에 따르면 재정수지 적자는 공무원연금이 2021년 4조3000억 원에서 2030년 9조6000억 원으로, 군인연금은 2조8000억 원에서 4조1000억 원으로 증가한다. 2021~2030년을 합산하면 공무원연금 적자는 총 61조2000억 원, 군인연금 적자는 33조2000억 원에 달한다. 공무원 숫자의 증가에 따라 공무원연금 적자는 시간이 갈수록 더 커질 수밖에 없다.

한국에서 왜 공공부문이 최고 선망의 직장인지, 왜 공무원 총

정원제 같은 규제로 인력 팽창을 억눌러야 하는지, 왜 소방직 등 일부 직무는 사람이 없어서 격무에 시달리고 필요한 예산 지원도 잘 안 되는지, 왜 공공부문의 잉여인력이 정리되지 않는지, 왜 직무급이 필요한지, 왜 중향평준화가 필요한지는 공무원 보수 수준과 체계가 말해 준다. 그와 반대로 왜 20년 제로성장에도 불구하고 일본 사회가 해체되지 않는지, 왜 일본에는 고시·공시 열풍이 불지 않는지 등은 공무원급여법이 말해 준다.

줄여야 될 공공일자리 확대

2017년 1월 18일 문재인 대선후보는 공공부문과 일자리 관련 공약을 발표했다. "지금 대한민국이 겪고 있는 저성장의 위기, 저출산 고령화, 청년실업, 경제적 불평등과 양극화 등 국가위기의 근본원인은 바로 좋은 일자리의 부족입니다. (…) 좋은 일자리 만들기가 국정운영의 중심이 되도록 하겠습니다. 첫째, 정부가 당장 할 수 있는 공공부문 일자리부터 늘리겠습니다. '작은 정부가 좋다'는 미신, 이제 끝내야 합니다. 현재 공공부문 일자리가 전체 고용에서 차지하는 비율은 OECD 국가 평균이 21.3%인 데 비해 우리나라는 7.6%밖에 안 됩니다. OECD 국가 평균의 3분의 1 수준입니다. 공공부문 일자리 비율을 3% 올려

OECD 평균의 반만 돼도 공공부문 일자리 81만 개를 만들어낼 수 있습니다."

그 얼마 후 종편방송인 JTBC 프로그램 '썰전'에 출연하여, "공무원 초임이 연봉 2000만 원 정도" 되니 "10조 원이면 연봉 2000만 원짜리 공무원 일자리를 50만 개 만들 수 있다"고 하였다. 대통령에 당선된 문재인은 대통령 집무실 광화문 이전 등 많은 공약을 철회했으나, 이 공약은 집권 내내 밀어붙였다. 그런데 이 공약과 정책들은 통계에 대한 무지를 넘어, 현실에 대한 의도적인 외면, 한마디로 악성 포퓰리즘의 소산이다. 무엇보다도 정책수립의 기본과 원칙에서 완전히 벗어나 있다. OECD 평균을 근거로 정책목표를 수립하는 것 자체가 몰상식이었다. 정책수립의 기본은 유럽 소국들이 주도하는 OECD (산술)평균과의 격차가 아니라, 한국 사회가 필요로 하는 공공서비스의 양과 질, 소비자·이용자의 요구와 불만에 대한 평가가 먼저고, 그 다음 이를 해결하기 위한 비용(예산) 대비 국민편익을 극대화할 수 있는 공공서비스 공급 방식을 고민해야 했다. 한국과 일본의 공공부문 고용 비중이 각각 7.6%와 7.9%로 낮은 것은 공공·사회서비스 공급방식의 차이에서 기인한 것이다. 단적으로 한국과 일본은 유럽과 달리 보건의료와 보육 인력의 대부분이 민간부문에 속한다. 이렇게 협소하게 잡은 공공부문 종사자(일자리 개수) 비중은 문 정부 출범 직전(2016년) 236만5000개로 총취업자수 대비 8.9%였다. 이 중 일반정부 일자리는 201만3000개(공무원 일자리 127만6000개 포함), 공기업 일자리는 35만3000개였다.

공공부문 복지, 민간보다 월등

한국이 OECD 국가들과 가장 다른 점, 아니 가장 기형적인 점은 공공부문 종사자들의 평균 처우(임금, 사내복지, 연금, 고용안정성 등)가 민간부문에 비해 월등하다는 것이다. 한국 납세자연맹의 계산에 의하면 2017년 기준 공무원 1인 채용에 소요되는 연평균 예산 소요액은 임금, 연금, 복리후생비, 기본경비 등을 합쳐 1억800만 원가량 되었다. 생산성이 크게 못 미친다는 것은 의심할 여지가 없다. 그런 점에서 OECD 국가들이 200만 명의 공무원을 고용할 예산으로 한국은 100만 명밖에 고용할 수가 없다. 공공부문 일자리 확충 정책은 임용 후 정년까지 30년, 그 이후 연금수령기간 30년, 유족연금 수령 기간(대략 10년)까지 합치면 거의 70년짜리 정책이라고 해도 과언이 아니다. 현대판 양반·귀족 반열에 올라간 공무원 및 공공부문 일자리는 개인에게는 좋은 일자리가 맞지만, 국가적으로는 아주 나쁜 일자리다. 정의, 공정에 위배되고, 청년 인재와 기업가정신의 블랙홀이기 때문이다. 이런 일자리는 늘리기는커녕 줄여야 마땅하다. 줄이기가 여의치 않으면 최소한 동결이라도 하고 생산성을 처우에 맞도록 높여야 한다.

정반대로 간 공공부문 정책

한국에서 공공부문 개혁 논의의 대부분은 공공기관, 그중에서도 중앙정부 산하 공기업과 관련된 것이다. 전두환, 노태우, 김영삼, 김대중 정부까지는 민영화가, 노무현 정부부터는 경영 합리화, 효율화가 핵심 화두였다. 김대중 정부 이래 '국가공무원 총정원령'과 '총액인건비제' 등으로 공공부문의 팽창을 강력하게 억제해 왔다. 하지만 문재인 정부에 들어서는 길게 보면 전두환 정부 이후, 짧게 봐도 김대중 정부 이후 모든 정부가 흔들림 없이 견지해 온 공기업 개혁 방향을 완전히 정반대로 틀었다. 공공부문 팽창을 막는 빗장을 풀어버렸다고 할 수 있다.

공기업은 종업원이 주인

현재 공공기관경영정보시스템(alio.go.kr)에 등록된 중앙정부 산하 공공기관은 350개이며 정원은 2016년 32만8479명에서 2021년(3분기) 44만 3301명으로 35% 늘었다. 시장형은 12%, 준시장형은 25% 증가했지만, 대부분 일반정부로 포괄되는 준정부기관이 36%, 기타 공공기관은 53%나 급증했다. 정부 예산만 확보되면 늘릴 수 있기 때문이다. 당기순이익은 2016년 15조7000억 원에서 2020년 5조3000억 원으로 급감했다. 시장형은 6조3000억 원 흑자에서 6000억 원 적자로, 준시장형은 2조8000억 원 흑자에서 2조5000억원 적자로 돌아섰다. 지방공공기관통합공시시스템(cleaneye.go.kr)에 등록된 지방정부 공공기관(직영기업+공사공단+출자출연기관) 임직원은 2016년 6만9000명에서 2020년 말 11만1000명으로 늘어났다.

한국의 중앙·지방 공기업들은 시장에 의해서도 규율되지 않고, 정부에 의해서도 규율되지 않는다. 그렇기에 사실상 종업원이 주인이라고 해도 과언이 아니다. 더 큰 문제는 이들이 산업별 또는 기업별 노조로 조직되어 있지만 노조는 보편이익(기업횡단적인 근로조건의 표준 등)을 추구하지 않는다는 사실이다. 경영자율화, 노사 자율화라는 이름으로 자신들의 특수이익, 즉 두터운 지대만 추구할 뿐이다. 물론 이는 공기업만의 문제가 아니다. 규제산업, 예산사업, 대기업 일반의 문제다.

그러므로 중앙·지방 공기업도, 공공기관도 그 효율성을 따지기 이전에 존재 이유를 캐물어야 한다. 중앙정부 산하 공기업 36개(시장형 16개, 준시장형 20개)는 대체로 국가주도 경제개발의 선봉에 섰던 산업부(상공부), 국토교통부, 해양수산부 소속이다. 시장형은 자산 규모가 2조 원 이상이고, 총수입액 중 자체 수입액이 85% 이상인 공기업을 말한다. 에너지 공기업(가스, 석유, 전력, 광물자원, 지역난방), 공항공사, 항만공사, 강원랜드 등이 이에 속한다. 산업부 산하에는 에너지(가스, 광물자원, 석유, 전력 등) 공기업 12개, 국토교통부 산하에는 도로, 철도, 공항, 수자원, 토지주택 등 인프라 관련 공기업 9개, 해양수산부 산하에는 항만 관련 공기업 5개가 있다. 중앙·지방공기업들은 에너지(전력, 가스, 석유, 석탄)산업, 도로건설산업, 철도산업, 공항·항만 건설·운영산업, 관광산업, 경마·도박산업, 수자원 및 농어촌개발산업, 상하수도 건설·운영산업 관련 산업생태계의 중심 기업들이다. 그 외에도 국방, 교육, 방송통신, 보건의료, 건설·주택, R&D 분야는 정치와 정부의 규제와 예산에 의해 좌지우지된다. 따라서 산업화 초기라면 몰라도, 민간 자본이 넘쳐나고, 기업활동이 글로벌 시장 속에서 이뤄지는 마당에 정치와 정부가 좌지우지하는 독과점 공기업 형태로 유지될 이유가 없다. 공기업의 비중과 업역으로 보면 중국이 훨씬 더하지만, 중국은 그래도 30여 개의 자치정부(성, 직할시, 자치주, 특별행정구역) 주도로 경쟁을 하기에 어느 정도는 시장원리에 의해 규율된다. 하지만 한국은 다르다. 주요 생산수단의 국유화를 추구하는 등 사회주의 전통이 강한 프랑스는 공기업(국가소유 기업)이 많긴 하지만 이들은 유럽 등 세계 굴지의 민간기업과 경쟁하고 있다. 한국 공기업과는 다르다. 프랑스 공기업은 독과점 지대를 거의 누리지 않고, 그 지대를 임직원들이 나눠 갖지도 않는다. 요컨대 프랑스 공기업은 한국과 달리 시장 독점도 아니요, 종사자들은 고액 연봉도, 철밥통도 아니다. 한마디로 신의 직장이 아니다.

정치권과 정부가 쥐락펴락

한국의 공공부문은 통계 수치보다 훨씬 광대무변하다. UN2008SNA 권고 기준인 △이사회나 기타 협의체 기구에 대한 통제 △주요 인사의 임면권에 대한 통제 △사업영역 및 가격 정책 등에 대한 규제 및 통제 △지배적 고객으로서의 영향력 행사 △정부 대출과 연계된 통제 △정부로부터의 자금 지원 등을 적용한다면, 한국 공공부문은 지금보다 훨씬 더 늘어난다. 이 기준을 적용하면 정부 예산 지원을 받는 수많은 민간·비영리기업 및 단체와 지방교육재정에서 급여가 나가는 사립중고등학교 등은 공공부문으로 분류된다.

대장동 게이트의 중심에 있는 성남도시개발공사는 지방공기업으로, 성남문화재단, 성남시청소년재단, 성남시상권활성화재단, 성남시의료원 등은 지방 출자·출연기관으로 등재되어 약간의 정보를 공시하고 있다. 하지만 일부 특수관계인에게 천문학적 이익을 안겨다 준 성남도시공사가 50%+1주로 지배권을 가지고 있는 특수목적법인 성남의뜰(2015년 7월 설립)은 어디에도 등재되어 있지 않다. 상식적으로 이해가 되지 않는 지배구조(성남도시공사는 우선주만 53.77% 보유)를 통해 성남의뜰을 실질적으로 지배하여, 천문학적 부동산 개발 및 분양 이익을 쓸어간 화천대유㈜와 천화동인 1~7호㈜ 역시 등재되어 있지 않다. 대장동, 백현동 게이트는 감시의 사각지대에서 일어난 일인데, 빙산의 일각일 것이다.

선진국 비해 협소한 공공기준

국민건강보험의 의료수가 기준에 따라 수익의 대부분을 국민건강보험에서 얻는 병의원과 정부가 수립한 기준에 따라 보육료 지원을 받는 민간 보육시설까지 공공부문으로 볼 수도 있다. 실제 프랑스 등 유럽의 많은 나라에서 보건의료, 보육, 초중고 교육 분야 종사자는 대부분 공무원이거나 공공부문 종사자로 분류한다. 사업영역 및 가격 정책 등에 대한 규제 및 통제와 지배적 고객으로서의 영향력 행사를 기준으로 판단하면, 2016년 지하철 2호선 구의역 사고로 숨진 김모 군이 다니던 은성PSD와 인천공항공사의 수십 개 민간협력업체(총고용 7000명 내외)들은 모두 공기업으로 분류되어야 한다. 은성PSD는 지방공기업인 서울메트로의 한 부서(기능)가 떨어져 나와 생긴 회사로서 수익의 100%를 서울메트로에 의존하고 있다. 인천국제공항공사의 민간 협력업체들도 수익의 거의 100%를 인천공항공사 사업을 통해 만든다. 이들 협력업체의 노조는 강력한 지대추구 성향이 있다. 또한 소유(지분)구조로 보면 민간기업이지만 실질적으로 정부가 임원을 선임하는 포스코, KT, 농협과 수많은 산업은행 관리 기업들도 정부 통제에 있다. 공기업 아닌 공기업인 것이다. 포스코, KT, 농협 회장 자리는 새 정부가 들어설 때마다 전리품 취급을 받아 왔다. 이사회에서 합법적으로 선임된 회장이라 할지라도 이전 정부에서 선임되었다면 비자금, 뇌물수수, 납품비리 혐의 등에 대한 검찰 수사를 통해 자진사퇴를 유도하는 일이 반복되어 왔다. 이는 유엔, IMF, OECD 등은 상상도 하지 못하는 '창의적인' 정부 지배 방식이다. 정부 대출과 연계된 통제도 눈여겨볼 대목이다. 대표적인 금융공기업인 한국산업은행은 2020년 결산 기준 자산이 연결기준 305조 원(단독 253조 4000억 원)인데, 5% 이상 지분을 가진 기업이 377개(장부가액 9조 2000억 원), 15% 이상의 지분을 가진 사실상 자회사가 128개에 달한다. 이는 산업·기업 구조조정 과정에서 우리은행, 대우조선해양, 대우건설 등 부실 금융기관과 기업을 계속 떠안았기 때문이다. 자산규모(2020년 결산 기준) 390조1000억 원인 우리은행도 정부(예금보험공사와 국민연금공단 합해 25.0%)가 소유하고 있다. 신한, 하나, 국민(KB), 농협(NH) 등 4대 금융지주회사의 회장과 주요 은행장도 정권의 전리품처럼 취급된다. KB와 농협금융그룹은 대주주가 없기에 정부가 좌지우지하고, 신한과 하나금융그룹은 대주주는 있지만 유무형의 금융 규제와 감독 때문에 정권의 낙하산(회장)을 받아들일 수밖에 없게 되어 있다.

겉은 민간, 속은 공공

한국은 산업 특성과 국가규제 특성으로 인해 금융산업(은행과 증권 등)과 보건의료산업(병원), 방위산업 등은 유럽, 미국, 일본에 비해 훨씬 강력하고 촘촘한 정부 통제를 받는다. UN2008SNA 기준에 따르면 공공부문으로 분류되어야 마땅하지만, 정부나 해당 산업·기업 종사자들은 공적인 목적을 전혀 의식하지 않는다. 다만 과도한 규제에 신음하고 항의할 뿐이다. 음성적, 변칙적으로 통제되는 산업과 기업이 공공적 역할을 제대로 할 리가 만무하다. 명(민간기업)과 실(정치권력이나 행정권력에 의한 지배)이 다른 곳은 예외 없이 권력형 비리와 '관피아'의 온상이 될 수밖에 없다. 공기업의 협력업체, 정부 예산과 기금에 절대 의존하는 산업·기업, 각종 국가규제와 국가형벌(검찰의 표적 수사, 국세청과 행정부처의 표적 조사, 감사원의 표적 감사 등)에 의해 좌지우지되는 영역은 광대무변하지만 그 실체가 제대로 밝혀지지 않는다. 한국에서 정치와 정부의 영향력과 패악질을 파악하려면 공공부문의 인적·재정적 규모와 지출 내용만으로는 부족하다. 금지·제한·강제의 총체인 법령과 형벌까지 봐야 그 실체에 다가설 수 있다. 물론 이는 계량화가 곤란하기에 국제비교 통계를 찾기도 어렵다.

공무원 급여법부터 만들자

경제개혁의 관건은 독점과 특권의 본산이자, 부당한 약탈과 억압의 중심인 정부와 공공부문의 규모 및 권능을 최소화하고, 투명화, 효율화, 유연화, 공공화하는 것이다. 공기업과 공공기관은 자의적으로 사용되는 예산과 기금 자체를 최대한 줄여야 한다. 공무원 규모와 공공기관의 숫자뿐 아니라 그들의 관여 업역 자체를 줄이고, 공무원 등 공공부문의 인적 규모와 수입, 지출 규모 자체를 축소해야 한다. 우선 분리징수되는 4대 보험(국민연금, 건강보험, 산재보험, 고용보험)을 국세청에서 일괄 징수해야 한다.

독과점 공기업은 최소화해야 한다. 일단 독립채산이 가능한 단위(가치사슬)를 중심으로 공기업을 분할하여 경쟁체제를 만들고 가능하면 민영화해야 한다. 인증, 진흥, 육성, 발전, 지원, 보호를 명분으로 내건 공공기관과 관련 법령을 전면 재검토하여 일몰제를 실시해야 한다. 국가가 더 단단히 틀어쥘 것은 틀어쥐고, 최대한 많은 가치사슬은 공정한 경쟁이 가능한 시장으로 내몰아야 한다. 공공의 '양반화', 관의 '상전화'를 철폐하기 위해 공무원 임용, 승진, 보직, 감사, 임금, 연금 제도를 개혁해야 한다. 일본의 공무원 급여법을 참고하여 한국의 공무원 보수(급여)법을 제정해야 한다. 보수 기준을 상시근로자 100인 이상 민간

기업이 아니라 전체 근로자의 중위임금으로 바꿔야 한다.

공무원으로 하여금 승진에 목매게 하여 인사권자에게 한없이 비굴할 수밖에 없게 만드는 현행 9품 계급제를 직무 중심으로 전환해야 한다. 더 세분화되고 더 합리적인 직무급을 도입해야 한다. 소방, 경찰, 복지 등 위험하고 힘든 직무, 고도의 전문성이 필요한 직무와 나머지를 분리해 필요한 곳은 상향해야 한다. 공무원 인사, 조직을 개방화, 전문화, 유연화해야 한다. 개방직, 계약직, 정무직을 대폭 확대하고 신규 채용자는 5년 계약직, 7년 계약직, 10년 계약직을 기본으로 해야 한다. 정년보장은 대학의 테뉴어 교수처럼 업적 심사평가를 통하여 매우 예외적으로 주어지도록 해야 한다.

저위험 저수익, 고위험 고수익 원칙하에 계약직, 임시직 보수는 상향해야 한다. 현대판 소년등과와 관료마피아 폐해를 초래하는 5급 고시를 폐지하고, 7급과 9급은 존치하며, 9급은 고졸자, 다자녀 가구, 3D업종 경력자 등에게 50% 쿼터를 제공해야 한다. 공공부문의 하위직 신규채용이 꼭 필요하다면 시험 선발은 50% 이하로 하고 나머지는 철저한 지역, 계층, 학력, 경력 할당제를 실시해야 한다. 지방 거주자, 저소득층, 고졸자, 3D업종 종사자, 한부모가정 등 눈물 젖은 빵을 먹어 본 사람을 우대해야 한다.

다음 세대에 복지비전을 넘겨주자

—— 김원식

Chapter 08

보편적 복지, 빈곤층 위한 것 아니다

우리나라는 노동시장의 불안으로 인한 실업으로 양극화되고 있다. 이를 해소하기 위하여 문재인 정권은 무제한의 복지 지출을 남발하고 있다. 노동시장은 소득의 원천인데, 노동시장의 후진적 변화는 소득양극화로 이어질 수밖에 없다. 예를 들면 대책이 없는 최저임금 1만 원 인상, 주 52시간제 도입, 비정규직의 제로화 등은 고용주의 고용 의지를 극도로 위축시키면서 사실상 대량실업을 낳을 수밖에 없는 정책이다.

노동시장에 자유가 없으면 수동적 노동으로 경제는 사회주의화하면서 후진한다. 이에 따라 노동시장에서 가장 취약한 근로자들의 실업을 낳게 되는 반면, 노동 귀족에 해당한다고 할 수 있는 대기업과 공기업의 정규직 근로자들은 이에 따른 수혜를 극대화했다. 이러한 점에서 문재인 정부의 복지정책은 2045만 전체 근로자를 위한 친노동이라기보다는 12%에 해당하는 254만 명 노조원을 위한 친노조정책이다. 그리고 빈곤층을 대상으로 한 정책이 아니므로 복지정책도 아니다.

실직 근로자나 노동시장의 영향권에 있는 서민층은 정부의 다양한 지원을 받고 있으나 사실상 실직이나 소득감소에 따른 보상에 턱없이 부족할 수밖에 없다. 게다가 정부는 보편적 복지를 명분으로 현금 중심의 복지제도를 확대해 빈곤층 문제는 전혀 개선되지 못하거나 정치권의 관심 밖에 머물고 있다. 그 이유는 반복된 선거제도하에서 그들이 거의 도움이 되지 않기 때문이다. 이는 사실상 국민의 세금을 헛되게 하는 포퓰리즘의 역설이라고 할 수 있다.

비빈곤층은 친노조정책의 보편적 복지의 가장 큰 수혜자이기는 하지만 이들은 현금이 아니라 복지정책에 대한 기대가 낮다. 소득이나 사회발전에 비하여 정부가 제공하는 복지서비스가 그들의 눈높이에 맞게 질적으로 개선되지 않고 있다는 것이다. 많은 재정이 투입되고 있음에도 건강, 교육, 주거서비스 등이 관료화되고 있다. 그러면서도 수요 측면에서 국민의 정부의존도가 높아지면서 자주적 복지의식은 실종돼 있다. 즉, 양적 확대나 다양한 제도가 도입되고 있지만 사실상 국민 세금을 헛

되이 쓰는 것이고 질적으로도 개선되지 않고 있다. 이에 따라 경제협력개발기구(OECD)가 조사하는 복지에 대한 불만족 비율은 19.2%로 주요 선진국의 2~3배에 이른다. 여기서는 4차 산업혁명과 코로나19 사태를 겪고 있는 우리나라 복지제도의 현황과 새로운 시대에 대응해야 할 복지혁신 방안을 다루었다.

돈만 쓰는 문재인 복지

문 정권 복지의 특성은 보편적 복지다. 비용효과성에 따라 보다 치밀해야 하는 복지제도의 특성을 무시한 것이다. 이에 따라 복지시스템의 운용이 방만하고, 사회보험제도의 재정 불안정 등이 가중되고 있다.

빈곤 방치하는 복지시스템, 부실관리

복지서비스의 부실관리는 복지제도의 확대에도 불구하고 복지 사각지대가 줄지 않고 있고, 중복급여가 늘어나고 있으며, 구조적 도덕적 해이가 만연하고, 자부담 복지서비스를 국가예산으로 전환함으로써 사중손실(dead-weight loss)을 초래하는 것 등으로 요약할 수 있다.

첫째, 복지 사각지대의 정체는 사회보험에서 두드러지고 있다. 노동시장이 불안정해지면서 비정규직 근로자들이 늘어남에 따라 사회보험 가입이 정체되어 있다. 특히 근로자들이 노동시장에서 이탈하여 비경제활동인구화하면서 정부의 복지관리 대상에서 제외되고 있다. 이에 따라 이들의 생활이 힘들어져도 현황 파악이 불가능해지고 고독사나 자살자가 늘고 있다. 복지비의 증가에도 불구하고 보다 효율적인 관리체계가 형성되어 있지 않은 결과다.

둘째, 중복급여의 증가다. 이는 한편으로 정부의 무리한 표심票心잡기에 기인한다. 중앙정부의 무리한 복지확대에도 불구하고 선출직인 자치단체장 역시 재선을 위하여 중복성 복지제도를 남발하고 있다. 다른 지역의 복지제도에 대한 지역주민의 비교나 요구가 이어지면서 자치단체 간 복지지출 경쟁으로 이어지고 있다. 중앙정부는 자치단체의 중복성 복지제도를 억제하고 있으나 단순히 명칭을 바꾸어 가면서 제도를 반복적으로 만들어가고 있다.

셋째, 도덕적 해이가 방치되거나 조장되고 있다. 복지제도는 어떤 제도보다 도덕적 해이가 심각한 제도임에도 불구하고 이에 대한 대응 없이 예산이 낭비되고 있다. 기초생활보장제도에서도 수급자격을 얻기 위하여 보유자산을 은폐하거나 사전에 자녀들에게 이전하는 행태가 일부 계층에서 일반화되어 있다.

고용보험의 경우 성격상 어떤 제도보다 도덕적 해이가 심각한 제도다. 실업급여에서 비자발적 실직임을 입증하는 데 6개월 이상이라는 수급자격만 만족하면 단순히 취업 활동을 한다는 입증자료로서 취업지원서로 반복적인 수급이 가능하다. 예를 들면 2020년 실업급여 수급자는 전년도의 119만 명에서 137만 명으로 늘고, 지급액은 8조 원에서 11조 원이 지급되었는데 이 중 두 번 이상 수급받은 자는 29만 명에서 35만 명으로 증가하였다. 지난 5년간 다섯 번 이상 수급받은 근로자는 1만 명이 넘는다. 이는 실업급여의 수급액과도 관련되는데 실업급여 하한액은 하루 6만120원으로 월 180만3600원인데 최저임금은 180만 원이다. 열심히 일을 하나 실업급여를 받으나 받는 금액은 거의 차이가 없다. 코로나19 사태로 인한 실직자에 대한 지원을 위하여 실업급여 수급자격을 확대했다. 이에 따라 2017년 10조2500억 원에 이르렀던 고용보험기금이 완전히 고갈되고 올해는 3조1800억 원 적자로 이자를 내면서 차입을 해야 한다.

문재인 정부에서 일상화된 청년수당의 경우도 수급 기간 동안 실직상태에 있거나 취업 노력을 저해하게 하는 문제가 발생하면서 공시족들이 80만 명에 이른다. 즉, 자신의 능력이나 전공에 관계 없이 더 편하고 안정적인 직장으로 공무원 및 공공기관에 취업하고자 하는 취업대기자들이 늘었다. 보험료 인상에도 불구하고 고용보험재정이 급속히 악화되자 최근에야 실업급여 수급자격을 강화하고 횟수를 제한하는 조치가 검토되고 있다. 노동시장의 도덕적 해이는 사실상 이들이 생산활동에 참여하지 않는 결과를 낳음으로써 국가 생산을 줄여서 성장률을 낮춘다는 심각한 문제를 야기한다. 그리고 이들이 가진 인적 자본이 유휴화·노후화한다는 문제도 무시할 수 없다.

넷째, 자부담 서비스를 국가 예산으로 전환하는 사중손실의 문제다. 문재인 정부의 고교 무상교육의 문제는 이미 취약계층에 대하여 고교재학생 자녀에 대한 학비 지원이 이루어지고 있고, 근로자의 경우 소속 기업에서 복지 차원의 학비 지원을 하면서 정부도 이에 대하여 손비처리 등의 조세 혜택을 제공하고 있다는 점이다. 복지제도의 확대과정에서 예산 부족이 심각함에도 불구하고 사회에서 부담하고 있는 비용을 정부가 단순히 표심을 얻기 위하여 일부러 떠맡고 있는 것이다.

자치단체 교육청에서 추진하고 있는 자율고 및 특목고의 폐지도 한 예가 된다. 자율고와 특목고는 정부의 부담이 전혀 없는 교육기관이다. 이들을 일반고로 전환하려면 이들에 대한 국가예산을 추가적으로 편성해야 한다. 이에 따른 부작용은 다양한 질적 교육을 원하는 학생들에게 교육기회를 박탈하고 이는 사교육으로 충당되게 된다는 점이다. 더 나아가서 일반학군 학생들의 경우 특수학군에 속하는 강남으로의 이사 수요까지 유발함으로써 집값까지 이상 급등하게 하는 부작용을 낳고 있다. 소득에 따라 교육양극화를 심화시키는 결과를 낳는다.

사회보험의 재정 부실화

우리나라 사회보험은 1963년 도입된 산재보험을 시작으로, 1977년 건강보험, 1988년 국민연금, 1994년 고용보험, 2008년 노인장기요양보험 등 순차적으로 도입되었다. 그리고 이외에 공적 직역연금으로 1960년 공무원연금, 1963년 군인연금(공무원연금에서 분리)이 도입되었다. 사회보험은 순차적으로 확대 도입되면서 현재는 거의 모든 국민이 적용대상이다. 그럼에도 불구하고 앞서 언급된 사각지대 문제 외에 구조적 문제를 갖고 있으면서 특수고용 근로자들에 대한 제도 적용 등이 무리하게 추진되어 왔다.

국민연금의 4차재정재계산(2018년) 결과에 따르면 2014년 연간수지가 균형이 되고 2057년 기금이 고갈된다. 이는 3차재정재계산 때보다 3년 단축되는 결과다. 재정재계산위원회는 4개의 대안을 제시하면서 선택하도록 했다. 그럼에도 불구하고 정부는 이에 대한 개혁을 하지 않고 있다. **국민연금**은 사회보험인데 보험제도는 보험료를 내면 이에 따라 보험급여가 결정된다. 보험료를 내는 것에 따라 급여가 결정된다는 것은 보험료 납부에 따라 연금을 받을 권리가 생긴다는 것을 의미한다. 연금

급여체계 자체가 적자구조이기 때문에 이것이 지속되면 지속될수록 보험료를 낸 것보다 더 큰 권리가 발생하기 때문에 재정안정을 위하여 가능한 한 빠르게 개혁하는 것이 필요하다.

첫째, 보험료를 더 냄에 따라 보험수리적 수지균형에 맞추어 급여가 늘어날 수 있도록 급여산식이 조정되어야 한다. 둘째, 연금수급 개시 연령을 현행 65세에서 70세까지 올려 연금수급 기간을 줄여야 한다. 65세에 퇴직해서 83세까지 18년 동안 연금을 받는 기간을 5년을 줄여 13년 정도 연금을 받게 한다면, 연금 재정부담을 3분의 1 정도 줄일 수 있다. 셋째, 평균수명이 늘어남에 따라 연금이 결정되도록 재정안정을 위한 자동안정장치를 도입하고 이에 대한 다양한 재원을 확보해야 한다. 평균수명이 늘어나면 그만큼 건강한 노인도 늘어나고 이들이 일을 계속하면 연금수급 기간을 줄일 수 있다.

2020년 **건강보험** 진료비는 86조9000억 원으로 전년 대비 0.6% 증가했다. 이와 함께 노인건강보험료는 2017년 6.12%에서 2021년 6.98%로 0.74%포인트 인상하였다. 이는 요율인상률이 매년 2~3% 정도로 매우 높은 수준이다. 고령화에 따라 65세 이상 노인진료비는 2018년 40.3%에서 43.9%로 급증했다. 이는 문재인 케어의 '비급여의 급여화'와 직접적인 연관이 있다. 예를 들면 2인 병실의 급여화, MRI(자기공명영상) 급여화 등을 들 수 있다. 부담능력이 없는 노인들의 의료비가 급증하는 것은 사실상 다음 세대에게 부담을 전가하는 것이다. 따라서 세대 간 의료비 부담을 세대 내로 내부화하는 건강보험 재정개혁이 필요하다. 보험료 부담에서 소득파악이 불가능한 지역가입자의 경우 소득 외에 주택 및 자동차 등의 자산이 포함됨에 따라 국민들 사이에 형평성에 대한 이의제기가 심각하다. 2019년 연간 1억5000만 건의 민원 가운데 48.4%가 건강보험료와 관련된 것임이 이를 반영한다.

건강보험료의 부과에선 소득중심 부과가 이루어지도록 해야 한다. 부동산 등의 자산에 대한 부과는 소득은 그대로인데 실질적으로 가입자의 생활비를 높여서 소비능력을 감축시키는 것이다. 특히 최근 부동산 가격 상승과 과표 인상으로 재산에 부과되는 보험료가 급속히 오르고 있다. 이는 미실현 이득에 대한 과세로 사실상 재산권의 침해에까지 이른다고 할 수 있다. 건강보험 지출에 관련한 개인의 건강위험에는 변화가 없는데 보험료를 더 내는 것이다. 의료기술의 발달 및 정보화에 따라 원격의료, 포괄수가제(DRG), 진료체계 개혁, 보험재정 분권화 등 진료비 억제 노력이 이루어지지 않고 있다.

산재보험은 근로자의 산재 발생을 억제하기 위한 것이다. 그러나 산재사망자가 줄지 않고 있다. 산재사망률은 2016년 1만 명당 0.96으로 감소해 오다가 최근 1.99로 증가하고 있다. 이는 OECD 국가 중 가장 높은 것이다. 산재 사망사고의 증가는 산재부상과 비례적이라고 본다면 감추어진 산재부상도 적지 않음을 의미한다. 산재가 발생할 경우 고용주는 산재 신고보다는 산재 근로자에 대하여 직접적으로 보상을 하거나 부상치료 시 건강보험의 혜택을 받도록 유도할 것이다. 문재인 정부는 2022년 1월 시행을 앞두고 있는 중대재해처벌법에서 사망사고에 대하여 고용주를 처벌하게 했다. 이는 사실상 고용주의 책임을 회피하게 할 뿐 근본적으로 사망사고를 예방하는 데는 한계가 있다. 산재를 체계적으로 예방할 수 있는 시스템을 구축해야 한다. 예를 들면, 산재보험을 직접적으로 관리하는 근로복지재단과 산재예방에 관련한 산재보건재단과의 통합을 통해 보험자가 직접 산재 억제의 책임을 강화하도록 할 필요가 있다.

고용보험은 실업급여사업과 고용안정사업으로 구분된다. 코로나19 이전부터 급여가 확대되고 코로나로 실업자에 대한 지원이 폭증하면서 고용보험기금이 고갈되고 보험료 인상이 예고되고 있다. 앞서 언급한 바와 같이 실업급여 수급자격을 완화하면서 취업과 실업을 반복하는 근로자가 크게 늘었다. 고용보험 적립금이 2017년 10조3000억 원에서 2021년 현재 2조7000억 원 적자로 추정된다. 고용보험이 특수직 근로자들을 포함하면서 급여지급이 큰 폭으로 늘어날 것이다. 이들에 대한 재정을 따로 운용해야 할 필요가 있다. 고용보험의 고용안정사업은 제도 도입 이전에 정부의 고용정책 예산으로 수행되던 것이다. 고용안정사업 도입 이후 사업들이 지나치게 방만하게 운용되면서 효과성이 낮다. 그리고 사중적 문제를 야기하고, 대기업에 혜택이 집중되고 있다. 고용안정사업은 사실상 위험을 담보한 것이 아니므로 고용보험 내에서 사업으로 운용하는 것은 바람직하지 않다. 따라서 고용보험에서 고용안정사업 재원은 정부 예산으로 조달하는 것이 바람직하다.

노인장기요양보험 제도는 고령화에 따라 2008년 도입되었다. 보험료는 건강보험료에 기초하여 부과된다. 고령화와 문재인 정부의 치매 국가보장과 관련한 사업 확대와 노인인구 증가에 따라 요양보험 지출이 늘어서 재정적자가 심각하다. 노인(장기)요양보험은 보험료 예상수입액의 20%를 국고에서 부담한다. 이에 따라 정부의 재정에도 영향을 미친다. 노인요양보험 문제는 당사자들이 생계능력이 부족하여 요양서비스를 부담할 수 없는 경우가 많다는 것이다. 따라서 노인요양보험은 현재의 부과방식보다는 근로기에 기금을 적립하여 이에 따른 지출 결정을 하는 기금방식으로 도입해야 한다. 만일 현재와 같이 부과방식으로 운용되면 노인들은 무제한 수혜를 요구하면서 이에 따른 부담은 고스란히 근로계층이 부담하게 된다. 그리고 요양서비스 공급자의 도덕적 해이로 인하여 지출을 줄이려는 노력이 없어져서 방만한 운용을 가져온다. 문재인 정부는 치매 국가보장을 공약으로 하고 있다. 이는 사실상 문제를 더 심화시키고 있다. 노인요양은 만성질환으로서 일정 수준의 진료가 병행되어야 안정적인 요양이 가능해진다. 따라서 노인요양보험도 요양과 진료서비스를 통합적으로 제공해야 한다. 이를 위해서는 노인요양보험에서 노인들의 건강보험을 적용하는 노인건강보험을 도입해야 한다. 이는 노인진료에서 요양과 진료의 효율적 판단을 통하여 안정적인 요양서비스를 가능하게 할 것이다.

부실복지 결정판 될 기본소득

문재인 정부의 초월적 복지정책은 기본소득의 확산으로 마감될 것으로 보인다. 이재명 더불어민주당 대선후보는 기본소득의 도입을 핵심공약으로 추진해왔고 적지 않은 국민이 이를 받아들이고 있는 듯하다. 이 후보는 다음 정부 임기 내에 청년에게 연 200만 원, 이외의 전 국민에게 연 100만 원을 지급하는 '기본소득' 공약을 발표했다.

2022년도 국가부채가 103조 원이 증가하는데 첫해 추가적 예산은 20조 원이 든다. 기본소득은 수당 성격으로 복지를 개선하는 것이 아니다. 기본소득은 생활비의 일부가 되고 소비자물가만 주기적으로 상승시키는 결과를 낳을 것이다. 따라서 국민의 복지서비스에 대한 만족도를 개선시킬 수 없다.

더욱이 현금 중심의 복지는 예산 편성이 가능한 기간에 한정되는 단기적이고 지속성이 없는 제도다. 기본소득이 지급되는 기간에 더 많은 예산소요가 발생하면 언제든지 제일 먼저 없어질 제도일 수밖에 없다. 지금까지 문재인 정부의 복지는 거의 현금복지였다. 복지의 핵심은 서비스인데 복지라는 명목으로 단순히 현금으로 정치를 하고 선거를 치르면서 서비스개혁이 거의 이루어지지 않고 있다. 따라서 현재의 복지제도는 이미 수명을 다했다.

소득재분배 효과 별로 없어

복지정책의 효과는 일반적으로 재분배로서 파악되는데 이의 지표로 빈곤율과 지니계수가 사용된다. 2018년 원천소득으로서 가구별 세금을 납부하고 보조금 혜택을 받기 이전의 소득에 의한 (분배 전)빈곤율은 19.9%로 2017년의 19.7%에 비하여 0.2%포인트 증가했다. 납세 및 보조금 이후의 (분배 후)가처분소득 기준으로는 2017년 17.3%에서 16.7%로 0.6%포인트 감소했다. 노동시장의 경직성에 의한 빈곤층 증가가 정부의 재분배정책으로 개선되었음을 보여준다. 이는 다른 선진국에 비하여 매우 낮은 변화다. 즉, 우리 복지제도는 구조적으로 빈곤층이나 소득재분배 효과가 매우 낮음을 보여준다.

정부는 코로나19 사태에 강력한 '거리두기'를 통해 방역을 해오면서 이에 대한 국민들의 피해를 보상하기 위한 재난지원금 및 다양한 지원정책을 펴왔다. 코로나로 인한 소득 및 소비동향에 따르면 2021년도 1분기의 경우 공적이전의 크기가 소득이 가장 적은 1분위에서 가장 작았다. 그리고 전년 대비 증가율도 2, 3, 4분위보다 낮았다. 이는 코로나 사태로 빈곤층이 오히려 더 취약해졌음을 의미한다. 소득이 적은 1분위의 근로환경도 크게 악화돼 근로소득 감소율이 전년 대비 3.2%로 나타났다.

문재인 정부의 복지정책은 그 선의에도 불구하고 양극화를 심화시키고 있음을 보인다. 노동시장의 불안으로 인하여 취약계층 근로자의 실업이 증가했고 이들에 대한 적절한 지원이 부족했다. 문제는 비빈곤층의 경우에서도 복지에 대한 만족도가 개선되지 않아 왔다는 점이다. 국가 비교에서 '주관적 복지 불만족인구 비율'은 19.2%로 OECD 주요 선진국의 2배 수준이었다. 미국은 9.30%, 영국 6.01%, 독일 9.30%, 프랑스 8.70% 등이다.

문제는 복지비 부담이 재정불안정 및 국가부채의 증가로 전이되고 있다는 것이다. 2021년도 보건복지고용예산은 19조 4000억 원이 증가하면서 재정수지는 38조2000억 원 적자가 되었다. 즉, 복지부문이 재정적자 51.1%가 되는데 기여했다. 문재인 정부(2017~2020년) 기간에 국가채무는 186조7000억 원 증가했으며 이 중 적자성 채무는 142조2000억 원이었다. GDP 대비 48.4%(2020년)에 달했다. 반면 박근혜 정부(2013~2016년) 동안에는 국가채무가 136조9000억 원 증가했으며 적자성 채무는 106조8000억 원이었다. 이는 GDP 대비 38.3%(2016년)였다.

국민부담률이 지속적으로 상승하면서 이제는 국민의 복지비 부담이 한계에 이르고 있다. 국민부담증가율이 GDP 증가율의 2~3배에 이른다. 국민의 세금과 사회보험료를 합한 국민부담률은 2020년 27.7%였다. 2017년 24.8% 이후 7년 연속 상승 중이다. 사회보험의 적자 및 기초연금 및 무상복지 확대는 향후 국민부담률을 더 끌어올릴 것이다.

한편 복지비 증가와 함께 확대된 복지제도를 관리하기 위한 공공부문의 증원이 이어지고 있다. 우리나라는 선진국과 달리 정부예산에서 일반행정비의 비중(6.4%, 2021년)이 늘어나고 있다. 우선 공공기관의 비정규직 정규직화가 이루어지고 있다. 문재인 정부 출범 이후 공무원은 9만2000명 증가했다. 이는 외환위기 때인 1998년부터 2017년까지 20년간 증가한 8만7000명보다 많은 수다.

중앙부처 간, 중앙정부와 자치단체 간 포퓰리즘 복지경쟁으로 중복급여가 늘어나고 있다. 사회보장급여의 이용·제공 및 수급권자 발굴에 관한 법률(제9조 1항)은 "사회보장급여는 지원대상자가 현재 제공받고 있는 사회보장급여와 보장내용이 중복되도록 하여서는 아니된다"고 규정하고 있다. 중복현금지원의 대표적 사례를 보면 노인일자리는 보건복지부의 시니어인턴십과 고용노동부의 신중년적합직무고용지원금 사업이 있고 이와 별도로 노인지원으로 복지부의 기초연금과 지방자치단체의 각종 노인수당이 겹친다. 또 청년자산형성, 청년구직지원, 아동지원사업도 중앙부처와 자치단체들이 중복해 지원한다.

한편 거품 혹은 물타기 제도의 사례로서 정책 목표에서 벗어난 제도의 끼워넣기가 성행하고 있다. 제4차 저출산고령사회기본계획에 의하면 16개 정부 부처의 119개 사업이 저출산 예산대책이었다. 저출산 예산에 관광호텔 지원 126억 원, 만화 육성 40억 원 등(2021년)이 포함되어 있다. 이는 사회적 핵심 문제들에 대한 컨트롤타워가 없고, 관료주의적인 부처이기주의 극대화가 이어지고 있음을 보여주는 것이다. 이러한 요인들로 인하여 막대한 복지예산이 지출되고 있음에도 복지부문 효율성이 개선되지 않고 있는 것이다.

복지개혁의 기본 원칙

문재인 정부의 복지정책은 보편적 복지의 확대로 요약된다. 소득 혹은 특성에 관계없이 모든 국민에게 같은 복지혜택을 제공하겠다는 것이다. 이는 빈곤층에게는 부족, 비빈곤층에게는 자신들의 욕구를 채워주지 못한 채 오히려 복지 체감도를 낮춘다. 막대한 예산지출에도 불구하고 결과적으로는 만족도가 전반적으로 하락할 수밖에 없다. 보편적 복지는 복지의 대상을 빈곤층이 아니라 모든 국민에게 확대하는 것이어서 그 성격상 사회정책이라고 보아야 한다. 그런데 이러한 대상의 확대는 현금중심으로 이루어져서 사실상 소득지원에 불과하다. 문재인 정부는 소득지원이 복지지원이라고 강변하고 있는 셈이다. 게다가 모든 국민을 대상으로 하는 기본소득정책을 복지제도로 확대할 조짐을 보이고 있다. 물론 국민들은 기본소득의 수급에 대하여 환영할 수 있지만 결국은 복지제도로 인식하지 못할 것이며 포퓰리즘의 배신으로 인식하게 될 것이다. 이에 따라 최근 민주당 대선후보는 기본소득으로 선거공약화한 재난지원금의 강행을 국민의 여론 악화로 포기했다.

모든 국민에게 같은 제도를 무작정 적용하겠다는 보편적 복지는 모든 국민에게 공평한 혜택을 주는 것이 공평하다고 하겠지만 사실상 다음과 같은 이율배반적 이중성을 갖는다. 첫째, 보편적 지원은 개인들의 다양한 욕구를 만족시키지 못하는 형식적 지원이다. 둘째, 비빈곤층에 대한 혜택에 집중한다. 셋째, 정치적 포퓰리즘에서 취약계층 지원의 득표 유인이 낮다. 넷째, 사회보험은 소득재분배를 효과적으로 수행할 수 없다. 다섯째, 복지 이해관계자들의 이해상충으로 누수가 심각하다. 이러한 점에서 다음과 같은 원칙이 복지정책개혁의 기반이 되어야 한다.

복지 사각지대 해소를 위한 시스템 확립

첫째, 기초생활보장제도를 현금급여 중심에서 질적 서비스 중심으로 전환해야 한다. 기초생활보장제도는 2000년 생활보호법을 폐지하면서 도입했다. 그러나 현금중심의 제도가 실질적인 보호에는 한계가 있었다. 이후 소득계층별로 차등화시키는 제도로 바뀌었다. 그러나 실질적인 보장은 서비스의 제공으로 이루어질 수밖에 없다. 기초생활보장제도를 저소득층을 위한 기초서비스 중심으로 전환하는 것이 필요하다. 이를 위해서는 현재의 바우처제도의 확립과 함께 양질의 서비스를 제공할 수 있는 공급자가 있어야 한다. 모니터링을 강화하고 자율을 허용하면서 이들의 생활과 함께 탈수급을 위한 지원이 집중되어야 한다. 기본적인 생활이 가능한 환경을 조성해 주어야 한다.

둘째, 빈곤가구에 대한 모니터링 시스템의 구축이 필요하다. 지원이 필요한 취약계층 혹은 빈곤가구는 실질적인 관리기 필요하다. 이를 위해서는 다양한 형태의 모니터링이 가능해야 한다. 빅데이터 등을 통하여 빈곤가구를 찾고 이들에게 적극적인 보살핌을 해야 한다.

셋째, 복지제도는 중앙정부와 자치단체 간의 협력이 불가피하다. 복지의 실질적인 접근성은 자치단체가 더 우위에 있다. 따라서 자치단체가 자발적으로 복지시스템을 구축하도록 해야 한다. 복지예산을 총액으로 배정하고 투명하게 운영하게 하며 자치단체의 특성에 따라 복지제도를 조정해 성과에 따라 정부 교부금을 조정한다. 조건부 혹은 무조건부 복지재정을 적절히 배분하는 것이 필요하고, 일정 수준에 못 미칠 경우 중앙정부가 직접 운용한다. 자치단체가 스스로 빈곤인구의 억제 목표를 설정하고 성과에 따른 자치단체 교부금이 제공되도록 해야 한다.

중복 복지의 조정 위한 컨트롤타워 구축

각 부처의 복지 관련 업무를 조정할 수 있는 분야별 컨트롤타워를 구축해야 한다. 현재 운용중인 대통령 직속 저출산고령사회위원회는 사실상 실행력이 없고 구체적이고 혁신적이지 못하다. 따라서 실행력 있는 매트릭스식 조직을 만들고 총괄책임자를 임명해야 한다. 예를 들면 청년총괄장관, 여성총괄장관, 노인총괄장관, 빈곤총괄장관 등을 통하여 문제를 실행 중심으로 해결하도록 한다.

장기적으로는 부처 간 유사업무를 조정하고 집중화해야 한다. 아울러 인적 구조조정을 하면서 공무원들의 업무 정예화 및 전문화를 서두른다. 현재 운용 중인 공무원 순환보직제는 더 이상 효과가 없다. 급변하는 사회경제적 환경에서 정책이 수행되기 위해서는 공무원제도에 대한 실질적 개편도 따라야 한다. 중앙정부는 개인별 투명한 공적이전 정보를 통합 운용해야 한다. 그리고 유사제도의 경우 공적지원금의 총액상한제를 도입해야 한다. 취약계층이 정부의 지원에 의존하지 않고 적극적으로 자립할 수 있는 유인이 될 것이다.

기초생활보장제도 서비스 중심으로 구조조정

이는 기본소득에 대한 논의의 필요성이 없게 할 것이다. 현금중심에서 바우처를 활용한 서비스 중심의 지원으로 전환해야 한다. 현금급여는 복지공급체계가 충족되지 않으면 복지개선 효과가 없다. 복지서비스의 가격을 인상하여 실질 구매력이 하락하게 된다. 기초생활보장은 상시 가능하도록 하기 위하여 생계 위기에 대한 신속 지원시스템을 강화한다. 기회의 형평성을 보장하여 빈곤 탈출이 가능하도록 기회보장 시스템을 강화하고, 근로유인을 제고한다.

최근 기본소득은 기초생활보장제도의 한계로 인하여 논의가 확산되고 있다. 기초생활보장제도의 적용을 유연하게 한다면 굳이 사회 경제적 불안에 기본소득으로 대응할 필요가 없다. 기본소득은 결국 현금을 하늘에서 뿌리는 선거용 '헬리콥터 머니'에 불과하다.

사회보험시스템 조정

첫째, 사회보험료 징수를 국세청으로 통합해야 한다. 국민연금과 국민건강보험의 보험료를 국민건강보험에서 통합징수하고, 고용보험과 산재보험은 근로복지공단에서 징수하고 있는데 이들 보험료는 사실상 근로소득에 기초하고 있으므로 같은 부과기준을 갖고 있다고 본다. 국민건강보험은 주택이나 자동차 등의 자산과 임대소득 등이 포함되는데 부과체계에 대한 문제는 지속되고 있다. 따라서 국민건강보험에 대한 징수체계를 소득중심으로 전환하고 국세청에서 보험료 징수업무를 담당해야 한다.

둘째, 건강보험과 산재보험 환자의 진료체계를 통합해야 한다. 작업장에서의 사고와 작업장 외에서의 사고 구분이 어렵다. 사실상 같은 의료기관에서 진료하게 되므로 통합하고, 산재보험은 소득손실에 대한 보상만 전담하도록 한다. 그리고 보험자로서 산재예방에 더 적극적인 제도개선을 주도해야 한다. 노인에 대한 건강보험과 노인장기요양보험의 기능을 통합하여 노인건강보험을 도입해야 한다. 노인장기요양은 진료와 병행하는 것이 효과적이다. 현재의 시스템은 노인들에 대한 요양과 진료가 분리되어 요양기관이 노인진료를 위해 요양병원 등의 의료기관으로 이송해야 하는 문제가 발생한다. 노인건강보험은 노인요양 및 노인진료를 함께 보험화함으로써 비용을 절감하는 효과를 거둘 수 있다. 한편 급속한 고령화에 대비하여 노인의료에 대한 근로자들의 부담을 줄임으로써 세대 간 갈등이나 부담 전가를 억제할 수 있다.

셋째, 사회보험청의 신설을 통하여 사회보험의 중복이나 혁신을 도모한다. 사회보험시스템의 혁신과 사회적 변화에 대응하는 정책을 종합적으로 수행할 필요가 있다. 현재의 시스템에선 사회보험들이 조직이익의 극대화를 위하여 혁신이 불가능하다. 사회보험청은 사회보험의 혁신을 촉진할 수 있다.

넷째, 광역 자치단체별 재정을 분리하고 사회보험료를 차별적으로 적용한다. 다양한 특성의 5000만 인구를 하나의 제도에서 운영하는 데는 한계가 있다. 지역별로 차별화하는 것이 바람직하다.

다섯째, 민영 사회보험 활성화로 사회적 위험에 대한 위험을 분산관리해야 한다. 국민연금, 퇴직연금, 개인연금, 노후일자리 간을 다층 구조화해야 한다. 국민건강보험과 민영건강보험의 조화를 추구하고, 민영보험시장에 대한 규제를 완화한다.

청년 위한 복지개혁을

우리는 노인인구가 14%를 넘은 고령화사회에서 고령사회로 진행하고 있다. 청년층은 결혼을 포기하고 합계출산율은 올해 3분기 0.82로서 인구 감소가 수년 내에 도래할 것이다. 현재의 복지제도는 청년들에게 모든 부담을 전가하고 있는데 이를 감당할 그들의 수는 절대적으로 감소하고 있다. 현재의 복지제도로서는 고령사회가 지속가능하지 않을 뿐 아니라 설령 지속하더라도 청년들은 부담을 거부할 것이다. 세대 간 전쟁이라고 보아도 무방하다.

이제는 청년들이 부담할 수 있고 그들의 행복을 극대화할 수 있는 청년중심의 복지개혁을 해야 한다. 현재 모든 복지의 상당 부분은 청년들이 대한민국에 살면서 누리게 된다. 따라서 이는 청년들의 미래와 직결된다. 최저의 결혼 건수와 출산율 수준은 이들이 결혼하고 자식을 기르는 데 따른 사회생활에 점차 비관적이 되어 왔기 때문이다. 청년들은 아이들을 키우는 데 자녀들이 자신들보다 더 잘살고 더 부강한 나라에 살 것을 기대한다. 이는 결국 복지를 통하여 그들의 눈높이에 맞는 사회를 만들어 가야 함을 의미한다.

복지지출은 정치적 위기 때마다 단순히 현금을 주어서 소고기 몇 덩어리 더 주는 데 쓸 것이 아니라 이들이 진정한 행복을 느낄 수 있도록 일자리, 의료, 교육, 주택 등 사회 인프라를 근본적으로 뜯어고치지 않으면 안 된다. 누구나 자녀를 낳더라도 우리 사회가 맡아서 최고의 인재로 키울 수 있다는 자부심이 있어야 가정을 이루고 자녀를 낳는 MZ세대(밀레니얼+Z세대)이다. 지금까지 제시한 복지정책 방향의 바탕은 이들 청년세대의 욕구와 그들의 사회를 위한 헌신이 바탕이 되어야 한다.

기본소득 넘어 기본서비스 복지로

김은경

Chapter 09

복지정책의 대안적 패러다임

1997년 외환위기 이후 사회경제적 불평등이 심화하면서 복지는 계속 확대되어 왔다. 그러나 복지정책은 정치인들의 매표 수단이 되면서 비전도, 전략도, 체계적인 실행계획도 없이 추진되었다. 복지재정지출은 계속 늘었지만, 복지 체감도는 낮고 복지 인프라는 여전히 부족하고, 복지 사각지대는 광범위하다. 앞으로도 복지정책의 확대는 불가피할 것이다. 저출산과 고령화로 인해 복지 수요는 늘어날 것이다. 4차 산업혁명이라는 기술혁신으로 인해 일자리가 줄고 노동시장은 더 불안정해질 것이다.

디지털 플랫폼 경제의 확산에 따라 현행 사회보험 제도의 한계도 갈수록 명백해지고 있다. 원래 사회보험 제도는 완전고용이나 평생직장과 같은 고용의 안정성을 기반으로 설계된 시스템이다. 그러나 디지털 플랫폼 시대에는 자동화에 따른 실업과 불안정한 플랫폼 노동이 증가해 기존의 사회보험 제도에 편입돼 사회보험의 혜택을 받을 수 있는 노동자가 줄어든다. 더욱이 사회보험 중심의 복지제도는 복지 혜택의 양극화를 가져올 수 있다. 고용의 불안정성이 높고 완전고용이 불가능한 디지털 경제에서 사회보험 제도는 사회 전반의 양극화를 심화할 수 있다.

복지정책은 사회적 통합과 연대를 통해 빈곤 문제를 해결하고 불평등을 완화하는 것이 목표다. 사회경제적 양극화, 불평등, 불공정을 극복하기 위해 새로운 복지 패러다임이 필요하다. 재정 건전성을 유지하면서 적정한 복지 확장을 통해 빈곤과 불평등 문제에 대처해야 한다. 어떤 사회든 모든 사회 구성원이 소득수준이나 사회적 지위에 상관없이 공동으로 느끼는 기본필요(basic needs)의 충족을 기반으로 조화롭게 살 수 있어야 지속 발전이 가능하다. 이런 관점에서 기본소득에 앞서 기본필요를 현금 대신 서비스로 제공하는 복지가 현실적이며 이는 디지털 플랫폼 시대의 대안적 복지 패러다임으로도 유의미하다고 생각한다.

기본소득정책 비판

매표수당

2022년 대통령 선거를 앞두고 여당의 이재명 후보는 '청년 연 200만 원, 그 외 전 국민 100만 원 기본소득' 공약을 발표하였다. 이재명 후보가 주장하는 기본소득의 최종 목표금액은 기초생활수급자 생계비 수준인 월 50만 원이라고 한다. 문제는 이재명표 기본소득의 실체가 '매표수당'이라는 것이다.

기본소득(basic income)의 핵심은 '사회 구성원 모두의 실질적 자유 구현'이고, 물질적 자유를 위해 보편성·무조건성·개별성·정기성·현금성·충분성 등을 실현해야 한다. 따라서 이재명표 기본소득은 실제 기본소득이 아니라 목표도 효과도 불분명한 득표를 위한 현금 뿌리기에 불과하다. 더욱이 매표 수당의 목적이 소비 촉진을 통한 경제 활성화라면 세금을 줄이면 된다. 구태여 세금으로 국민 주머니의 돈을 빼앗아 소비를 줄인 후 기본소득이라는 이름으로 다시 국민에게 일부 돌려줄 필요가 없다.

특히 최종목표액이라는 월 50만 원으로 국민의 기본적인 복지를 달성할 수 있는지도 의문시된다. 매표 수당으로 뿌릴 돈이 있다면 기초생활수급자들과 복지 사각지대에 있는 국민을 지원하는 것이 형평성에 맞다. 결국 이재명표 매표 수당은 복지국가의 정신을 훼손하고 불평등을 확대한다.

문제점과 한계

이재명표 매표 수당과는 별개로 사실 기본소득은 그 자체로서도 문제가 있다.

첫째, 기본소득은 불평등을 심화시킨다. 기본소득은 거의 가진 것이 없거나 가진 것이 하나도 없는 사람의 생활수준은 조금 개선할 수 있다. 그러나 세상에는 소액의 기본소득으로는 살 수 없는 삶에 필수적인 다양한 서비스와 제품들이 있다. 재정적 한계로 인해 기본소득을 지급하기 위해 정부는 복지서비스를 축소 또는 폐지해야 하므로 빈곤층은 의료, 교육 등 공공서비스에서 소외된다.

둘째, 기본소득은 재정적으로 실현 불가능하다. 모든 복지정책에는 돈이 필요하고 정부는 어떤 복지정책이 가장 '가성비'가 좋은가를 평가하여 선택해야 한다. 국제노동기구(ILO)가 130개국을 대상으로 비슷한 기준(빈곤선)으로 정의한 기본소득의 비용은 세계 대부분 지역에서 국내총생산(GDP)의 20~30% 수준으로 추정된다.〈표〉 국내총생산의 20% 이상을 현금으로 지급하려면 정부는 의료, 교육, 주택 등 저소득층을 위한 복지 인프라에 대한 투자를 포기하거나 축소해야 한다. 무한정 세금을 부과하여 복지 재원을 마련할 수도 없고 부채를 지속하여 늘릴 수도 없다. 기존의 복지 인프라를 유지하면서 기본소득을 지급하는 복지국가는 세계 어느 곳에도 없고 앞으로도 없을 것으로 전망된다.

보편적 기본소득의 비용 추정

지역 또는 소득 그룹	비용(국내총생산 대비 비중, %)	
	시나리오 1	시나리오 2
중앙아시아와 북아프리카	20.3	17.4
동아시아와 태평양	26.2	22.8
남아시아	28.0	23.3
유럽과 중앙아시아	28.4	25.9
북아메리카	31.9	29.1
라틴아메리카와 카리브해	32.3	27.6
사하라 사막 이남 아프리카	62.1	48.8
저소득	79.1	62.3
중저소득	28.0	23.1
중고소득	22.8	19.8
고소득	29.9	27.4
글로벌 평균	39.4	32.7

주: 1) 시나리오 1은 모든 성인과 어린이에게 국가 빈곤선 100%로 기본소득 지급을 가정하고, 시나리오 2는 성인에게는 국가 빈곤선 100%, 15세 이하 아동에게는 국가 빈곤선 50%로 기본소득 지급을 가정한 것이다.
2) 국가별로 결정된 빈곤선에 기반하며 행정비용은 포함되지 않았다.
자료: Ortiz, I., Behrendt, C., Acuña-Ulate, A. and Q. Nguyen(2018), Universal Basic Income proposals in light of ILO standards: Key issues and global costing, ESS Working Paper No. 62 International Labour Organization, p.15

셋째, 기본소득은 세대 간 형평성을 악화시킨다. 위기 상황에서 일시적인 국가부채 증가는 불가피하다. 문제는 보편적 기본소득과 같이 매월 일정한 액수를 평상시에 모두에게 지속하여 지급하려면 그에 맞추어 세수가 늘어나지 않는 한 국가부채가 누적된다는 점이다. 이는 미래 세대들을 공공부채에 허덕이게 만들고 그들의 복지를 악화시킨다.

넷째, 기본소득은 행정 비효율성을 줄이지 못한다. 보편적 기본소득이 자산조사에 기반한 모든 사회적 급여를 대체한다고 해도 소득지원에 따른 행정비용의 축소는 쉽지 않다. 예를 들어 신체적 또는 정신적 장애가 있는 사람들이나 특수 상황에 있는 사람들을 위해 기본소득과는 상관없이 복지행정은 존재해야 한다. 형평성 제고를 위해 고소득자에게 지급한 기본소득의 일부 또는 전부를 회수하려면 세제 정비를 위한 행정비용이 더 필요할 수도 있다.

다섯째, 보편적 기본소득은 의도와 상관없이 신자유주의적 시장 시스템을 강화한다. 기본소득은 각자 필요로 하는(혹은 원하는) 것을 살 수 있도록 돈을 나눠주는 것으로 시장에서의 소비를 지원하는 시스템에 불과하다. 빈곤, 불안정 고용, 불평등 등과 같은 문제 해결은 불가능하며 대기업의 시장 독점력만 강화할 수 있다. 기본소득은 사회 구성원들이 공동의 목적의식을 형성하는 데 아무런 도움이 되지 않고 불공정한 시장 시스템에 사람들을 더욱 밀접하게 연결한다. 기본소득은 '공동 문제에 대한 개인주의적 해결책'에 불과하다. 현금 지급은 굶주려 죽는 것을 막을 수는 있지만, 시간이 흐르면서 전략적으로 기아 문제를 예방할 수 있는 어떤 방안도 줄 수 없으며, 사회적, 경제적, 환경적 측면에서 '지속성을 위한 능력'을 만들 수도 없다. 기본소득은 고용 창출 효과도 거의 없다. 결국 기본소득은 정치적 선전 수단은 되지만 경제적 효과는 거의 없다.

복지정책의 궁극적인 목표는 사회구성원의 연대에 기반하여 빈곤을 해소하고 불평등을 완화하는 것이지만 기본소득은 현금 나눠주기에 불과하다. 매우 빈곤한 국가의 경우 공공서비스 인프라가 거의 없어 국가가 공공인프라를 제공하려면 시간도 걸리고 행정비용도 필요하므로 시장에서 서비스를 구매하도록 국민에게 직접 현금을 주는 것이 단기적으로는 효과적일 수 있다. 그러나 이들 국가에서도 기본소득을 통해 빈곤을 해소하는 것은 불가능하고 불평등은 심화할 것이다. 더욱이 ILO의 추정과 같이 GDP의 20% 이상을 기본소득으로 지급하기 위해서는 다른 복지제도에 대한 재정지원을 없애거나 경제나 환경, 교육, 국방 등 다른 필수 부문에 대한 재정지출을 포기해야 할 것이다. 현금 지급 액수가 얼마든 간에 기본소득은 복지정책의 궁극적 목표인 빈곤 문제를 해결할 수 없으며 불평등도 심화시킨다.

세계 최초로 국가가 실시한 핀란드의 기본소득 실험은 '고용증가는 거의 없고 주관적 행복감은 높아지는(happier but jobless)' 결과를 낳았다. 당연한 결과다. 세상에 공짜 돈을 싫어

하는 사람은 아무도 없기 때문이다. 그러나 혈세를 낭비하거나 복지정책의 정신을 훼손하면서 주관적 행복감을 높이는 것에 찬성할 국민은 그리 많지 않을 것이다.

대안: 기본서비스 복지

2017년 유니버시티 칼리지 런던(UCL) 세계번영연구소(Institute for Global Prosperity)는 '미래를 위한 사회적 번영: 보편적 기본서비스 제안'을 발표하였다. 이 연구소는 기본소득에 대해 반대하여 보편적 기본서비스를 제안하면서 영국 복지국가의 혁신적 전환을 주장했다. 이들은 미래의 사회적 번영을 위해 보편적 기본서비스에 대한 대중적 논의, 사회 인프라에 대한 지속 가능한 투자, 삶의 질 향상을 위한 공공정책 등을 제안했다.

보편적 기본서비스 정책 모델

보편적 기본서비스는 공동체 의식과 일상적인 연대성에 기반하며 지역(국가)의 모든 시민(거주자)에게 정부가 무료 또는 저비용으로 기본적인 공공서비스를 제공하는 사회보장 형태다. 서비스는 공익을 위해 집단으로 창출하는 활동이며 사람들이 자신의 필요를 충족시킬 수 있도록 필수적이고 (최소가 아닌) 충분한 서비스를 제공한다는 의미에서 기본적이다. 또한 모든 사람이 지급 능력과 상관없이 자신의 필요를 충족시키기 위한 충분한 서비스를 받을 자격을 가진다는 의미에서 보편적이다. 보편적 기본서비스가 근본적이고 혁신적인 이유는 개인의 선택과 시장 경쟁의 정치로 인해 상실된 집단이상(collective ideal)을 실현하고 충분성(sufficiency)과 지속가능성(sustainability)을 지향하기 때문이다.

기본서비스의 출발점은 모든 사람은 누구나 살아가면서 반드시 필요로 하는 서비스나 재화가 있다는 것이다. 이를 보편적 기본서비스 모델에서는 '공동 필요'라고 부른다. 국가나 사회가 이 같은 필수적인 서비스를 필요한 사람에게 무료로 제공한다면 사람들은 기본적인 필요를 충족해 행복감이 높아지고 필수재를 구입할 필요가 없어 실질소득의 증가와 동일한 효과를 느끼게 될 것이다. 보편적 기본서비스 모델에서는 또한 공공의 '집단책임'만이 공동 필요를 제대로 충족한다고 평가한다. 따라서 보편적 기본서비스는 생활에 필수적인 서비스를 필요로 하는 사람에게 공공서비스 형태로 무료 또는 낮은 요금으로 제공하는 복지제도다.

공동필요를 집단책임을 통해 충족하는 기본서비스는 사회적 연대와 사회적 자본을 강화하고 생활비용을 줄이는 데 매우 효과적이다. 기본서비스의 목표는 공공재로서의 서비스의 질적·양적 확대로 의료, 교육과 같은 기존 서비스의 질과 접근성을 높이고 돌봄, 주거, 음식, 교통, 정보, 법률 등의 영역에서 양질의 접근 가능한 서비스를 확대하는 것이다. 특히 서비스 중심 복지모델은 재정문제, 고령화, 생산성 문제, 환경파괴 등의 도전에 따른 여러 문제와 한계에 대해 집단책임과 공동부담을 가능하게 하여 사회적 결속을 높이고자 한다.

북유럽 복지국가와 기본서비스

기본서비스는 사회서비스 또는 공공서비스란 이름으로 이미 일부 국가 특히 스웨덴을 비롯한 북유럽 국가에서 보편적 복지국가 모델로 시행되고 있다. 북유럽 복지국가의 포괄적인 공공서비스는 기본서비스와 같은 정신을 공유하고 있어 기본서비스모델의 타당성, 유용성과 효과성을 뒷받침한다. 세계적으로 높은 고용률을 자랑하는 북유럽 복지국가는 20세기 초 인구 감소에 직면하여 가족정책을 도입했고 아동, 노인, 장애인 등 취약계층에 대한 돌봄이 공공사회서비스로 제도화되었다. 교육, 보건의료, 보육 등 공공사회서비스는 저소득층의 생활비용을 크게 줄여 삶의 질과 사회적 평등에 기여하였다. 연금을 비롯하여 상대적으로 관대한 실업급여, 병가급여, 육아급여, 아동수당, 주거급여 등 다양한 소득지원제도도 정립되었다.

이러한 북유럽 복지 모델은 그 자체가 사회혁신으로 소득보장과 사회서비스의 제공을 넘어 사회적 결속과 연대, 사회적 신뢰의 구축에 중요한 역할을 한다. 모든 사회구성원이 지역 커뮤니티 활동에 자발적으로 참여하는 민주시민으로서의 학습과 경험도 중시한다. 또한 사회적기업, 협동조합 등 제3부문 또는 비영리조직의 활성화와 다양한 역할은 사회혁신과 연대를 강화하는 데 중요한 부분이다. 광범위한 분권화와 권력 분산에 기반한 복지 분권화로 지방정부는 상당한 권한과 자율성을 가지면서도 재정준칙 준수 등 책임성이 높고 법에 근거한 중앙정부의 관리·감독 수준도 높은 편이다.

따라서 기본서비스는 기존의 공공서비스 모델을 더 철저하고 포괄적으로 발전시킨 복지국가 모델의 하나로 지급 능력이 아니라 필요에 따른 공공서비스의 제공이라는 원칙을 점차 더 많은 영역에 확대하는 것이다. 기본서비스에 포함되는 모든 서비스의 목표는 양질의 서비스가 필요한 모든 사람에게 충분하게 제공되도록 보장하는 것이다. 기본서비스에 대한 접근 확대는 사회와 경제가 필요로 하는 공공재를 강화하는 가장 효과적인 방법으로 사회 인프라 투자가 가져오는 혜택과 이득의 경제적 효과도 크다. 재분배를 목표로 하는 사회보장모델에서 서비스 중심 사회보장모델로의 이동은 필요와 욕구를 보다 직접적으로 충족시킬 수 있고 효율성 증대로 비용을 축소한다. 이는 민간경제의 활력을 촉진하고 시민사회의 역량을 강화할 수 있을 것이다. 누구나 이용 가능한 공공서비스는 기존의 조건부 급여 시스템을 대체하여 필요에 맞춘 유연한 서비스를 충분히 제공할 수 있다.

또한 기본서비스는 서비스를 제공하는 많은 인력이 필요하므로 일자리 창출에 기여할 수 있다. 자동화와 함께 시장에서의 일자리는 줄어가지만, 공동필요에 따른 공공서비스는 계속 증가할 수밖에 없다. 문제는 공공서비스 인력을 제대로 교육하여 양질의 서비스를 제공할 수 있도록 하는 것이다. 기본서비스를 제공하는 일자리들이 괜찮은 일자리가 되어 좋은 인력들이 서비스를 제공할 수 있도록 국가 차원의 노력과 제도화가 필요하다.

비판의 검토

기본서비스에 대한 다양한 비판도 있다. 보편적 수급 권리로서의 공공서비스 확대는 당연히 비용이 필요하며, 비용을 줄일 수 있는 공공소비와 노동시장의 효과가 나타나기 전까지 증세 또는 복지예산 조정 등이 필요하다. 현금급여의 대체, 지역 맞춤과 수요관리를 통한 전달체계의 효율성 증대, 임금인상 대체를 통한 노동비용의 장기적 감소 등으로 일부 충당할 수 있다. 당연히 '큰 정부' 가능성에 대한 우려도 있다. 막대한 예산과 행정력이 요구되는 기본서비스는 권력의 중앙집중화와 가부장적 온정주의를 초래할 수 있다. 관료주의를 더 강화할 수도 있다.

그러나 1940~1960년대 스웨덴에서 복지국가의 급속한 발전 과정에 대해 이 같은 비판이 제기되었으나 결과적으로 긍정적인 성과를 달성하였다. 특히 국가가 항상 직접 공공서비스를 제공하는 것이 아니라 서비스를 필요로 하고 실제 이용하는 국민이 참여하여 공공서비스를 통제하고 지원하는 거버넌스가 필요하다. 제3부문, 사회적경제, 비영리 부문 등 건강하고 역동적인 시민사회의 활발한 민주적 참여와 공적 논의를 통해 큰 정부에 대한 우려를 완화할 수 있다.

오히려 가장 근본적인 문제는 재정확보, 효율적 집행, 명확한 정책 결정 등 정부가 기본서비스의 비전과 목표를 실현할 수 있을 만한 역량이 있는가이다. 지방정부의 역량 문제도 있다. 기본서비스의 실현을 위해서는 재정 자율성과 열의를 가진 효과적이고 책임 있는 지방정부가 필요하다. 기존 서비스를 개선하고 새로운 서비스를 개발하기 위해 점진적인 변화를 실험할 수 있는 시간적, 재정적 여유도 필요하다. 기본서비스 복지는 점진적인 프로그램이지만, 오늘날 지배적인 정치 경제적 패러다임에 대한 근본적인 도전이다.

기본서비스 복지를 향하여

이제는 복지를 득표 수단으로 하여 선거 승리나 정치공학적 관점에서만 활용하고 선거가 끝나면 폐기하거나 방관하는 행태가 사라져야 한다. 복지는 좌우 이념의 문제가 아니라 모든 국민이 일하고 싶은 나라, 살고 싶은 나라를 만드는 정책이다. 민주주의 국가의 역할은 국민에게 세금을 받아 국민을 위한 서비스를 제공하는 것이다.

관점의 정립

소득불평등, 사회 양극화와 함께 불공정이 갈수록 심해지고 있는 한국 사회에서 정부가 반드시 책임져야 할 서비스가 일자리와 복지다. 일자리와 복지는 사회적 통합과 연대를 강화하고 건강하고 민주적인 사회를 만드는 기본 인프라다. 좋은 일자리는 모든 국민의 권리다. 일자리는 단순히 돈을 버는 수단이 아니라 사람이 사회구성원으로서의 자긍심을 가지고 자신의 삶을 살게 해준다. 모든 국민은 지급 능력과 상관없이 자신의 기본필요를 충족시키기 위한 복지서비스를 받을 자격이 있다. 공정한 사회를 만들기 위해서는 소득, 성별, 나이, 종교, 출신 지역 등과 상관없이 누구나 기본서비스를 누릴 수 있어야 한다.

복지정책의 궁극적인 목표는 사회구성원의 연대에 기반해 빈곤문제를 해소하고 소득불평등을 완화하는 복지국가로 전진하는 것이다. 복지정책은 가난한 사람들을 돕기 위해 단순히 돈이나 서비스를 더 많이 주는 시혜가 아니라 모두가 사회의 일원이자 인간으로서 기본적인 생활권을 누릴 수 있도록 하고, 이를 통해 사회 통합과 연대를 강화하면서 건강하고 민주적인 사회를 만드는 것이다. 경제적, 사회적 불평등은 극소수를 제외한 대부분 국민이 인간다운 생활을 영위하기 위한 물질적 토대를 무너트린다. 모든 구성원이 공정한 경쟁을 하고 기회를 가질 수 있는 인프라를 만들고 불공정과 차별에 대한 철저한 통제에 기반하여 불평등을 최소화해야 한다.

복지국가를 달성하기 위해서는 무엇보다 복지정책에 대한 관점의 정립이 필요하다. 우리 사회에서 개발연대의 경험은 사회 전반적으로 높은 경제성장률에 대한 집착과 환상으로 나타나고 있다. 그러나 이제 선진국 수준에 오른 우리 경제에서 저성장 기조는 이미 구조화돼 있다. 설혹 아무리 경제성장률이 높아져도 개인의 '성공 신화'를 이루기는 쉽지 않게 됐다. 개발연대와 달리 중상층 이상의 부모가 있거나 물려받은 유산이 있지 않은 한, 개인이 열심히 노력하여 이른바 '성공'한다는 것은 어렵다. 따라서 사회 불평등을 완화할 복지 인프라의 확충이 시급하다.

복지정책이 보편적이냐 선별적이냐의 소모적인 논쟁은 더 이상 의미가 없다. 이제는 어떤 복지정책이 '가성비'가 좋은가로 논의가 발전되어야 한다. 기본서비스 복지는 보편적 복지의 모델로 제시된 것이지만, 여기에 이르는 과정은 선별적일 수밖에 없다. 이러한 맥락에서 기회의 사다리로서 기본서비스 복지를 한국형 복지국가의 출발점으로 제안한다.

재원 확충

복지 확대는 불가피한 시대적 요구다. 문제는 재원이다. 세상에 공짜로 복지를 확대할 방법은 없다. 그러나 한국 사회에서는 복지정책이 무엇을 위해 어떤 목표를 가지고 나아가야 하는지 장기적 비전 없이 다양한 사업들이 주먹구구로 늘어났다. 복지 확대나 현금지원에 대한 필요성은 언급하면서도 재원 확보를 위한 논의나 제도 개혁은 진전되지 않고 있다. 복지를 체계적으로 확대하기 위해서는 사회적 갈등을 최소화하면서 복지 재원을 확충하기 위한 국가의 적극적인 노력이 필요하다. 정부는 모든 국민에게 중장기적인 복지국가의 목표와 로드맵을 제시해 단기적인 복지 정책과의 연관성을 명확하게 밝혀주어야 한다.

국민에게 복지 재원 확충을 위한 증세의 필요성을 먼저 제기하는 것은 바람직하지 않다. 먼저 한국 복지국가의 비전과 구체적인 목표를 제시하고 이를 위한 재정지출의 필요성을 역설하면서 필요한 재원 확보를 위한 증세 방안을 제시해야 한다. 다시 말해 복지 재원을 확충하기 위해서는 국가가 사회복지 비전을 제시해야 한다. 예를 들어 정부가 크게 '중복지·중부담'을 복지 비전으로 한다면 이를 목표로 하는 지속 가능한 사회보장 제도의 전망, 이를 위한 재정지출 추정과 재원 확보 방안을 하나의 패키지로 하는 마스터플랜을 보여주어야 한다. 비전 수립 과정에서 기본서비스도 구체화될 수 있다.

집중해야 할 4분야

기본서비스는 국민의 모든 생활 영역에서 필수적인 서비스를 제공해야 하지만 다음의 4분야에 집중하면서 점진적으로 분야를 확대할 수 있을 것이다.

첫째, 보육은 현금지원 중심에서 서비스 공급 위주로 근본적인 체계 개편을 하여 안전하고 '아동 중심'적인 서비스 공급을 해야 한다.

둘째, 교육의 경우 사교육이 필요 없도록 공교육 정상화 및 내실화를 위한 교육인프라에 대한 투자를 확대하고 고등교육 의무화 및 학비 없는 무료 정보통신기술(ICT) 전문학교 설립 등도 고려해야 한다.

셋째, 성인 돌봄의 경우 노인은 사회적 자산이므로 이에 대한 지원을 강화하고 전체 생애주기에 걸쳐 웰빙을 유지하고 개선하도록 서비스 지원을 확대하면서 사회적 활동이 어려운 장애인, 노인, 성인 등에 대한 돌봄 서비스의 질을 높이고 양적으로도 확충해야 한다.

넷째, 의료서비스의 경우 간병서비스를 확대하고 의사, 간호사 등 의료 인력을 확충하면서 공공 의료 서비스의 질을 높이고 생활 기반 지역 의료 서비스를 확대해야 한다. 위중한 환자들을 위한 고가의 치료제에 대해 건강보험을 적용하여 돈이 없어 적절한 치료를 받지 못하는 상황이 없도록 해야 한다.

추진체계

기본서비스의 추진체계는 매우 중요하다. 기본서비스가 진정으로 참여적 서비스가 되어 이용자가 서비스 관리에 참여하고, 국가가 공공서비스를 항상 직접 제공하는 것이 아니라 이를 지원하도록 전통적인 공공서비스 모델의 개선이 필요하다. 기본서비스는 '공적' 성격을 가지지만 공급 주체의 다양화와 경쟁을 통해 서비스의 질을 높이고 관료주의를 지양할 수 있다. 국가의 핵심적인 역할은 서비스 접근의 평등성 보장, 서비스 기준의 설정 및 시행과 평가, 자금 조성 및 투자, 긍정적 영향을 극대화하기 위한 관련 부문 간 기능 조정, 사회서비스 공급자에 대한 투명하고 철저한 품질 관리, 사회서비스 일자리를 좋은 일자리로 만들기 등으로 규정될 수 있다.

또한 기본서비스는 사회적 협동조합, 사회적기업, 자활기업이나 마을기업 등과 같은 지역 기반 사회적 경제주체들을 매개로 한 착한 공급자 시장과 착한 경쟁에 기반한 복지 전달체계를 구축해야 한다. 서비스의 체감도를 높이고 품질을 높이기 위해 어린이집이나 요양 시설 등 사회서비스 영역의 나쁜 공급자를 시장에서 퇴출해야 한다. 국가는 보편적 기본서비스의 질을 높이기 위해 공급 자격을 관리하고 공급인력을 체계적으로 교육하면서 사회서비스 일자리를 괜찮은 일자리로 만들기 위한 사회서비스 부문 개혁도 추진해야 한다.

조세제도 개편

재원 측면에서 보편적 기본서비스의 장점은 기존의 사회서비스를 확장하는 것이기 때문에 상대적으로 재정지출의 부담이 적고 단계적 추진을 통해 재정부담을 분산할 수 있다는 것이다. 또한 질 좋은 사회서비스에 대한 국민적 욕구가 크기 때문에 구체적인 정책 내용에 따라 국민의 조세저항을 줄일 수도 있다. 따라서 복지 인프라의 확충을 위해서는 복지 수준과 부담 수준을 연동시키면서 복지 친화적으로 조세 시스템을 개혁해야 한다.

필요에 따라 목적세인 '사회복지세' 도입 및 사회서비스 확대와 연계되는 현금성 지원예산 증가 억제 등도 고려해 볼 수 있다. 사회복지세를 도입하면 복지가 공짜 점심이라는 인식을 없애면서 복지 확대에 따른 도덕적 해이를 최소화하고, 복지 지출 수준과 그에 따른 부담 증가에 대한 합리적 논의가 가능해진다. 목적세는 예산 운영의 경직성과 복잡성, 자원 배분의 비효율성이 문제가 될 수 있지만, 세입과 세출의 연계를 강화하여 징수된 조세의 지출 용도가 투명하여 복지 재원의 충당과 지출에 대한 국민적 합의가 상대적으로 쉬울 수도 있다.

국민들은 세금은 내지만 자신에게 돌아오는 혜택이 별로 없고 정치인들의 쌈짓돈으로 혈세가 낭비된다고 생각하고 있다. 복지 지출의 미래 전망치에 근거해 필요한 세입을 투명하게 결정하여 사회복지세의 수준을 정해야 한다. 동시에 이를 재원으로 하는 '사회복지특별회계'를 만들어 지출 투명성을 높일 수도 있다. 사회복지세 도입과 함께 재정지출의 구조조정도 필요하다. 복지국가를 만들기 위해서는 복지국가에 맞는 재정지출 구조와 조세수입 구조를 정립해야 한다.

복지정책은 사회적 연대에 기반해 국민의 필요와 수요를 실질적으로 충족할 수 있어야 한다. 이 같은 관점에서 기본서비스 복지는 한국형 복지국가의 초석 마련에 기여할 수 있을 것이라고 믿는다.

한꺼번에 모두에게 현금을 뿌려 재정건전성을 악화시키는

기본소득 정책과 달리 기본서비스 복지는 점진적으로 국민의 필요에 따라 늘려갈 수 있기 때문에 재정건전성을 유지하면서 추진할 수 있다. 따라서 기본소득의 유혹을 과감하게 뿌리치고 출산, 보육, 교육, 의료, 주거 등과 같은 기본서비스 복지로 나아갈 것을 제안한다. 기본서비스 복지는 기존의 현금중심 복지제도를 혁신함으로써 가능하다.

다만, 앞에서도 언급한 바와 같이 우리의 경우는 북유럽 복지국가와는 달리 점진적으로 이에 접근해 나가야만 할 것이다. 기본서비스 가운데서도 분야별로 단계별 서비스를 공급하면서 소득수준에 따라 차등적 요금(저소득층에 대한 지원)을 부과하는 것부터 시작해서, 점차 서비스의 범위를 확대함과 아울러 요금 차이를 축소해 나가는 방안을 생각해 볼 수 있다.

이를 위해서는 보편적 기본서비스에 접근해가는 단계별 선별적 한국형 기본서비스 복지모델을 구축하고 유연하게 실천해 나가는 계획을 수립하는 작업이 요구된다. 이와 아울러 서비스의 질적 수준을 보장하기 위한 정교한 제도설계가 필요함은 두말할 나위 없다.

노동개혁으로 일자리 희망 만들자

임무송

Chapter 10

노동개혁으로
일자리 희망 만들자

고용참사, 눈물의 N포 세대

최상의 복지인 일자리가 부족하다. 미래에 대한 희망과 도전이 사라진 자리에는 절망, 포기 등 부정적인 단어가 넘쳐난다. 성장이 정체된 격차사회의 균열일터는 활력을 잃어가고 있다.

최악의 고용지표

문재인 정부 5년간 총 121조 4710억 원에 달하는 막대한 일자리 예산이 투입되었지만 고용지표는 최악을 가리키고 있다. 2021년 1월 고용동향을 보면 취업자는 전년 동월 대비 98만 명 감소하였고 실업자는 42만 명 늘어 157만 명에 달했다. 일시휴직자와 구직단념자도 167만 명을 기록했다. 2월 이후 예산이 투입되면서 지표상으로 취업자는 늘었으나 30대와 40대 일자리는 계속 감소했고, 확장실업자(공식 실업자에 잠재구직자, 잠재취업가능자, 시간 관련 추가 취업가능자까지 포함한 개념)는 사상 처음으로 400만 명을 돌파했다. 중기 추세를 봐도 현 정부 들어서 고용 사정은 계속 악화되었다. 2016년 이후 생산가능인구(15~64세)가 매년 10만 명 안팎으로 감소하고 있음에도 사실상의 실업자 수가 증가하는 역설적 현상이 나타나고 있다. 늘어난 취업자는 36시간 미만 취업자, 단순노무종사자, 60세 이상이 주를 이룬다. 제조업 일자리는 5년 동안 23만9000개 감소하였고, 3040 취업자는 연평균 1.5%씩 감소하였다. 괜찮은 일자리는 줄고 시원찮은 일자리만 늘어난 것이다.

시장에 역행하는 반시장적 노동정책으로 일자리가 줄어들자 이를 보완하기 위해 재정을 투입했지만 역부족이다. 일자리 예산 121조 원을 분야별로 보면 실업소득유지에 39%(47조6790억 원), 고용장려금에 26%(31조3110억 원), 직접일자리에 10%(12조2629억 원), 직업훈련에 9%(11조2101억 원), 창업지원에 11%(12조8880억 원), 고용서비스에 5%(6조847억 원)가 투입되었다. 고용노동부의 2020년 일자리사업 성과평가보고서에 따르면 지난해 정부 예산이 투입된 일자리 사업 145개 가운데 14개는 감액, 36개는 개선필요 평가를 받았다. 정부 스스로도 사업성과가 부진했다고 평가할 정도로 문제가 많다.

청년의 눈물

문 정부 초기 4년 동안 청년 세대의 일자리 성과는 역대 최악이다. 30대만 하더라도 30만 8000명이 감소했다. 문 정권이 툭하면 전 정권 탓을 하지만 박근혜 정부 동안의 21만1000명 감소와는 비교가 되지 않는다. 나머지 1년 동안 청년들의 일자리 사정이 나아질 것이라는 보장은 어디에서도 찾아보기 힘들다.

2021년 6월 고용동향에 따르면 구직단념자가 58만3000명으로 역대 최다를 기록했는데 그중 절반가량이 2030세대다. 직업교육을 받지 않고 일할 의지도 없는 청년 니트(NEET)도 증가세다. 현대경제연구원 발표에 따르면 지난해 니트족은 43만6000명으로 전체 청년의 4.9%에 달했다.

청년실업자도 늘어만 간다. 2021년 1~9월 청년확장실업률은 20.9~26.8%로 청년 4명 중 1명은 사실상 실업자다. 2021년 5월 통계청 발표에 따르면 청년 비경제활동인구 449만 명 가운데 취업준비생은 85만9000명으로 통계 작성 이후 최대치를 기록했는데 32.4%가 공무원 시험을 준비하고, 일반 기업체 취준생은 22.2%에 그쳤다. 청년 취업난은 언제 끝날지 기약 없건만 정부와 정치권의 대응책은 재정을 동원한 단기일자리, 주거·교통비 지급 아니면 대기업의 채용 약속 받아내기 등 구태의연하다. 필요한 것은 일자리인데 청년표심잡기용 선심성 사업만 걷

잡을 수 없이 늘어간다.

일자리 사정의 악화에 따라 젊은이들은 등록금, 취업난, 집값 등 경제적, 사회적 압박으로 인해 연애와 결혼을 포기하고 출산도 미루고 있다. 아예 취업마저 포기하고 노동시장에서 밀려나는 존재가 되어가고 있다. 청년이 포기하면 나라가 쇠락하기 마련이다.

시장에 반격당한 소득주도성장

최저임금 고율 인상은 일자리를 줄이고, 실업급여 관대화는 근로유인을 감퇴시킨다. 문 정부 경제정책의 세 바퀴 중 혁신은 규제의 덫에 갇히고, 공정은 '내로남불'로 퇴색했으며, 소득주도성장은 정책실패의 대표 사례가 되었다.

최저임금 1만 원

임금과 소득을 높여 경제를 성장시킨다는 소주성의 대표정책이 2020년까지 최저임금 1만 원 달성이었다. 하지만 2018년 16.4%, 2019년 10.9%로 가파르게 인상되자 2018년 취업자 수 증가가 전년 대비 9만7000명에 그치고, 생활물가는 올라가는 등 부작용이 잇따랐다. 최저임금발 고용 쇼

크는 자영업과 취약부문 저임금 근로자에게 집중되었다.

2년 사이에 최저임금이 30% 가까이 오르자 편의점, 식당 등에서 직원을 내보내거나 근로시간을 줄여 근로자의 임금소득이 최저임금 인상 전보다 감소하는 '보호의 역설'이 현실로 나타났다. 최저임금 인상이 고용을 줄이는 데 영향을 미쳤다는 증거가 없다며 버티던 정부는 정책을 급선회하여 최저임금 인상률을 2020년 2.87%, 2021년에는 역대 최저수준인 1.5%까지 낮췄다. 대선을 앞둔 2022년에는 코로나19 불황 속에서도 최저임금이 다시 5.1% 인상으로 돌아섰다. 정책이 오락가락하며 부작용이 컸지만 책임지는 사람은 아무도 없었다.

애초에 2017년 시간당 6470원인 최저임금을 2020년까지 3년 만에 1만 원으로 54.5%나 올린다는 것부터가 문제였다. 정책이 일관성을 잃으면서 신뢰를 상실한 것은 또 다른 부작용이다. 연공형 임금체계가 주를 이루는 기업 현실에서 최저임금 인상은 대기업 고임금 근로자의 임금이 더 많이 올라 중소기업과의 임금격차를 더욱 벌어지게 만들었다. 최저임금을 올려도 근로소득이 없는 빈곤가구는 소득이 늘어나지 않는다는 점을 간과했다.

정부의 대응도 비정상적이었다. 최저임금을 올려놓고 사업주에게 최저임금보조금을 지원하는 희한한 정책이 도입되었다. 최저임금 인상 효과를 상쇄시키기 위하여 산입범위를 확대하면서 정기상여금과 복리후생수당을 연차적으로 최저임금에 포함시켜 제도가 복잡해졌다. 우리나라는 실업급여 하한액이 최저임금과 연동되어 있어서 최저임금이 급등하면 실업급여 상·하한액이 역전되는 문제도 발생한다.

고용안전망 확충이 추진되고 있으나 고용촉진(activation)은 후퇴하고 있다. 문 정부에서는 실업급여의 보장성을 강화하고 고용보험 적용을 확대하는 한편 한국형 실업부조로 국민취업지원제도를 도입하였다. 하지만 구직급여에서 구직이 사라지고, 국민취업지원제도에는 취업이 보이지 않아 현금복지 급여로 변질되고 있다.

포퓰리즘 성격의 보조금 확대와 구직급여·구직수당 인상, 지급기간 연장 등 구직급여의 관대화가 진행되면서 수급자의 취업동기와 유인이 약화되고 반복수급자가 증가하는 등 의존성이 커지고 있다. 고용센터는 고용안정장려금, 코로나 지원금 등 각종 급여지급 업무가 폭증하면서 취업알선 기능이 약화되었다. 2021년 6월 말 기준으로 구직급여 수급자의 재취업률은 30.7%에 불과하다.

비정규직 제로의 예고된 실패

불합리한 비정규직 사용 규제가 비정규직 증가를 낳고, 청년의 취업기회를 줄이고 있다. 문재인 대통령은 취임 후 첫 행선지로 인천국제공항공사를 방문해 비정규직 제로(0)시대를 선포했다. 우리나라 노동시장에서 상대적으로 차별받는 비정규직을 정규직으로 전환함으로써 '공정하고 평등하고 정의로운 세상을 만들겠다'는 국정철학을 행동으로 보여준 것이다. 노동계는 "지금껏 경험해 보지 못한 새로운 세상이 펼쳐지고 있다"며 흥분을 감추지 못했고 이후 정규직 전환을 요구하는 비정규직들의 파업은 전국적으로 들불처럼 번져나갔다. 문 대통령의 지지율은 하늘 높은 줄 모르고 치솟아 취임 1년 내내 80%대를 웃돌았다.

하지만 문 정부의 비정규직 제로정책은 오히려 비정규직을 양산하는 역효과를 냈다. 정규직을 늘려 격차를 해소하겠다는 선한 의도로 펼친 정책이었지만 고용시장은 반대로 움직였다. 일부 선택받은 공공부문 비정규직만 혜택을 받았을 뿐 다른 비정규직들은 상대적 박탈감을 느꼈고 유연했던 일자리가 '철밥통'으로 바뀌면서 취업을 앞둔 청년층의 취업문은 더욱 좁아지게 됐다. 문 대통령의 '비정규직 제로'는 평등하고 공정하고 정의로운 사회를 가로막는 '나쁜 정책'이란 비판이 쏟아졌다.

정부가 직접 통제할 수 있는 공공부문에서 시작하여 민간부문으로 확산시킨다는 비정규직 제로정책은 공공부문에서 2020년까지 19만8000명의 정규직 전환을 이끌었다. 민간부문에서도 2018~2020년 근로감독 결과 1만여 명의 직접고용 시정명령이 이뤄졌다.

그러나 비정규직은 증가하고, 근로조건은 개선되지 않았다. 2021년 8월 기준 비정규직은 전년 같은 기간보다 64만 명 늘어난 806만6000명으로 사상 처음 800만 명을 넘어섰다. 전체 임금근로자 2099만2000명 중에서 비정규직이 차지하는 비중도 38.4%로 높아졌다. 문 대통령이 인천공항을 방문해 비정규직 제로를 선언했던 2017년 8월 32.9%였던 비정규직 비중이 4년 사이에 5.5%포인트(150만 명)나 늘어났다. 공공부문의 방만경영과 도덕적 해이를 방치한 채 밀어붙인 비정규직 제로정책은 비정규직 증가를 부추기며 청년들의 취업기회를 박탈했다.

노동시간 과잉규제

획일적인 주 52시간제가 근로자의 일자리와 소득을 감소시키고 기업경쟁력을 약화시키고 있다. 초과근로를 규제하는 방식은 미국에서처럼 할증임금을 통한 간접규제와 독일처럼 근로시간 총량을 규제하되 노사 자치를 인정하는 방식으로 나뉘는데, 우리는 △1주 단위 총량 규제(12시간) + △ILO 기준(25%)보다 높은 할증률(50%) + △형사처벌이라는 3중 규제를 취해 외국에 비해 매우 엄격하고 경직적이다.

문 정부는 근로시간 단축으로 일자리 50만 개를 창출한다는 대선공약 이행을 위해 집권하자마자 근로기준법을 개정하였다. 일감이 많은 사업장은 노사 합의에 의해 최대 주 68시간까지 가능했던 근로시간을 주 52시간으로 제한했다. 갑자기 줄이면 기업 경영에 타격을 입는다며 기업 규모별로 시차를 두고 단계적으로 근로시간을 줄이고 특별연장근로도 인정해달라는 중소기업의 요구는 대부분 묵살됐다. 30인 미만 사업장에 대해서만 불과 1년6개월간 8시간 특별연장근로를 인정하는 데 그쳤다. 노사 합의로 연장근로를 주 12시간 이상 할 수 있는 특례업종도 26개에서 5개로 대폭 줄이고, 유연근로시간제 활성화 요구는 받아들여지지 않았다.

노사 자치를 통한 유연화나 생산성 향상은 외면한 채 근로시간을 경직적으로 줄이고 휴일·휴가를 늘리는 조치가 초고속으로 진행되었다. 무리한 과속주행의 대가는 혹독했다. 기업의 생산활동이 차질을 빚고 일부 중소기업은 생존을 위협받는 상황에까지 이르렀다. 조업을 못 해 망하느니 차라리 법을 위반하고 처벌을 받겠다며 거세게 반발했다. 근로시간 제한으로 일하는 시간이 줄고 소득이 줄어들자 중소기업에는 인력이 이탈하는 부작용이 속출했다. 근로시간 단축으로 일자리를 창출하고 저녁이 있는 삶을 누리게 할 것이란 문재인 정부의 어설픈 희망은 저녁에 알바 찾아 나서고 투잡을 뛰어야 하는 현실로 바뀌면서 안개처럼 사라져 버렸다.

사태가 심각해지자 정부가 긴급대응에 나서 계도기간이라는 이름으로 근로시간 위반 처벌을 유예하고, 특별연장근로 인가를 확대하는 일회성 임시조치를 취했다. 경제사회노동위원회 합의를 뭉개던 국회도 뒤늦게 탄력근로제의 단위기간을 3개월에서 6개월로 늘리고 선택근로제의 정산기간을 확대하였다. 대선을 의식해서일까. 2021년 10월에는 주 52시간제로 어려움을 겪는 기업을 지원한다며 특별연장근로 기간을 90일에서 150일로 확대했다. 주 52시간제를 획일적으로 강제한 2018년 개정법에 문제가 있다는 것을 정부 스스로 인정하면서도 근본적인 보완조치 없이 임시미봉책을 또다시 꺼내든 것이다. 그러면서도 영세기업들이 몰려 있는 50명 미만 사업장에 대한 주 52시간제 적용은 당초 예정대로 강행했다. 정부가 규제를 최고의 가치로 삼는 것 아니냐는 의구심이 들 정도다.

이중구조 덫에 걸린 한국의 노동시장

우리나라 노동시장은 이중구조가 심화되고 있다. 경제 규모가 팽창하면서 대기업-중소기업, 정규직-비정규직, 유노조-무노조 간 임금격차는 더욱 확대되는 양상이다. 대기업들은 하청업체에 대한 하청단가를 인하하고 저임금 비정규직의 고용을 늘려 수익을 극대화하는 전략을 쓰고 있다. 또한 수출 대기업의 업황이 내수기업이나 중소기업보다 호조를 띠면서 수출 대기업 정규직 노조를 중심으로 과다한 내 몫 챙기기와 고용경직성이 강화되는 모습이다. 반면 고령화사회 진입과 서비스중심의 산업구조재편으로 인해 고용유연성이 높은 저임금 근로자 확대에 따른 노동시장 이중구조가 더욱 심화되고 있다.

노동시장의 이중구조

2020년 현재 우리나라 근로자 가운데 대기업(13.2%)에 다니면서 정규직(63.7%)이며 노조에 가입(26.1%)한 근로자는 전체의 8.1%(165만7000명)에 불과하다. 아래 오른쪽 그림 D에 속하는 근로자들로 우리 사회에서 기득권세력이다. 이들은 경제사회노동위원회, 최저임금위원회, 사회통합위원회 등 각종 정부위원회에도 노동계 대표로 참여해 정책입안을 조정하고 있다. 반면 이들과 대비되는 중소기업-비정규직-무노조 근로자들은 그림 E에 속한 근로자들로 그 비중이 전체의 30.2%(618만 명)에 달한다. 문재인 정권 첫해인 지난 2017년(27.0%)에 비해 3.2%포인트나 증가했다.

노동조합 조직률이 높은 대기업이나 공기업 정규직들은 제몫

노동시장 이중구조 실태(2020년)

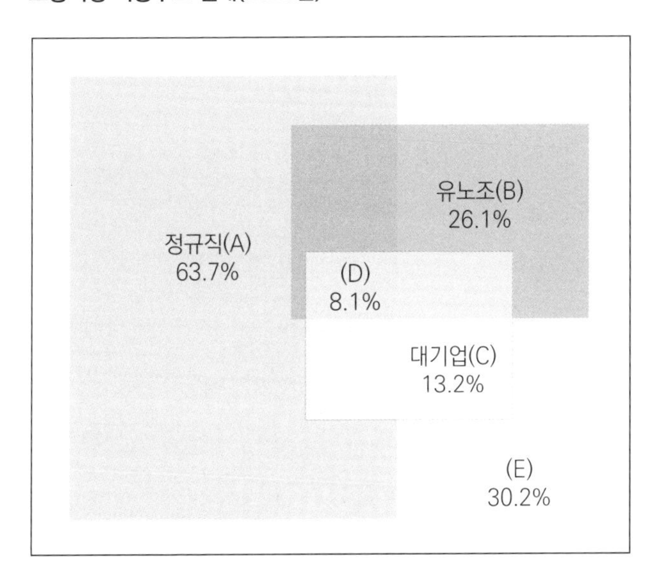

		D	E
근로자수 (천명)		1,657	6,180
월평균임금 (만원)		447	161
시간당임금 (원)		25,093	11,407
근속년수 (년)		12.8	2.2
사회보험	국민연금가입률	98.5	33.0
	건강보험가입률	99.6	45.3
	고용보험가입률	78.4	41.2
복지수준	퇴직금지급률	99.5	36.4
	상여금지급률	96.7	33.9
	시간외수당지급률	88.1	23.7
	교육훈련여부	98.6	29.0

찾기 투쟁을 통해 생산성 이상의 임금인상 요구안을 관철시키는 경우가 많다. 반면 노조가 없는 중소기업이나 비정규직 근로자들은 임금인상 요구 자체를 사치로 알 정도로 열악한 고용환경에 처해 있다. 위의 오른쪽 표에서 대기업 정규직 유노조 근로자와 중소기업 비정규직 무노조 근로자와의 임금격차 실태를 보면, 월평균 임금은 447만 원 대對 161만 원으로 무려 2.7배에 달한다.

여타 조건도 마찬가지로 현격한 차이를 보이고 있다. 사회보험가입률을 보면, 국민연금의 경우 D군이 98.5%인데 반해 E군은 33.0%로 3분의 1 수준에 불과하고 건강보험도 D군 99.6%로 E군 45.3%와 큰 격차를 보이고 있다. 퇴직금과 상여금 지급, 교육훈련 실시 등 다른 복지수준도 E군 근로자들은 D군에 비해 턱없이 낮은 상태다. 해고 보호가 잘 돼 있는 대기업-유노조-정규직 부문의 근속연수는 12.8년으로 중소기업-무노조-비정규직 부문의 2.2년에 비해 약 6배가 길다. 노동시장의 이중구조가 어느 정도 심한지를 체감할 수 있다.

이렇듯 극심한 이중구조하에서 비정규직이 정규직으로, 중소기업에서 대기업으로, 민간부문에서 공공부문으로의 이동이 가로막혀 있다. 이는 불평등으로 인한 사회적 위화감을 높이고 경직성으로 노동시장의 역동성을 떨어뜨린다. 그리하여 청년들의 채용에도 악영향을 미치고 있는 것이다.

노동시장 이중구조는 노사관계 이중구조 반영

우리나라 노조원은 어느 정도의 수익이 보장되는 자동차, 조선, 철강, 방송, 통신, 은행업 등 독과점산업과 공기업에 주로 몸담고 있다. 노조 교섭력에 따라 근로조건이 크게 달라질 수 있는 업종이어서 노동조합의 투쟁이 수시로 벌어지는 곳들이다. 반면 기업 규모가 작은 중소기업에서는 노동조합이 별로 없다. 지급능력이 없다 보니 근로자들이 노조결성을 하지 않는 것이다. 노조가 결성돼 집단행동을 통해 더 많은 파이를 요구해도 중소기업 사용자들은 "배 째라"로 대응하는 경우가 많아 중소기업 노동자들은 아예 노조를 결성할 엄두를 내지 못한다. 이러다 보니 대기업과 공기업의 노조조직률은 높고 중소기업 조직률은 낮은, 노사관계의 이중구조 현상이 나타나는 것이다.

이는 고용노동부의 규모별 노조조직률 자료에 의해 실증적으로 증명된다. 민간 기업의 규모별 노동조합조직률을 보면 300인 이상 대기업은 54.8%에 달한 반면 30인 미만 기업은 0.1%에 불과하다. 300인 이상 대기업 근로자는 절반 이상이 노조에 가입한 반면 30인 미만은 1000명당 1명꼴로 가입한 셈으로 기업 규모가 작으면 작을수록 노조 활동이 어렵다는 점을 보여준다. 부문별 노조조직률을 보면 공공부문의 조직률이

70.5%로 민간부문 10.0%에 비해 7배나 높아 공공부문이 우리나라의 노동운동을 주도하고 있는 것으로 나타났다.

기업규모별 노조 수는 30명 미만이 40.7%를 차지하나 조합원 수는 1.1%에 불과한 반면, 300명 이상은 노조 수가 13.5%, 조합원 수는 87.8%에 달한다. 조직형태별로는 초기업노조(조합 수 524개소, 조합원 비중 58.3%)가 기업별 노조(조합 수 5632개소, 조합원 비중 41.7%)보다 조합원이 더 많은 것으로 나타났다. 전체 임금근로자의 노조가입률은 12.5%이며 고용형태별로는 정규직이 18.4%로 비정규직 3.3%에 비해 훨씬 높다.

권력이 된 붉은 조끼

노동권력·연공급이 부추긴 이중구조

1987년 이후 민주화바람을 타고 확산된 노동운동은 대기업 정규직 중심의 내부노동시장을 더욱 경직되게 만들며 '고비용 저효율' 생산 구조를 유발해 기업들을 압박했다. 노동운동의 내부 개혁과 노동시장 유연화에 대한 국민적 요구가 거셌지만 대기업 노동조합들은 아예 귀담아듣지 않고 내 몫만 챙기는 집단이기주의 운동노선을 걸었다.

물론 선진국에 비해 취약한 사회안전망도 노조의 집단이기주의를 부추긴 측면이 없지는 않았다. 자녀 교육, 주택, 의료, 부모 부양 등을 해결해야 하는 노동자 입장에서는 고율의 임금인상이 불가피했기 때문이다. 그럼에도 노동조합의 내몫찾기는 정상적인 궤도를 이탈한 수준이었다.

1997년 국제통화기금(IMF) 체제는 기업들의 군살빼기 경영과 노동조합의 임금인상 및 고용안정 요구를 촉발하면서 노동시장의 이중구조 고착화에 불을 댕겼다. 재무적 성과에 관심이 높아진 기업들은 간접고용과 비정규직 확대, 정규직 구조조정으로 눈을 돌려 비용 절감과 인력 운용의 유연성을 높여나갔다. 이는 노동시장의 이중구조를 촉진하고 임금 격차를 확대하는 요인으로 작용했다. 비정규직의 확대와 평생직장의 해체는 개별 기업의 생산성을 높이는 인력관리전략이지만 근로자 입장에서는 고용불안과 불평등 확대였다.

고용이 불안해진 대기업 정규직 노동자들은 내부노동시장에 대한 개입과 통제를 더욱 강화해갔다. 임금체계의 개편이나 배치전환, 직접적인 고용조정 문제만이 아니라 고용에 영향을 줄 수 있는 기술도입·투자결정·해외공장이전에 이르기까지 주요 경영사항에 대해 노사 합의를 요구했고 많은 대기업들은 집단행동을 통한 노조 요구를 거절하지 못해 이들 조항을 단협에 명시했다. 노조의 경영개입으로 인해 대기업 정규직 노동시장의 벽은 높아졌고 노동비용과 해고비용은 더욱 상승했다. 여기에 협력업체에 대한 원청업체의 지속적인 경영개입과 단가인하 압력은 이중구조를 심화시키는 요인으로 작용했다. 연례행사처럼 파업을 경험했던 현대자동차의 노사협상은 업황이나 협력업체의 임금 수준은 거의 고려되지 않고 주로 경영성과를 근거로 체결됐다.

한국 노동시장의 이중구조를 가중시킨 또 하나의 요인은 임금체계다. 호봉제로 불리는 연공급 중심의 임금체계는 노동시장이 이중구조화되는 데 핵심 요인으로 작용했다. 직장 경력에 따른 임금격차는 OECD 국가 가운데 한국이 가장 심하다. 생산직의 연공급 임금체계는 민주화 이후 노사교섭을 통해 일반화되었는데 호봉 상승을 위한 고과평가제도는 폐지됐고 임금 수준이 나이에 따라 달라지는 연령급처럼 운영되고 있다. 노동조합의 요구로 확산된 연공급 임금은 숙련형성과 능력평가를 왜곡시켜 왔다. 대기업 정규직으로 한번 채용되면 임금은 저절로 올라가고 웬만한 잘못이 없는 한 해고되지 않는다. 대기업 정규직 노조원들이 노동귀족이란 비판을 받는 이유다.

이러한 내부노동시장의 경직성은 고용시장을 위축시키며 기업 경쟁력의 발목을 잡았다. 기업들은 노동시장의 경직성 때문에 한번 채용하면 해고하기 힘든 정규직 채용을 줄이고 비정규직 고용을 선호하고 있다. 일부 노동전문가들은 이중구조 해결을 위해 산별교섭체제로 전환해야 한다고 주장하지만 그렇다고 이 문제가 해결되기는 쉽지 않다. 20여 년간 금융·보건·금속산업에서 산별교섭이 시도되어 왔지만 노동조합이나 회사나 모두 기업별 교섭을 더 중시했다. 평균 연봉 1억 원에 가까운 현대차 노조가 하청업체 근로자의 임금을 많이 올리고 원청인 현대차의 임금은 낮게 인상하는 하후상박의 연대임금 인상안을 제의하기도 했지만 노사 간 협상테이블의 주요 안건으로는 오르지 못했다.

전투적 실리주의 노동운동

노동조합의 대표적인 역할은 조합원을 위한 임금 및 단체교섭 활동이다. 노동조합은 연대와 단결을 기본원리로 한다. 그러나 조합원 구성이 폐쇄적이고 우리와 같이 기업별 체제인 경우에는 노조가 소집단 기득권 수호의 방패가 되어 지대(rent)를 추구하면 노동시장 이중구조화, 나아가서는 사회양극화 확대의 주역이 될 우려가 상존한다.

우리나라 대기업 노조는 집단행동을 통해 내 몫을 극대화하는 전투적 실리주의 노선을 걷는다. 노동자 간 연대를 주장하는 대기업 노조들이지만 협력업체나 비정규직 근로자의 노조 가입을 봉쇄하기 일쑤이고 자동차 제조 노조의 공장 간 물량조정 갈등과 폭행사태, 건설 노조 간 일감다툼과 유혈 충돌도 전국 곳곳에서 수시로 목격된다.

노사관계 지표를 보면 우리나라 노사관계 수준이 어느 정도인지를 가늠할 수 있다. 고용노동부에 따르면 노사분규 건수와 근로손실일수는 2020년 105건 55만4000일로 지난 2017년 101건, 86만2000일과 큰 차이가 없다. 그러나 선진국에 비해선 여전히 투쟁 성향이 강하다. 지난 2009~2019년 파업으로 인한 임금근로자 1000명당 연간 근로손실일수가 38.7일로 일본의 0.2일보다 193.5배나 높은 것으로 나타났다.

노동조합 조직률이 하락하고 전투적 노동운동이 대중의 외면을 받지만 여전히 갈등적 투쟁적 노사관계가 판을 치고 있다. 현장에서는 법질서를 무시한 집단행동이 잇따르고 있다. 점주를 사망에 이르게 한 택배노조의 집단 괴롭힘, 당진제철소 통제센터 52일간 점거, SPC삼립 청주공장 출하 저지 및 48일간 파업 충돌, 국회 담장 붕괴 시위, 방역지침 위반 불법집회, 관공서 불법진입 등 공권력을 무시하는 탈법행위가 끊이지 않는다. 아직도 우리나라 노동운동은 일반 근로자들의 근로조건 개선보다 일부 노조간부들의 정치적 도구로 이용되고 있는 경향이 강하다.

MZ세대 노조설립 붐, 새바람인가

기성세대 노조의 행태에 실망한 MZ세대의 제3 노동조합 설립 붐이 IT에서 시작되어 제조, 서비스, 교육, 공기업 등으로 확산되고 있다. 화이트칼라 사무직이 주도하는 MZ노조는 경력이 짧은 20~30대가 위원장을 맡는 곳이 많다. 양대 노총과는 거리를 두고, 노동운동의 문법도 기성세대와 달라 조합 결성과 소통에 온라인 커뮤니티나 소셜미디어를 활발하게 이용한다. 현장의 상황을 개선해줄 실질적인 해결책에 집중하고 공정과 합리의 가치를 중시하며, 정치적 구호나 활동에 대해서는 거리를 둔다.

공정DNA로 무장한 MZ세대가 몰고 온 새로운 노동운동은 한국 노사관계에 변화의 새바람이 될까, 아니면 엘리트의식과 소집단 이기주의에 천착하면서 찻잔 속의 태풍으로 그칠까. 현재까지는 조합원 수의 부족으로 과반수 노조의 교섭대표권이라는 벽에 막혀 있고, 교섭단위 분리도 인정되지 않고 있다. 구성원과 리더의 경험 부족, 과도한 임금인상 요구의 역풍 가능성 등 넘어야 할 산도 많다. 하지만 분명한 것은 대립과 갈등으로 점철된 한국 노사관계에 신선한 변화의 바람을 일으키고 있다는 점이다. 시간이 갈수록 MZ세대가 주류로 자리 잡으면서 세대교체가 시대교체로 이어질 수 있을 것이다.

노동개혁은 선택이 아닌 필수

새로운 미래로 나아가려면 온 국민과 미래세대의 관점에서 방향을 설정하고 익숙한 현재와는 이별을 고해야 한다. 제4차 산업혁명 대전환의 시대에는 변화하지 않으면 보다 나은 미래를 만날 기회도 없다. 청년세대의 포기를 희망으로 변화시키기 위해 노동개혁은 선택이 아니라 필수다.

유연화, 다양화로 리셋하기

제4차 산업혁명 대전환의 시대에 적응하려면 국가 주도에서 노사 자치로 확실히 전환하고, 산업화시대의 규범과 질서를 파괴적으로 혁신하여 디지털시대에 맞게 리셋(re-set)하고, 다시 시작(re-start)하는 시대전환이 필요하다.

유연화, 다양화, 개별화를 특징으로 하는 디지털시대 일하는 방식은 대량생산 체제를 중심으로 한 산업화시대의 그것과는 달라야 한다. 일본은 이미 2018년에 '일하는 방식 개혁법률'을 통해 근로시간과 임금제도를 개혁하였다. 우리나라도 장시간 근로와 연공형 임금체계에서 벗어나야 한다. 연간 실근로시간은 줄이되 근로시간 총량 한도 내에서 업종, 기업, 직무의 특성에 따라 유연하게 운용할 수 있도록 노사의 시간주권

(time sovereignty)을 보장해야 한다. 연장근로 한도를 1주 단위에서 월, 분기, 연 단위로 운용하고, 유연근로시간제 규제를 완화하여 노사 자치를 확대하며, 연봉 1억 원 이상 고임금 전문직에 대해선 근로시간 규제를 면제한다.

노사관계에 대한 국가의 직접적 개입은 최대한 자제하고, 노사 자율과 책임에 의해 운영하도록 하는 것이 바람직하다. 예컨대, 노동조합 설립은 신고제도를 등록제도로 개선하여 누구나 자유로이 노동조합을 설립할 수 있도록 하되 조합원에 의한 내부통제와 시민에 의한 민주적 외부통제가 효과적으로 이루어질 수 있도록 한다. 노조 운영의 투명성을 확보하기 위하여 회계에 대한 외부감사제 및 노동위원회 등록제를 도입하고, 대규모 노조는 감사 결과를 인터넷에 공개하도록 한다.

관료화, 비대화 등의 문제점을 안고 있는 사회적 대화 기구와 고용노동정책의 거버넌스를 새로운 정치환경과 시대 과제에 맞추어 재편할 필요가 있다. 경제사회노동위원회는 유연하고 개방된 사회적 대화의 플랫폼으로 바뀌어야 한다. 고용노동부의 노동위원회와 노동정책실의 역할 구분, 산업안전보건본부와 안전보건공단의 유기적 통합, 고용센터와 인력공단·한국고용정보원의 연계, 고용부의 고용정책·직업능력개발부서, 복지부의 사회복지정책, 교육부의 고등교육·평생교육의 연계·통합 등 행정개혁도 시급하다.

갈등의 악순환에 빠져 있는 최저임금위원회는 공익전문가로 구성된 임금위원회로 개편하여 공무원과 공무직 임금, 최저임금, 노임단가 등 임금정책을 통합적으로 관리할 수 있는 체제를 구축한다. 최저임금 조정은 산식(formular)을 법정화하여 소모적인 갈등을 줄이고, 위원회는 매년 최저임금이 노동시장에 미치는 영향을 모니터링하여 국회에 보고하도록 한다.

노동운동 내부혁신과 임금체계 개편

노동시장의 이중구조 심화로 고용위기가 심화되는 상황에서 노동운동의 집단이기주의는 경제의 균형발전을 위해서도 좋지 않다. 대기업 정규직 노조가 교섭력을 믿고 제 밥그릇 챙기기에만 몰두한다면 노조의 설 땅은 좁아질 것이다.

대기업 정규직 노조는 노동시장 내에서 일정한 지위, 안정된 직장, 어느 정도의 임금과 근로조건이 보장된 기득권세력이다. 노동시장 이중구조를 개선하기 위해선 이러한 시장의 강자들이 노동시장의 경직성을 깨고 외부 노동자들의 근로조건 개선에 눈을 돌릴 필요가 있다. 이를 위해선 노조 내부의 혁신이 필요하다. 사회개혁적 노동운동이란 명분을 내세워 길거리 투쟁만을 일삼을 게 아니라 국가경제 주체의 한 축으로서 상생의 노사관계와 노동조합의 사회적 책무에도 신경을 써야 할 때다.

외환위기 이후 고용형태의 다양화, 아웃소싱의 확대로 외부 노동시장의 규모가 크게 팽창했지만, 대기업 정규직 노조는 조합원만의 임금극대화와 고용보장에 교섭력을 집중하면서 일반 노동자들의 지지를 잃어왔던 게 사실이다. 지금의 노동시장 이중구조가 집단이기주의와 함께 산업구조변화 등 여러 요인에 의해 심화된 점을 감안하면 노동개혁의 과제는 노동운동의 내부혁신뿐 아니라 연공급 중심의 임금체계와 교육훈련체계 개편, 경직된 노동시장의 유연화 등이 함께 이뤄져야 한다.

기업 중심 노동시장의 핵심 과제는 호봉제로 대표되는 연공형 임금체계 개편이다. 임금체계를 연공형에서 직무형으로 전환하고, 직무의 가치와 성과에 대해 보상함으로써 보상의 공정성을 높여야 한다. 연공 중심의 임금체계를 직무와 숙련을 중시하는 임금체계로 전환해야 일자리 창출과 비정규직 문제 해결에도 도움이 된다.

고용은 유연화, 차별은 금지

디지털시대에는 획일성이 전체주의로 흐를 위험을 경계하고, 다양성이 창조적 혁신의 원동력이라는 점을 기억해야 한다. 비정규직 제로화 같은 비현실적인 허상을 좇아 일자리를 없앨 것이 아니라 불합리한 남용을 방지하고 차별을 시정하는 데 주안점을 두어야 한다. 획일적이고 강제적인 규제가 아니라 시장원리를 활용하여 차별을 시정함으로써 고용과 근로조건을 실질적으로 개선하는 방향으로 정책을 전환해야 한다. 사회적 약자 보호 정책을 추진할 때는 고용에 부정적 영향을 미치지 않도록 고용중립성에 유의해야 한다. 비정규직 사용 사유를 직접 규제하는 것보다는 불합리한 차별적 처우에 대한 규제를 강화하는 것이 효과적인 접근방법이다. 우선 비정규직법을 개정하여 기간제·단시간·파견직의 차별 비교대상을 확대하고, 차별의 합리적 사유 인정범위는 축소하도록 한다. 나아가 현재 근로기준법, 인권위원회법, 비정규직법, 장애인차별금지법, 연령차별금지법 등 개별법마다 달리 규정하고 있는 차별 인정기준과 구제방법 등을 통일하여 가칭 '고용상 차별금지기본법'을 제정할 필요가 있다.

개방조항 허용

기술혁신에 따른 산업구조 변화와 일하는 방식의 혁신은 필연적으로 조직과 직무의 변경과 고용조정을 수반하게 된다. OECD 평가에 따르면 우리나라 해고제한법은 회원국 중에서 중간 수준이나, 대기업·유노조·정규직은 단체협약에 의해 과보호되는 반면, 중소기업·무노조·비정규직은 사회적 보호를 강화할 필요가 있다. 최근 대법원 판례에서도 인정한 저성과자나 직무능력 결여자에 대한 일반해고를 법률에 명문화하는 것이 필요하다. 경직성보다 나쁜 것이 불확실성이다. 징계해고와 일반해고 유형별로 그 기준과 절차적 요건을 명확히 하고, 노동위원회의 분쟁조정서비스를 강화하는 것이 필요하다.

임금, 근로시간 등 근로조건의 조정을 통하여 기능적 유연성을 확보할 수 있도록 취업규칙 제도가 바뀌어야 한다. 근로자대표제 개편을 전제로 현행보다 근로자에게 불리하게 바꿀 때 근로자 과반수의 동의를 받도록 한 취업규칙 변경 절차는 근로자대표로 구성된 직장위원회의 동의를 받도록 개선하는 것이 바람직하다.

노동기준과 노사관계에 대하여 획일적 기준을 강제하는 방식의 직접적 국가 개입을 자제하고, 노사가 힘의 균형을 이루어 자율적으로 문제를 해결할 수 있도록 공정한 규칙과 절차를 설정하는 데 주력해야 한다. 예컨대 통상임금, 근로시간 등 집단적 근로조건을 설정할 때 과반수대표노조나 직장위원회와 합의하면 법정기준과 달리할 수 있도록 허용하는 개방조항(open clause)을 근로기준법 등에 규정하는 것이다. 고용상 차별을 판단할 때도 노사가 합의하여 그 기준을 정했다면 절차적 정당성을 존중해 정부나 법원이 실체적 합리성 판단을 생략하는 제도를 도입할 필요가 있다.

보편적인 국제기준에 맞추어 근로조건에 관한 쟁의행위는 허용하는 한편, 파업 시 대체근로도 외국과 같은 수준으로 허용한다. 사업장 점거행위는 부분적·병존적인 경우에도 일절 허용하지 않도록 한다.

위기에 처한 민주공화국 구하기

김대호

Chapter 11

권력은 혁명세력처럼 행사하고, 책임은 도적집단처럼 회피

대한민국은 6·25 이후 수많은 위기를 겪었지만 지금처럼 국가의 생존과 자존, 국민의 자유와 재산, 인구·연금·재정·지방·산업·교육 등 다방면의 지속가능성 위기가 한꺼번에 밀어닥친 적은 없었다. 외교안보 위기, 경제고용 위기, 정신문화 위기, 사회적 신뢰와 통합 위기, 민주주의·시장경제·법치주의·의회주의 위기, 시민적 덕성과 공동체의식 위기 등 치명적인 위기들이 쓰나미처럼 밀어닥치고 있다.

모든 위기의 중심에는 변화와 개혁 인도·견인 능력을 상실한 정치가 있다. 정당과 정치리더십과 열성지지층 등 정치 주체들의 소명상실, 본말전도, 시대착오, 무능부실이 자리하고 있다. 단적으로 대통령과 유력 후보, 당 대표와 국회의원으로 대표되는 정치리더십이 점점 저열해지고, 정치적 공방전 수준도 바닥을 모르고 추락하고 있다. 이는 집권세력의 시대착오적인 철학, 가치, 이념에서 주로 연유하긴 하겠지만, 야당들과 그 지지층의 가치, 이념과 권력구조·선거제도·정당체제 등을 규율하는 정치관계법의 부실 등이 삼중 사중으로 중첩되어 있을 것이다.

촛불시민혁명의 체현자로 선언한 문재인 정권이 해결을 호언한 불평등, 양극화, 일자리, 저복지(복지국가), 저출산, 지방균형발전, 북한비핵화, 한반도평화, 국민기본권 신장, 국민중심의 민주주의와 국민이 주인인 정부 등 중차대한 과제는 5년 차 후반기임에도 평가도 비판도 자랑도 없다. 문 정권은 역대 정권들이 지지층의 반대를 무릅쓰고 시늉이라도 낸 국정과제, 즉 경제(재벌)개혁, 규제개혁, 노동개혁, 연금개혁, 공공개혁, 교육개혁, 사법개혁, 예산개혁 등은 아예 개혁 시늉조차 하지 않았다. 가장 야심차게, 그것도 초당적 대처 원칙을 무시하고 우악스럽게 처리한 남북관계와 북핵문제는 오히려 더 악화되었다.

문 정권과 그 지지세력은 1987년 이후 형성된 민주진보(여) 대 자유보수(야)의 정치적 대립·경쟁 구도를 촛불혁명세력 대 청산·궤멸시켜야 할 구체제의 대립·경쟁 구도로 바꾸려 하였다. 이를 개혁-적폐, 정의-불의, 민주-독재, 항일-친일(토착왜구), 정사正邪, 선악善惡의 대결 구도로도 변주하였다. 이 구도하에서는 민주주의의 근간인 상호 이해와 존중이 들어설 공간이 없다. 그나마 180석 절대 다수 의석을 차지한 이후로는 여야 간 대화와 타협조차 걷어차 버렸다.

문 정권은 권력을 틀어쥐고는 국가기관과 공공기관의 자리, 예산, 사업·취직·입학·승진·보직 기회는 혁명세력처럼 탈법적, 파당적으로 독식하고, 국가경영에 필요한 공정·탕평 인사와 정책에 수반되는 책임, 의무, 부담은 도적·조폭·마피아 집단처럼 회피하였다. 다시 말해 기존 질서와 문화는 혁명세력처럼 때려 부쉈지만, 새로운 체제와 문화를 건설할 의도나 사상이나 기획이 없기로는 '먹튀'를 능사로 아는 마적단이나 아프리카 군벌과 다를 바 없었다. 이렇듯 문 정권이 이룬 성과는 단 하나도 말하기 힘들게 만들었지만, 집권 5년 차 후반기에도 대통령 직무수행 긍정률은 35%를 넘어 역대 최고를 기록하고 있다.

1990년 3당 합당 이후 한국 정치는 양당·양강 경쟁 구도가 고착되었고, 그 구도하에서 가장 비용 대비 효과적인 승리 전략인 지지층의 분노, 증오, 혐오를 증폭 동원해 왔다. 그에 맞춰 열성 지지층은 온·오프라인 광장에서 총칼만 안 든 내전을 벌여왔다. 그럼에도 불구하고 역대 정권들은 최소한의 염치와 정치도의가 있어서, 적어도 집권하고부터는 지지층만의 대통령이 아니라 국민 전체의 대통령이 되려고 노력하였다. 하지만 문 정권은 이런 역사와 전통을 완전히 외면하였다. 그 어떤 정권보다 철저히 지지층만의 이해와 요구를 대변하려 하였다. 불편한 개혁 과제는 모른 체하거나 미루거나 떠넘기거나 남 탓으로 일관하였다. 그러면서도 역사를 왜곡하고 사실을 은폐하고 언어를 조작하여 정치적 증오심과 적대감을 동원하려 하였다. 그 결과가 '적폐청산'이라는 이름으로 부활한 조선식 '사화정치'요, 극심한 정치갈등과 국민분열이요, 모든 개혁 담론의 실종이요, 무책임하고 비열한 대통령의 임기 말까지 지속되는 가공할 지지율이다.

정권의 공과에 대한 평가를 바탕으로 계승과 단절을 공언하기 마련인 대통령 선거전에서도, 여당 후보는 대통령의 높은 지지율과 본인의 치명적인 사법처리 위험을 의식해서인지 정권에 대한 평가도, 계승도, 단절도 얘기하지는 않는다. 오로지 야당 후보 가족의 부정비리를 파헤치고, 소수에게 뺏어서 나눠준다는 공짜·도적 심리에 호소하며, 기본소득, 지대개혁 등 뭔가 새로워 보이는 얘기를 한다. 그럼에도 불구하고 정권재창출을 충분히 넘볼 수 있는 30%대의 지지율을 기록하고 있다. 이는 대안 야당세력의 무능·부실의 산물이자, 시민적 지성과 덕성 위기의 바로미터이며, 민주공화국 위기의 집약일 것이다.

중우정과 폭민정에 문을 활짝 연 국정운영

문재인 정부 출범 2개월 뒤 나온 A4용지 193쪽의 '문재인 정부 국정운영 5개년 계획'은 문 정부의 철학, 가치, 정책기조를 집약한 문서다. 모호한 말, 좋은 말, 모순적인 말이 즐비하지만, 문 정부의 역사(시대)인식, 국가관, 시장관, 민주주의관, 정의관 등을 충분히 유추할 수 있다. 사용한 단어 빈도를 보면, 공공 192번, 공정 102번(불공정 20번), 민주주의 54번, 국민주권 27번, 촛불 17번, 촛불시민혁명 8번, 촛불민주주의 4번, 국민의 시대 9번이 나온다. 그런데 자유민주주의라는 단어는 단 한 번도 나오지 않는다.

이 문서는 '문재인 정부 출범 의의'를 △국민의 시대 개막 △새로운 국민의 등장: 실질적 주권자로서의 국민 △국가 중심의 민주주의에서 국민 중심의 민주주의로 집약하였다. 이어 '2016년 촛불시민혁명은 국민이 더 이상 통치의 대상이 아닌 나라의 주인이자, 정치의 실질적 주체로 등장하는 국민의 시대 도래를 예고한다'고 하였다. 국민 중심의 민주주의는 선거나 대표자 위임에 국한되지 않고 '나로부터 행사되고, 어디에나 행사되며, 늘 행사되는' 주권자 민주주의의 실현을 의미한다고 하였다. 또한 산업화와 민주화 이후의 시대정신은 정의(justice)로서, 문재인 정부의 가장 중요한 과제는 정의의 기반 위에 나라다운 나라를 만드는 것이라고 하였다.

문재인 정부가 촛불 시민혁명과 국민 중심 민주주의를 강조하는 것은 이전 집권세력을 촛불혁명 정권이 쓸어내야 할 앙시앙레짐, 즉 적폐로 보기 때문이다. 국민중심 민주주의와 국민주권을 강조했지만, 이 역시 충분한 숙의에 입각하여 주민 과반수의 의사를 묻는 주민총회(타운미팅), 주민투표와 국민투표를 활성화하겠다는 것이 아니라, 단지 광장 집회에 모인 촛불시민의 함성을 법과 정책으로 만들겠다는 것이다.

상식적으로 이런 인식하에서는 자유민주주의의 근간인 권력분립, 법치주의, 의회주의(대의민주주의)가 들어설 공간이 없다.

문재인 정부는 집권 4년 반 동안 풀뿌리를 자처하는 친여 성향의 시민단체에 예산과 일감을 몰아주긴 했지만, 직접민주주의의 요체인 주민자치 및 지방자치 발전을 위한 그 어떤 노력도 하지 않았다. 단지 '촛불시민=주권자'라는 등식을 만들어, 정권의 정통성을 과시하고, 정권의 일방독주를 정당화하는 용도로 썼을 뿐이다.

민주주의는 국가 중심의 민주주의와 국민 중심의 민주주의로 대별되지 않는다. 선거나 대표자 위임에 국한되지 않고 '나로부터 행사되고, 어디에나 행사되며, 늘 행사되는' 이른바 주권자 민주주의는 가능하지도 바람직하지도 않다. 민주공화국의 민주주의는 직접민주주의가 아니라 대의민주주의가 기본이다. 직접민주주의는 결정에 필요한 정보, 지식, 숙의, 이성이 부족할 수밖에 없기 때문이다. 다만 대의민주주의의 그늘을 해소하기 위해 직접민주주의로 보완할 뿐이다.

문재인 정부의 국가 비전은 '국민의 나라, 정의로운 대한민국'인데 △국민이 주인인 정부 △내 삶을 책임지는 국가 △고르게 발전하는 지역(풀뿌리 민주주의를 실현하는 자치분권 전략) 등에서 특유의 정치관, 민주주의관, 시장관을 피력하였다. 시장과 사회를 '무한경쟁과 각자도생의 논리'가 지배한다고 보고, 시장만능주의 확산으로부터 '불평등과 격차 확대, 공공성 약화 현상'이 초래된다고 본다. 시장과 사회를 무한경쟁, 각자도생 프레임으로 진단한다면, 공공성 강화의 주체인 국가와 그 수단인 규제, 형벌, 예산과 공공기관에 의존할 수밖에 없기에, 철학과 가치 자체가 '국가주의=권력만능주의'에 크게 경도되어 있다고 보아야 한다.

요컨대 문 정부의 국정운영 5개년 계획이 보여주는 시장과 사회에 대한 편향적, 일면적 이해와 민주주의에 대한 몰이해는 고대 그리스와 프랑스혁명에서 확인된 민주정의 고유한 위험, 즉 중우정과 폭민정을 불러들이는 문을 활짝 열어젖혔다고 해도 과언이 아니다.

정치과잉과 국가과잉 구조

대한민국 헌법 정신의 핵심인 민주공화국, 법치주의, 권력분립, 혼합정체(군주정, 귀족정, 민주정의 결합), 보충성의 원칙, 자유민주주의, 자유시장경제 등은 우리 것이 아니다. 서구(유럽과 미국) 토양에서 발아하고 성장한 것이기에, 한반도와 조선·한국의 지리적, 역사적, 문화적 토양에서는 변질, 왜곡 소지가 있기 마련이다. 다시 말해 귤화위지橘化爲枳라고, 서구에서 잘 자라는 귤이 한반도에 들어와서는 탱자가 될 소지가 크다는 것이다. 따라서 귤을 탱자로 만드는 유인력 내지 조건을 파악하여 보정하지 않으면 안 된다. 헌법 정신과 제도의 변질, 왜곡을 막기 위해서는 유럽, 미국, 일본에서는 할 필요가 없는 정치적, 제도적, 문화적 보정을 통한 국산화, 토착화 작업이 필요하다는 얘기다.

국가(중앙정부+지방정부+공공기관)는 정치공동체의 공공사무를 처리하는 사람과 제도의 총체다. 국가는 개인·가족, 마을·지방(local), 사회(공동체), 시장·민간기업이 처리하기 힘든 공공사무 혹은 생산·공급하기 힘든 공공재를 생산·공급하는 것이 본령이다. 역사적으로 국가의 '공공사무=공공재'는 정치공동체를 외적이나 자연재앙으로부터 지키고, 질서(법, 제도, 규제)를 유지하며, 사회간접자본(강둑, 저수지, 도로, 철도, 운하, 항만, 공항, 통신망, 공원, 화폐, 도량형 등)을 공급하는 것이다. 근대국가는 여기에다가 인간의 생애주기에 따른 위험을 완충하는 복지(사회안전망)를 확대·강화하였다. 이를 위해 법과 규제를 수립하여 자원(세금, 자산, 인력 등)을 강제로 수취(수용, 징발, 징집)하고, 어길 시 형벌을 가했다. 공공사무의 내용·범위와 공공재의 생산·공급 방식은 나라와 시대에 따라 천차만별이다. 또한 지배적인 정신문화와 통치이념에 따라, 국가(중앙정부), 지방정부, 마을, 기업, 시장 등의 요구, 능력과 이를 구현하는 과학기술에 따라 달라져 왔다.

국가의 강제는 곧 피치자의 자유와 자치의 양도이기도 하다. 다수 대중이 시장, 사회, 개인의 사적 자치 역량이 낮다고 보거나 혹은 시장을 온통 약육강식의 무법천지로 보고, 기업이나 부자나 기득권집단의 자유가 극심한 격차, 불평등, 불공정을 초래한다고 보면, 정의, 공정, 조화·균형(격차 완화, 안전망 제공)을 책임진 정치와 국가의 적극적 개입을 부른다. 조선이나 유럽의 신정국가나 사회주의 국가처럼 권력 엘리트들(스탈린, 마오쩌둥, 김일성, 폴포트 등)의 도덕적, 종교적, 이념적 이상이 높고, 구체제(사람, 문화, 제도)에 대한 증오가 강해도 국가의 관여, 개입, 강제 영역은 커진다. 요컨대 대한민국은 조선 유교체제, 식민통치, 분단·전쟁과 정전체제, 국가주도 경제발전체제로 이어지는 역사로 인해, 또 3면이 바다인 한반도의 지정학적 조건으로 인해 중앙정치와 국가의 관여, 개입 영역은 상업·무역·계약 전통과 지방자치분권 전통이 뿌리깊은 OECD 국가들(유럽, 미국, 일본, 영연방, 멕시코, 칠레 등)과는 비교할 수가 없을 정도로 크다.

국가규제 심한 한국 생산물시장

역사적으로 유럽, 미국 등에서는 민간기업이나 마을, 교회, 지방정부 차원의 자조와 연대로 생산한 공공재(도로, 철도, 다리, 강둑, 저수지, 전기, 통신, 초등학교 등)를 한국에서는 대체로 국가주도로 공급하였다. 유럽, 미국 등에서는 지방정부나 마을, 기업, 교회 등이 자치적으로 공급한 재화(버스 등 대중교통, 의료기관, 보육·교육기관 등)를 한국에서는 민간자본이 생산·공급하였다. 하지만 국가의 예산과 규제가 늘어나면서 이들 역시 준공영화되어 국가의 강력한 통제를 받고 있다.

한국에서는 주택 등 사적 재화조차도 국가가 주도적으로 공급하였다. 서울 등 수도권 과밀과 대도시 및 산업도시로의 인구집중, 협소한 평지 면적과 경직된 토지용도 규제 등으로 인한 부동산 수요공급의 불일치(가격 폭등) 때문에 민간이 공급한 주택에 대해서도 분양가 규제나 청약제도 등을 통해 가격과 수요 등을 통제해 왔다. 게다가 한국의 지리, 인구적 조건과 지대 할당 방식의 산업발전 전략으로 인해 수요와 공급이 독과점화한 산업(업종)이 특별히 많다.

한국의 생산물 시장과 생산요소(노동, 금융, 부동산) 시장은 그 어떤 나라보다도 국가 규제와 간섭이 심하다. 노동시장, 금융시장과 에너지산업, 보건의료산업, 토지주택산업, 교육, 농업, 국방, R&D, 방송통신, 공공정책 분야 등은 국가규제, 정책, 예산, 공기업에 의해 좌지우지된다. 재벌·대기업과 중소협력업체의 상호 선택권 및 거부권의 불균형은 국가 주도로 수출 대기업이 먼저 생겨난 다음, 부품 국산화 전략에 따라 중소협력업체가 생겨났고, 또 이들은 오랫동안 재벌·대기업(납품이나 대기업 종합상사)을 통하지 않으면 해외시장으로 진출하기 힘들었기 때문이다. 이른바 재벌·대기업의 갑질에 중소협력업체가 별다른 방어 수단 없이 노출되어 있었기에, 기업의 99%인 중소기업 보호 조항과 경제민주화라는 말이 헌법에 들어간 것이다. 요컨대 한국은 상품, 가격, 자격, 표준을 국가가 직접적으로 규제·결정하는 영역, 공무원의 행정명령이나 법원의 판결에 의해 시장이 크게 요동치는 영역, 사정기관(검찰, 국세청, 공정위, 금융위, 감사원 등)의 표적수사, 조사, 감사 등이 활개 치는 영역, 국가 예산·기금과 공기업 등 공공기관이 주요한 행위자인 영역이 너무나 광대무변하다.

자유민주주의의 기본, 보충성 원칙 실종

국가는 구성원이 자유로이 할 수 있는 일과 할 수 없는 일을

자원 배분의 3영역

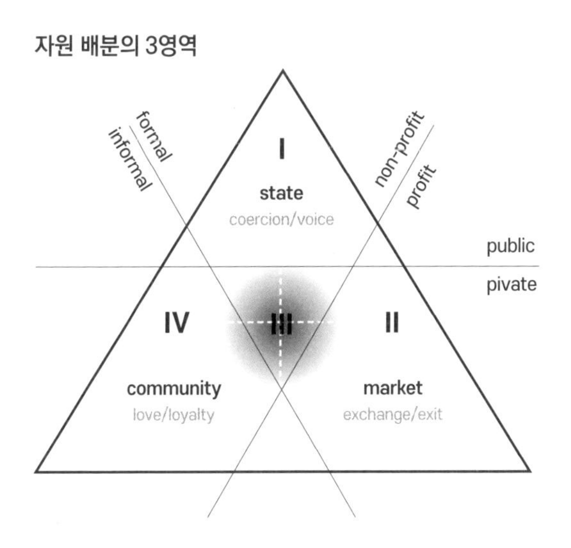

정할 수 있고, 지시·명령을 어길 시 자유, 생명, 재산, 자격을 빼앗을 수 있는 유일한 존재다. 정치는 이 치명적인 권능을 가진 국가를 통할하여, 권력(강제력)으로 가치를 할당하거나 조정한다. 데이비드 이스턴의 말대로 정치의 본령이 '가치의 권위적 배분(authoritative allocation of values for the society)', 즉 가치의 강제적(권위적) 할당이 맞는다면, 정치의 내용은 가치의 비권위적 할당(생산·배분) 제도인 시장과 사회(공동체)에 의해서도 규정된다. 안은 밖에 의해, 밖은 안에 의해 규정되듯이. 가치 생산·배분 제도는 수평적으로는 국가, 시장, 사회(공동체)로 나뉘고, 수직적으로는 중앙, 지방, 마을 소공동체(커뮤니티), 가족·개인으로 나뉜다.

시장은 거래 당사자들의 상호합의에 의한 영리추구 장이며,

사회·공동체는 공식화, 정형화하기 힘든 사랑과 호혜적 연대를 주고받는 장이다. 시장은 상호 '계약=합의'에 의한 교환으로 굴러가고, 사회(공동체)는 부모 자식 관계가 대표하는 일방성과 각종 이익집단(협회 등)이 대표하는 호혜성으로 굴러간다. 시장과 사회의 가치배분은 기본적으로 주체의 자유의지에 근거하지만, 국가에 의해 이뤄지는 가치배분은 그렇지 않다. 그러므로 개인과 소공동체의 자유와 권리를 확대 강화하기 위해서는 먼저 시장과 사회를 통해 가치·자원을 배분하고, 이것이 곤란한 경우 국가가 보충적으로, 다시 말해 비용과 편익을 타산한 위임계약에 의해 배분해야 한다. 이를 보충성 원칙이라고 하는데, 개인의 자유를 확대 강화하기 위해서는 강제적 가치 할당을 본령으로 하는 권력은 맨 마지막에, 시장적 방식, 사회(공동체)적 방식, 지방자치적 방식 등 다른 대체 수단이 없을 때 보충적으로 행사되어야 한다는 얘기다.

미국, 스위스, 독일 등은 마을·타운·게마인데, 교회, 대학, 상공인조합 등 자조·자치적으로 굴러가는 공동체가 먼저 생겨나고, 개인이나 이들 소공동체가 수행하기 힘든 일, 즉 공공사무를 처리하기 위해, 그리하여 이들의 자유와 권리를 확대 강화하기 위해 주정부와 연방정부를 만들었다는 관념이 굳건하게 자리 잡고 있다. 이로부터 상호 간 위임계약을 통해 각자의 권한(역할)과 책임(한계), 권리와 의무를 설정한다는 관념이 생겨났고, 이것이 연방국가의 헌법 조문으로 외화되었다. 그 결과 미국, 스위스, 독일 등 연방헌법은 연방정부와 주정부의 계약서이자 연방정부 및 주정부와 국민의 계약서라는 느낌이 강하다. 스위스 연방헌법이 그 전형이다.

제1조(스위스연방)에서는 연방에 가입한 취리히, 베른, 루체른 등 23개 칸톤(州)의 이름을 나열하고 있다. 독일 헌법 전문에도 계약 주체(연방, 국민, 주, 주민)가 명기되어 있다. 제2조(목적)에서는 대한민국 헌법 전문에도 있는 내용을 서술한다. 제3조(칸톤)에서는 '칸톤은 연방헌법에 의하여 주권이 제한되지 않는 한 주권을 가진다. 칸톤은 연방에 이양되지 않은 모든 권리를 행사한다'고 적시되어 있다. 이는 제5a조와 제43a조 등에서 거듭 천명되고 있다. 제5a조(보충성)에서는 '국가의 업무를 배분하고 수행함에 있어서 보충성의 원칙을 존중하여야 한다', 제43a조(국가 사무의 배분과 수행에 관한 원칙)에서는 '연방은 칸톤에 의한 사무 수행이 불가능하거나 연방에 의한 통일적인 규율이 필요한 사무만을 수행한다'고 되어 있다. 미국 연방헌법(1787년 9월 17일 제정) 역시 계약서라는 느낌이 강하다. 단적으로 제1조 제8항에는 '연방의회에 부여된 권한', 제9항에는 '연방의회에 금지된 권한', 제10항에는 '주에 금지된 권한' 등이 명시돼 있다.

조선 체제의 이념적, 문화적 유산

보충성의 원칙은 지중해·유럽의 지리, 풍토, 역사, 종교, 문화에서 성장한, 자유·자치와 계약을 최우선시하는 철학과 가치다. 지중해(에게해), 발칸(그리스)반도, 이탈리아반도, 알프스와 피레네산맥, 대평원, 라인강, 다뉴브강, 지중해와 수많은 섬 등으로 구획되는 유럽의 지리는 중국이나 중동과 달리 강력한 중앙권력을 허용하지 않았다. 그리스 이래 지중해를 둘러싼 수많은 독립된 정치체(폴리스)들은 전쟁이나 교역(상거래)으로 갈등을 해결하고, 가치를 분배해 온 역사와 문화를 가지고 있다. 따라서 지중해 문화권은 사회계약설이 나오기 훨씬 이전부터, 많은 사회관계를 거래와 계약으로 보았다. 지중해·유럽의 지리, 풍토, 역사, 종교, 문화는 자유정신과 그 연장인 자치정신을 뿌리내리게 하였다.

하지만 동양문명의 원류인 중국문명은 진 제국의 통일 이후부터 강력한 중앙권력이 있었기 때문에 제반 사회관계를 거래(계약) 관계로 보지 않았고, 자유·자치정신과 보충성의 원칙이 제대로 성장하지 못했다. 하지만 중앙집권이 곤란한 반면 상업과 해운 발달에 유리한 지리를 가졌던 일본은 지중해·유럽 문명권과 유사한 점이 많았다. 조선은 중국, 일본보다 자유·자치정신과 보충성의 원칙이 더 왜소화될 수밖에 없는 지리적, 이념적, 문화적 조건을 갖추고 있었다. 체제란 사람이나 국가의 생각과 행동을 제약하고, 유인하고, 정형화하는 정치적으로 만들어진 공고한 구조다.

대한민국의 모태인 조선 체제의 유산을 직시하지 않으면 문재인 정부의 폭정과 자유민주주의의 위기를 이해할 수 없다. 조선 체제의 이념적, 문화적 유산은 크게 네 가지로 정리할 수 있다. 첫째, 국가주의다. 더 정확하게 말하면 성군 만능주의요, 권력 만능주의다. 둘째, 도덕주의다. 도덕 제일주의요 도덕만능주의다. 도덕주의는 도덕 수준으로 사람을 재단하고, 국가를 재단하고, 역사적 사건을 재단한다. 사람을 군자와 소인, 양반과 상놈으로 나누고, 직업은 본업과 말업으로 나누어 사농공상의 위계서열을 만들어냈다. 국제질서조차 화이(중화와 오랑캐)로 재단했다. 역사적 사건과 정치를 선악, 정사, 정의-불의 프레임으로 재단하였기에, 물질적 욕망 충족이나 물질적 생산력 증대를 경시하거나 비하했다. 셋째, 가족주의다. 혈연·지연 중심 연고주의다. 이는 보편주의와 실력주의에 대한 무시다. 가족이 아닌 다른 사회관계의 미발달 혹은 경시의 산물이기도 하다. 넷째, 자리(position) 중심주의다. 자리가 제공하는 초과이익을 당연시한다. 사람값(처우, 권리 등)이 자리(위치)에 따라 바뀌는 것을 당연시한다는 얘기다. 그래서 내부자(정규직, 자격면허 소지자)와 외부자(비정규직, 자격면허 미소지자)를 나누고, 외부자에 대한 부당한 차별과 배제를 당연시하거나 이에 둔감하다.

보수와 진보, 우파와 좌파를 초월하여 일본에 의해 억눌려졌거나 해체된 것을 복원, 복구하는 것을 해방, 독립, 민족자존의 회복으로 보았다. 또한 일본의 조선(민족)강점과 태평양전쟁에서 미국의 승리가 가져다준 해방과 독립으로 인해, 혈통과 언어에 기초한 민족공동체와 헌법적 가치에 근거한 근대국가를 잘 구분하지 못하였다. 그 결과 한 나라가 숭모하는 지폐 인물들이 모두 조선시대 사람 일색이 되었고, 대한민국 건국을 반대한 민족독립운동가인 김구가 정치인들이 가장 존경하는 인물이 되었다. 조선의 이념적, 문화적 유산과 낭만적이고 혈통적인 민족주의 정서가 제대로 청산되지 않고 잠복해 있다가, 문재인 정부 출범을 계기로 거세게 부활하여, 자유민주주의를 왜곡, 변질시키고 있다. 이는 1987체제의 정치지형과 주도세력의 이념적, 문화적 특성과 깊은 관련이 있다.

1987체제의 유전자

1987체제는 1987년 10월 29일자로 개정되고, 1988년 2월 25일자로 시행되어 현재까지 대한민국을 규율해 온 제10호 헌법에 의해 지지되는 정치 체제다. 1987체제의 유전자 내지 핵심 특성은 헌법 조문이 아니라, 지배적인 정신문화와 이를 뒷받침하는 정치지형, 즉 정치적 대립 구도와 정치 세력 간 역관계 등에 있다. 1987체제의 특성은 1987년 헌법에서 새로이 삽입된 조항, 대표적으로 대통령 직선제와 5년 단임제, 경제민주화 조항, 헌법재판소 관련 일부 조항이나 삭제된 조항의 영향만 분석하면 알 수 있는 것이 아니다. 1987체제를 만든 역사·현실 인식을 포함한 정신문화와 정치지형이 사문화되었거나 다르게 해석하던 조항을 새롭게 해석하기 때문이다.

1987체제의 빛과 그늘, 성과와 한계는 그 유전자(핵심가치) 속에 대부분 내재되어 있다. 1987체제를 만든 첫 번째 핵심 가치(유전자)는 민주화다. 이는 반독재(대통령의 전횡 방지), 다수 지배, 부정선거 방지(공명선거), 장기 집권 방지(평화적 정권 교체)로 등치되었다. 1987체제 주도 세력(비주류 진보)도, 그 견제·대항(주류 보수) 세력이 공유한 민주화 개념은 '주권자 국민이 스스로 지배하는 체제'가 아니었다. 사적 자치와 지방자치의 확대 강화 혹은 보충성 원칙에 따른 국가 권력의 관여와 개입 범위 자체의 축소가 민주화의 본령이라는 생각은 흐릿했다.

1987체제의 두 번째 유전자는 억압적 국가·권력과 자본·재벌과 문화·관습에 억눌려 있던, 자신의 욕구와 불만을 거리낌 없이 발산하는 것이었다. 한마디로 내 자유(표현, 학문, 사상, 단체행동, 행복 추구 등), 내 권리(노동권, 주거권, 재산권, 임차권 등), 내 몫(임금, 연금, 복리후생 등)을 쟁취하는 것이었다. 1987체제 주도 세력에게 정의와 개혁은 억눌린 내 자유, 권리 찾기와 빼앗긴 내 몫 찾기라고 해도 과언이 아니다. 이런 의식의 바탕에는 자신들이 부당하게 빼앗기고 억눌려 온 힘없는 약자·피해자요, 자명한 개혁파 또는 그 대변자라는 생각이 깔려 있다. 그러니 세계와 더불어 공존 공영이 가능하고, 경제적으로 번영 가능하고, 사회적으로 통합 가능하고, 환경생태적으로 지속가능한 사회적 가치와 자원 분배 체계에 대한 고민이 있을 리 없었다. 사회적 유인 보상 체계와 국가 지배 운영 구조에 대한 고민도 마찬가지였다.

건국·산업화 영웅을 가해자·악당 취급

1987체제의 세 번째 유전자이자 가장 파괴적인 유전자는 이른바 민주, 민족, 평화, 진보, 노동, 환경, 여성 등을 주창해온 운동·투쟁 세력의 '해전사(해방 전후사의 인식)'식 역사 인식과 현실 인식이다. 이들은 식민 체제, 분단·정전 체제, 국가 주도 발전 체제 내지 건국과 산업화의 그늘을 해소하기 위해, 그 주도 세력을 청산, 척결, 궤멸시키는 것을 시대정신으로 잡았기에, 주류, 보수 세력에 대한 전면 부정이 내재되어 있었다. 그래서 1987년 이후 30여 년은 김대중, 노무현, 문재인, 문익환, 김근태, 전태일 등으로 상징되는 민주, 민족, 자주, 진보, 평등, 노동, 시민, 인권, 복지와 대북 유화 정책을 주창한 비주류 세력들의 정치적, 이념 정책적, 도덕적 공세 국면이었다. 공세의 근거는 고도성장의 그늘(지역 계층 격차와 빈약한 복지)과 과거 정부의 헌법과 법률 위반(인권유린, 부정부패, 각종 절차 위반)과 대한민국 흑역사에 대한 집중 조명이었다.

조선 체제의 그늘도 안중에 없었고 세계사적 기적(빛)을 낳은 구조, 동력과 리더십도 안중에 없었다. 역사적 사실에 대한 실사구시도 없었고, 세계사와 동아시아사 속에서 조선과 남북한 역사를 조망하지도 않았다. 근현대사를 반외세-반봉건-반독재 투쟁의 역사로 보기에 기독교와 일본이 주역인 문명 발전사를 파묻었다. 대한민국 건국과 산업화의 영웅(이승만, 박정희, 친일파)은 악당, 가해자, 기득권자로 취급하고 그 대척점에 서 있던 인물(김구, 독립운동가, 전태일, 노무현 등)은 성자, 피해자로 취급하였다. 이는 ×86세대 영화감독, 시나리오 작가, 대중적 역사 강연자들을 통해 오랫동안 선전된 탓도 있지만, 기본적으로 조선에서부터 면면히 내려오는 오랜 감성과 호응하였다.

이 외에도 1987체제를 만든 양대 정치세력은 권력을 놓고 사생결단의 전쟁을 치러왔지만, 두 세력 다 법과 규제를 보편 이성과 상식의 표현으로 생각하지 않았다. 부분과 전체, 가치와 가치 간 조화와 균형을 구현한 종합적 국가비전과 발전체제(국가플랫폼)의 필요성을 절감하지 않고, 대체로 자신들이 중시하는 가치(자유, 평등, 특수 이익 등)만 강화하려고 하였다.

민주공화국과 자유민주주의 위기

민주공화국과 자유민주주의 위기는 조선 체제와 1987체제의 철학, 가치, 문화를 온전히 계승한 문재인 정부에서 극단적으로 심화되고 있다. 사실 '문재인 정부 국정운영 5개년 계획'의 민주주의 관련 생각부터가 심각한 문제를 노정해 왔다. 이는 제대로 실천을 못 해서 문제가 아니라, 개념과 이론 자체가 보편 이성·상식과 크게 어긋나서 문제였다. 자유민주주의 위기는 문 정부 초기에는 공론화 절차 무시, 경시로 나타났다. 최저임금 대폭 인상, 공공부문 인력 증원과 비정규직 제로화, 탈원전, 9·19군사합의 정책 등은 선진국이라면 국민투표를 하거나 국회 비준동의를 받거나 최소한 야당과 숙의를 하고, 민주적 절차를 밟아서 처리할 만한 사안임에도 불구하고 일방적으로 밀어붙였다. 경찰, 검찰, 법원, 감사원 등 준사법기관을 권력의 충견으로 만들고, 금융위, 방통위와 공영방송 및 통신사, 통계청, 질병관리본부 등 공공기관의 정치적 중립성, 전문성을 훼손하였다. 중요한 정보의 은폐(비공개), 통계 기준의 변경을 통한 통계 분식도 일삼았다.

2020년 4·15 총선 압승 이후에는 법은 곧 시스템으로 보편 이성과 양심의 총화라는 것을 망각하고, 국회만 통과하면 법이며, 규제와 처벌로 경제사회 문제를 해결할 수 있다고 믿고, 법 아닌 법을 양산하고 있다. 코로나19 방역을 빌미로 국민기본권을 포괄적으로 무참하게 억누르고 있다.

문 정부와 그 지지세력은 역사와 전통을 자랑하는 조선식 '사화정치'를 '적폐청산'이라는 이름으로 부활시키면서 미래를 위한 개혁 담론이 들어설 공간을 없애버렸다. 여야, 보수-진보 간 정치적 경쟁 구도를 선악, 정사正邪, 정의-불의, 개혁-적폐, 민주-독재, 항일-친일 구도로 변질시켰다. 자유민주주의의 대전제인 권력자의 지식과 윤리에 대한 의심 자체를 부정함으로써, 다시 말해 자신을 선, 상대를 악으로 규정하다 보니 자유민주주의, 권력분립, 법치주의, 상대주의 등 민주공화국을 떠받치는 대부분의 기둥을 다 부숴버렸다고 할 수 있다.

요컨대 지금 민주공화국과 자유민주주의 위기는 정신문화 퇴행(조선의 정신문화 부활)으로, 악법 양산으로, 법치 파괴(유권무죄 무권유죄)로, 권력 분립(견제와 균형) 와해로, 지독한 정실인사로, 정치의 본말전도 등으로 나타난다. 정치 부실과 정신문화 퇴행이 서로 악순환하면서 거의 모든 분야에서 가치의 주객전도 내지 본말전도가 일어났다. 이는 돈과 사람 혹은 직업과 자리 등을 규율하는 사회적 유인보상체계의 왜곡을 의미한다. 사회적 유인보상체계의 왜곡은 위험·공헌과 이익의 불균형, 권리와 의무의 불균형, 혜택과 부담의 불균형, 권한과 책임의 불일치로 귀결되어 직업적 소명과 직업윤리와 근로윤리를 붕괴시키고 있다. 또한 노동권과 재산권, 공급자 권리와 소비자 권리

(선택, 심판권), 공무원 권리와 고용주 국민의 권리의 불균형을 심화시키고 있다. 이로 인해 인재의 흐름과 기업가 정신과 국내 투자 고용 심리가 심각하게 왜곡되고 있다.

'송파 모녀'로 대표되는 사회적 약자들은, 우리의 소득 수준이나 공공부문 종사자의 처우 수준에 비해 너무나 인색한 보호를 받고, 미래세대(취업자)는 기회와 희망의 사각지대에 내던져졌다. 전반적으로 공동체 의식, 사회연대 의식, 시민적 덕성이 무너졌다. 기회와 이익은 현 세대와 기득권 집단이 독식하고, 위험과 부담은 청년·미래세대와 성 밖 서민들에게 전가해 버렸고, 이것은 참혹한 저출산으로 나타나고 있다.

한반도의 지리풍토(지정학)적 조건, 중국 문명과 조선 체제의 이념적, 문화적 유산, 그리고 분단·정전체제와 국가 주도 경제발전에 의한 세계사적 기적을 창조한 대한민국의 역사와 1987 체제 주도 세력의 이념적, 문화적 유전자는 결합·중첩되어 자유·자치정신의 왜소화, 보충성 원칙의 망각, 권력의 국가·중앙 집중화, 국가(법, 규제, 형벌) 과잉과 정치 과잉으로 귀결되었다. 이것이 국가주의와 도덕주의를 낳는 온상이자, 문 정부 들어 정치적 갈등과 퇴행이 극심해진 이유이자, 민주공화국과 자유민주주의 위기의 근원이다.

국가권력 과잉부터 해소

지금 대한민국에 밀어닥치는 거의 대부분 위기의 진원지는 기능부전 상태의 정치다. 특히 본말이 전도된 정치다. 정치가 통할하는 법, 규제, 형벌, 예산, 공공기관 등 거의 모든 것이 부실해지면서 국가적 위기를 심화시키고 있다. 정치와 법·규제가 최대의 억압자, 파괴자, 갈등 조장자가 되고, 정부와 공공기관이 최대의 낭비자, 약탈자가 되었다. 그러므로 개혁, 정의, 공정, 애국, 지속가능성을 추구하는 사람이라면 자본과 재벌·대기업이 아니라 혼미하고 사익편향적인 정치·정부·공공기관을 백배는 더 경계해야 한다. 신자유주의의 과잉이 아니라 국가주의·도덕주의의 과잉을 걱정해야 한다. 한마디로 대한민국 위기의 근원은 국가권력의 과잉, 집중, 부실(무능, 무책임)에 있다.

국가권력 과잉은 국가권력(국가기관과 권력자)이 법 규제와 자의적 해석집행 등으로 좌지우지하는 영역이 광대무변하다는 것을 의미한다. 국가권력 과잉은 공적 강제력(폭력) 과잉이며, 시장, 사회(커뮤니티), 개인 및 지방의 자유, 자치, 자기 책임의 과소를 의미한다. 국가권력 과잉이 해소되지 않으면 대통령과 국회(의원) 권력을 아무리 축소 분산하고, 선거제도와 정당체제를 어떻게 바꿔도 정치가 제 역할을 하게 할 수 없다. 그러므로 정치관계법 개혁에 앞서서 전제적 국가권력 그 자체를 축소 분산해야 한다. 수많은 정부기관(대통령, 국회, 행정부, 사법부 등)과 공무원들이 휘두르는 자의적 권력 그 자체를 축소 분산하고 종적 횡적으로 견제, 균형하에 놓아야 한다. 각종 법령을 재검토하여 국가 권력의 절대량(관여, 개입 범위) 자체를 줄이되, 우선적으로 행정부 권력을 줄여야 한다.

권력을 횡적으로 분산, 분권화해야 한다. 이를 위해 많은 것을 시장으로 보내야 한다. 동시에 헌법 개정을 통해 사정·감독·감사 기능(경찰, 검찰, 감사원, 국정원, 국세청, 공정위, 금융위 등)은 행정부에서 제4부(감독부)로 독립시켜야 한다. 권력을 종적으로 분산, 분권화해야 한다. 이를 위해 상하 양원제를 도입하고, 지방자치 분권을 강화해야 한다. 행정부, 입법부(국회), 사법부 권력도 기본적으로 사적 자치가 잘 작동하는 지방으로, 주민에게로, 해당 분야 (공공성, 전문성, 정치적 중립성을 견지하는) 전문가에게로 분산, 분권화해야 한다. 특히 검찰과 법원의 수사, 기소, 재판 등에 배심제, 참심제를 적극 도입하여 견제와 균형이 잘 작동하도록 해야 한다. 권력분립을 내실화해야 한다. 행정권력과 입법권력이 융합되는 추세를 감안하여 사법권의 독립을 강화해야 한다. 권력 행위 전반을 국민이 다 들여다볼 수 있게 최대한 공개해야 한다. 권력자와 권력기관들을 최대한 어항 속에서 노는 금붕어처럼 만들어야 한다. 생산적 정치경쟁과 대승적 정치협력이 가능한 선거제도를 만들어야 한다. 정치가 자신의 소명에 충실하도록, 특히 생산적 정치경쟁과 대승적 정치협력(연정과 협치 등)이 용이하도록 대통령, 국회의원, 지방자치단체장, 교육감, 지방의원 선거제도를 개혁하고, 정당체제와 국회운영 방식을 개혁해야 한다. 정치, 행정, 사법 리더십의 질을 올려야 한다.

정치인과 행정관료 특히 법관들의 실물 경제와 복잡미묘한 인간사에 대한 이해력을 높이고, 보편 이성과 양심에 충실하도록 만들어야 한다. 대통령과 행정 각부 장관과 공공기관장의 인사권과 주요 지시들을 보편 이성과 상식에서 어긋나지 않도록 투명화(공개화), 문서화하고, 사전사후 검증이 가능하도록 해야 한다. 국가 권력 행위(해석, 판단, 처벌, 예결산, 인사, 감사, 조사, 지시 등)를 상세하게 기록하고 공개를 원칙으로 해야 한다. 법에 의한 지배(rule by law)가 아니라 법의 지배(rule of law)를 정착시키기 위해 과도하고 자의적인 국가 규제 및 형벌의 모태인 '쓰레기법'과 '이현령비현령'의 모호한 법령을 철폐, 개정해야 한다. 법원 검찰 등 사법기관의 사법행위와 기타 행정부의 징벌행위(수사, 조사, 감사, 인허가 등)에서 직권 오남용 시비가 발생하지 않도록 결정이나 처분의 근거를 상세히 남기고, 사후적으로 엄격히 책임 추궁이 가능하도록 해야 한다. 방송통신위, 규제개혁위, 노동위, 공영방송 지배구조 등 제반 합의제 기구의 구성 방식을 개혁하여(예컨대 정당 추천 시 상호제척권을 도입하여), 공공성, 전문성, 정치적 중립성이 유지될 수 있도록 해야 한다.

나라 존립 위협하는 포퓰리즘 탈피

——— 윤기설

Chapter 12

좌파 포퓰리스트의 매표정치

“예산 아껴서 무상 교복 하고, 무상 공공 산후조리 하고, 청년 배당도 했다. 표가 되니까. 표가 되면 뭔 짓도 한다.” 포퓰리즘으로 경제를 망친 아르헨티나나 베네수엘라, 그리스의 좌파 정치지도자들이 한 말이 아니다. 이재명 더불어민주당 대선후보가 성남 시장 때인 2017년 12월 경기도 농업인 송년회에서 한 얘기다. 평소에 ‘나는 포퓰리스트’라고 당당하게 밝혔던 그는 이후 기본소득, 기본주택, 기본금융 등 정상적인 민주주의국가에서 찾아보기 힘든 수준의 인기영합주의 정책으로 표심을 자극해 왔다. 그는 2021년 더불어민주당 대선후보 경선 과정에서도 강도 높은 포퓰리즘정책을 펼쳐 국내 정치인 중 최고의 포퓰리스트라는 평가를 받고 있다.

중앙정부와 더불어민주당이 2021년 7월 소득 하위 88% 국민에 대해 1인당 25만 원의 재난지원금 지급을 결정했을 때 이 후보의 포퓰리즘 본성은 여지없이 드러났다. 그는 경기지사 시절 다른 자치단체장과 더불어민주당 내부의 반발에도 불구하고 경기도민 전체를 대상으로 재난지원금 지급을 밀어붙였다. 이 지사의 100% 재난지원금 지급 결정에 대해 경기도민들의 호응은 뜨거웠다. 포털사이트에는 '말이 아닌 행동으로 보여준 이재명 마음에 든다', '역시 일 잘하는 이재명' 등의 댓글이 쏟아졌다.

하지만 이 지사의 포퓰리즘에 대해 야당은 물론 여당 내에서조차 비판의 목소리가 높았다. 야당에서는 "희대의 포퓰리스트로 베네수엘라의 차베스와 닮은꼴"(국민의힘), "코로나19가 덮치는 지옥 속에서 100% 전 국민 재난지원금과 이재명표 기본소득이라는 망국의 포퓰리즘 바이러스가 자라나고 있는 것"(안철수 국민의당 대표) 등의 혹평이 잇따랐다. 이낙연 당시 대선후보 캠프 측도 "이 지사의 발상은 당·정·청과 국회가 어렵게 합의한 결정을 깡그리 무시한 것"이라며 "경기도를 아지트로 한 포퓰리즘 선거운동이자 독불장군식 매표정치"라고 비난했다.

이재명의 포퓰리즘성 공약은 틈만 나면 발표되고 있다. 일산대교 무료통행을 비롯해 기본주택, 국토보유세, 기본대출, 음식점 총량제, 주 4일제, 부동산 개발이익 환수제, 암호화폐 과세 연기 등 대부분 대중 영합 공약들이다. 2021년 10월 하순쯤 "나라 곳간이 꽉꽉 채워지고 있다"는 거짓말까지 하면서 들고 나온 전 국민 재난지원금과 관련, 그는 "1인당 100만 원은 지급해야 한다고 생각하는데, 현재 48만~50만 원 가까이 지급됐다"며 "전 국민에게 최소 30만~50만 원의 추가 지급이 필요하다"고 말했다. 이 후보가 국민재난지원금 지급 필요성을 강조하자 김부겸 국무총리는 "재정당국 입장에서는 쓸 수 있는 재원이라는 게 뻔하다"며 "이 주머니, 저 주머니 막 뒤지면 돈이 나오는 그런 상황은 아니다"라고 제동을 걸었다. 홍남기 경제부총리도 예산 부족을 이유로 재원 마련에 난색을 표했지만 이 후보는 "나랏돈을 왜 아끼느냐"며 홍남기를 윽박지르기도 했다. 하지만 앞뒤 가리지 않고 발표되는 포퓰리즘성 공약에 대해 국민 여론이 좋지 않게 돌아가자 "기본소득은 여전히 확신하지만 국민이 원하지 않으면 강행하지 않겠다"며 한발 물러섰다. 그에게는 정책이 국가경제나 국민에게 어떠한 영향을 미치는지는 둘째 문제고 오로지 득표에 도움이 되는지가 최대 관심사다. 국가지도자가 일관성 없이 오락가락 행동해도 되는 건지, 국민들은 황당해하고 있다.

국토보유세와 관련해서는 "토지 보유 상위 10%에 못 들면서 손해볼까 봐 토지세를 반대하는 것은 악성 언론과 부패 정치세력에 놀아나는 바보짓"이라며 "국민 90%는 내는 것보다 받는 것이 더 많다"고 주장, 국민을 10 대 90으로 갈라치기 했다.

문 정권 포퓰리즘에 망가진 경제

우리나라 정치판에서는 우파보다 좌파들이 서민, 노동자들의 삶의 질 개선을 들먹이며 포퓰리즘 정책을 펼치는 경향이 강하다. 촛불혁명으로 탄생한 문재인 정부는 집권 초기부터 소득주도성장, 최저임금 인상, 공무원 증원, 주 52시간제 도입, 비정규직 제로(0)화 등 노동자들의 환심을 살 만한 친노동, 반시장적 포퓰리즘 정책들을 쏟아냈다. 하지만 시장경제에 역행하는 이들 인기영합주의 정책으로 인해 우리 경제는 큰 타격을 입었다. 문 대통령 임기 첫해 과도한 최저임금 인상(16.4%)은 자영업자와 중소기업의 경영을 악화시키고 실직자를 양산한 주범으로 지목됐다. '말이 마차를 끄는' 게 아니라 '마차가 말을 끈다'는 비아냥거림이 여기저기서 터져나왔다. 소득주도성장에 대한 비판 여론이 고조됐지만 문 정권은 전혀 개의치 않았다. 오히려 통계조작 등을 통해 소득주도성장이 긍정적 효과를 내고 있다며 국민을 호도하기에 바빴다. 세입자 보호 등을 위한다는 그럴듯한 명분을 내세운 임대차보호법은 오히려 아파트 전세가격과 매매가격을 천정부지로 치솟게 만들며 무주택자와 지방 거주 국민들에게는 상대적 박탈감만 안겨주었다.

포퓰리스트들은 증오와 분열, 그리고 대립을 지지층 확대를 위한 자양분으로 삼고 있다. 문 대통령이 적폐청산이란 이름으로 과거 정권에 대한 불법행위를 대대적으로 파헤친 것도 기득권 세력의 부정행위에 대한 국민 분노를 부추기면서 새 정부는 다르다는 점을 드러내기 위한 전략으로 보였다. 하지만 정계, 관계, 사법부, 기업에 이르기까지 전방위로 실시한 적폐청산 수사는 당초 예상과는 달리 별다른 성과를 내지 못했고 결국 우파 정권 흠집내기를 위한 억지 수사였다는 비난만 쏟아졌다.

정의로 포장된 포퓰리즘의 두 얼굴

포퓰리스트들은 인기영합주의 정책이 국가재정을 낭비하는 게 아니라 노동자와 서민의 삶을 향상시키기 위한 국가의 배려라는 점을 강조한다. 좌파 정치인들이 포퓰리즘정책을 펼 때 주로 국민과 서민, 민주주의 등의 이름을 판다. 이들에게 정책의 합리성, 타당성은 별로 중요치 않다. 권력을 잡고 이를 유지할 수만 있다면 무슨 일이든 저지르려 한다. 우리나라에서도 "국민을 위한다면 기꺼이 포퓰리스트가 되겠다"(이재명 더불어민주당 대선후보)는 정치인까지 등장했다.

얀 베르너 뮐러 프린스턴대 교수는 저서 『누가 포퓰리스트인가』에서 "포퓰리스트는 오로지 자기만이 국민의 정당한 대표라고 주장하기 때문에 민주주의를 위협하고 있다"고 지적한다. 좌파 포퓰리스트들은 기득권과 보수정당에 대해 자기 이익만을 추구하는 이기주의 세력이라고 공격한다. 기득권층은 부패하고 부도덕한 집단이어서 국민의 목소리를 대변할 사람은 오직 자신뿐이라는 것이다.

포퓰리스트들은 자신이 세상을 지배해야 한다는 점을 강조하다 보니 부정부패를 저지르고도 전혀 부끄러워하지 않고 오히려 당당한 척한다. 성남시 대장동 개발 의혹사건이 터졌을 때 "단군 이래 최대 토건 비리이자 희대의 대국민 사기극"이라는 야당의 공격에 당시 성남시장으로 개발을 책임졌던 이재명 대선후보는 "대장동 사건은 국민의힘과 보수정권의 방해로 생긴 일"이라며 오히려 보수정권에 그 책임을 덮어씌우기도 했다.

포퓰리스트들은 권력욕에 사로잡혀 선심성 정책을 펼치지만 그 부작용에 대해선 책임지지 않는다. 자기 주머니에서 나온 돈이 아니고 국민이 낸 세금으로 재원을 충당하기 때문인지 재정적자가 눈덩이처럼 불어나도 눈 하나 깜짝하지 않는다. 포퓰리즘은 나라 곳간을 텅텅 비게 만들고 망국의 길을 걷게 하지만 국민의 삶의 질 개선이라는 명분과 공짜를 바라는 대중 심리를 자양분 삼아 자라난다. 이 때문에 포퓰리즘은 국가경제를 타락시키는 애물단지라는 비판을 받지만 겉으로는 약자 보호라는 정의의 탈을 쓰고 있어 이를 외면하기가 보통 어려운 게 아니다.

문재인 정권은 2020년 4월 총선 때 전 국민 재난지원금을 살포해 국가재정을 악화시킨다는 비판을 받았지만 겉으로는 코로나19로 침체에 빠진 서민경제를 살린다는 명분을 내세웠기에 야당과 언론들의 비판이 생각보다 심하지 않았다.

대기업은 포퓰리스트의 적인가

일반 대중은 포퓰리즘을 내세우는 정치인들을 선호하는 경향이 있다. 소득수준이 낮은 저소득층일수록 자신의 삶을 책임지겠다고 약속하는 포퓰리스트를 지지하게 되는 건 인지상정일지 모른다. 경제학자 대런 애쓰모글루는 자신의 저서 『좁은 회랑』에서 "민중은 엘리트가 지배하는 체제보다 자신들의 이익에 더 우호적일 것으로 기대하는 책임성 없는 독재자에게 권력을 넘겨주는 쪽을 택할 수 있다"고 지적했다. 대중은 정치지도자가 민주주의자인지, 독재자인지, 포퓰리스트인지는 별로 중요치 않고 자신의 생활을 개선해줄 지도자를 선택하게 된다는 얘기다.

좌파 정치인들이 대기업이나 부자들을 공격하는 것도 서민과 노동자의 지지를 얻기 위한 정치적 포퓰리즘의 한 행태로 봐야 할 것이다. 우리나라 좌파 정권들은 대기업을 옹호하지 않는다. 이들은 대기업을 서민들에게 나눠줘야 할 몫을 독차지한 부도덕한 집단 정도로 공격한다. 대기업이 정당한 생산활동을 통해 부를 축적한 게 아니라 힘없는 하청업체와 중소기업들을 착취하고 수탈한 결과라는 점을 강조한다. 이런 인식 때문인지 좌파 포퓰리스트들은 대기업과 부자들로부터 많은 세금을 거둬들이는 것을 당연시한다. 오히려 부자 증세는 사회정의라고 선전한다. 부의 재분배를 통해 힘없고 돈 없는 서민을 챙겨줄 수 있다는 것이다. 평등과 공정의 심리가 마음의 습관으로 자리잡고 있는 우리나라에서 포퓰리즘이 별다른 저항 없이 국민 속으로 파고드는 배경이다. 대기업과 부자들은 끝없는 증세에 억울한 측면이 있다고 생각할 수 있지만 별다른 항변을 하지 못한 채 입을 굳게 다문다. 문제를 제기했다가는 여론의 몰매를 맞을 뿐 아니라 자칫 잘못했다가는 회사가 문을 닫을 수도 있기 때문이다.

옛날부터 한국 사회에서 부자들은 존경과 선망의 대상인 동시에 질시의 대상이었다. 최근 들어선 부에 대해 부정적 분위기를 부추기는 시민단체가 늘어나면서 부자, 특히 대기업들은 '공공의 적'이 되고 있다. 좌파 정치인들은 이러한 국민적 정서를 파고들어 대기업과 부자들을 강하게 공격한다. 부자를 질타해야 대중의 인기를 끈다는 점을 잘 알기에 가진 자에 대한 원망과 질시를 부채질하며 권력 창출의 지렛대로 이용한다.

하지만 개인이 힘들여 벌어들인 자산을 국가권력이 반강제로 거둬들여 재분배한다는 발상은 민주주의 국가에서 바람직하지 않다. 개인이 열심히 일해 벌어들인 재산을 정부가 과도하게 세금으로 징수하는 것은 강탈행위나 마찬가지다. 서구사회는 우리와 달리 부의 축적을 긍정적 의미로 여겼고 이 때문에 자본주의가 발달할 수 있었다. 막스 베버는 "부의 축적을 긍정적으로 인식하게 되면서 자본주의가 등장하게 되었다"고 분석했다.

중독성 지닌 포퓰리즘

포퓰리즘은 중독성을 지니고 있다. 대중은 한번 맛 들이면 그 늪에서 빠져나오기 쉽지 않다. 일을 안 해도 국가가 먹고사는 문제를 해결해 준다면 대중은 성장동력을 키우려는 국정운영에 오히려 불만을 가질 것이다. 포퓰리즘이 어떤 과정을 거쳐 대중 속으로 파고드는지 그 메커니즘을 알면 포퓰리즘의 민낯을 이해하는 데 도움이 될 것이다. 먼저, 정치적 포퓰리스트들은 노동자와 서민들에게 선심성 정책을 펼친다. 그래야 자신을 지지하는 대중을 더 많이 확보할 수 있기 때문이다. 포퓰리즘정책을 펼치면 처음에는 경제도 좋아지고 국민의 삶의 질도 개선된다. 저소득층도 사회구성원으로서 살맛을 느끼게 되고 그 이후로는 포퓰리즘 정부를 계속 지지하게 된다. 포퓰리스트 정치인들은 계속 돈을 퍼붓지만 결국 한정된 재원은 바닥나고 만다. 재정이 부족하면 대기업이나 부자로부터 세금을 더 많이 걷거나 돈을 찍어낸다. 시중에는 돈이 넘쳐나고 물가가 치솟는다. 물가가 오르면 실질소득이 감소하고 국가는 부도 위기에 처한다. 좌파 정권의 포퓰리즘에 실망한 국민들은 대선, 총선 등에서 우파 정권을 선택한다. 우파 정권은 경제 난국을 해결하기 위해 긴축정책을 펼치게 된다. 하지만 공짜에 길들어진 국민들은 고통을 견디지 못하고 또다시 포퓰리즘 정권을 택하게 된다. 결국 국가경제는 포퓰리즘의 포로가 돼 침체의 늪에서 좀처럼 빠져나오지 못하게 된다. 좌파 정권의 포퓰리즘으로 망국의 길을 걸었던 아르헨티나 베네수엘라 그리스가 공통적으로 겪었던 경험들이다.

포퓰리즘에 망국의 길을 걷는 국가들

중남미에서 포퓰리즘이 등장했을 때는 사회경제적인 구조적 불평등이 자리잡고 있었다. 한때 잘살던 아르헨티나를 비롯한 남미 국가들은 1930년대 대공황으로 자유무역 질서가 와해돼 농업, 광업 수출이 어려움을 겪어 수출의존형 경제가 무너진 데 이어 2차 세계대전 발발로 유럽과 미국으로부터 공업제품 수입도 힘들어져 경제적 타격을 입었다. 이때 중간계급 출신의 정치지도자들이 민중의 불만을 해소하겠다며 포퓰리즘의 선봉대에 섰다. 이들은 이전의 지배체제를 부정하면서 노동자, 농민, 중간계급 등을 대상으로 공공부문 일자리 제공과 임금 인상, 근로시간 단축, 노동기본권 보장, 산업국유화 등 포퓰리즘 정책을 펼쳤다. 노동자, 농민들은 좌파 포퓰리스트들을 자신의 삶을 책임질 구원의 존재로 인식했다. 하지만 포퓰리즘정책은 나라경제를 파탄내며 망국의 길을 재촉하는 '독약'으로 작용했다.

포퓰리즘의 효시 페론주의

아르헨티나의 현대 정치사는 페론의 역사라고 해도 과언이 아니다. 아르헨티나는 20세기 초만 해도 농업과 목축업이 발달한 풍요로운 국가였다. 그러나 1930년대 대공황이 불어닥치면서 아르헨티나도 경제난이 심화되었고 이 과정에서 노동자들의 불만이 증대했다. 보수정권의 친외국기업 정책은 군부의 반발을 불러왔고 결국 1943년 청년장교들이 쿠데타를 일으켜 정권을 잡았다. 군사정권은 비판적 좌파세력과 노동조합을 억압했다. 이때 두각을 나타낸 인물이 중간계급 출신의 직업군인 후안 도밍고 페론이었다. 그는 노동부 장관으로 임명된 뒤 친노동정책을 펼치면서 노동자들의 열렬한 지지를 받게 됐다. 페론은 노동부 장관 시절 주 60시간 노동, 남녀 동일임금, 휴일 유급휴가, 해고자 복직, 해고금지, 최저임금제 등 노동자총연맹(CGT)의 요구를 적극적으로 수용해 나갔다. 당초 군사정권에 비판적이었던 많은 노동조합도 페론의 노동정책을 지지했다. 페론이 방문하는 곳마다 노동자와 일반 시민들은 "페론"을 연호하며 환호했다.

그러나 페론의 친노동정책은 군부 내부의 비판을 받았고 1945년 10월 모든 직위가 박탈당한 뒤 감금되었다. 아이러니컬하게도 페론의 바람은 이때부터 거세게 불기 시작했다. 노동자총연맹 주도로 페론 석방을 요구하는 총파업이 강행되었고 혼란을 두려워한 정권이 페론을 석방했다. 이때 파업 참가자 수는 수십만 명에 달해 페론을 지지하는 노동자들의 열기가 어느 정도 뜨거웠는지를 실감케 했다. 페론은 이 여세를 몰아 1946년 노동당 대선후보로 나서 대통령에 당선되었다. 페론의 친노동정책은 20세기에 등장한 포퓰리즘의 효시로 평가받으며 페론주의로 불린다.

하지만 페론의 영광은 오래가지 못했다. 문제는 경제였다. 페론의 경제실정이 거듭되고 국민적 인기가 식어가자 1955년 대통령 자리를 내놓고 파라과이를 거쳐 스페인으로 망명생활을 떠났다. 그후 아르헨티나는 군부 독재가 장악했고 경제 사정은 더욱 악화됐다.

국민들은 페론 시대를 그리워했고 군부는 결국 정권을 포기하고 페론의 귀국을 받아들였다. 1972년 국민들의 환호 속에 귀국한 페론은 이듬해 대통령에 당선됐으나 1974년 노환으로 사망하고 말았다. 수십 년간의 군사독재 정권을 끝내고 1980년대 민주주의를 회복한 이후에도 페론주의는 아르헨티나의 정치판을 주도했다.

2019년 대선에선 페론주의 성향인 중도좌파 연합의 알베르토 페르난데스가 친시장주의 성향의 마우리시오 마크리 대통령을 제치고 정권을 잡았다. 마크리 대통령은 "포퓰리즘에서 나라를 구하겠다"는 구호를 내걸고 2015년 대선에서 당선됐지만 4년 만에 치러진 대선에서 무릎을 꿇었다. 마크리 전임 대통령은 긴축을 통해 재정적자를 줄이고 물가를 잡으려 했지만 국민 반발에 부딪혀 친시장 정책을 포기해야 했다. 선심성 포퓰리즘에 타성이 젖은 국민들이 개혁을 달가워하지 않았기 때문이다. 공짜에 맛 들인 국민에게 페론주의는 '마약'이나 마찬가지였다. 페론주의는 아르헨티나 경제정책의 근간을 이루었지만 경제를 병들게 한 주범이기도 했다.

차베스의 선심성 복지

한때 세계 석유 매장량 1위로 풍요를 구가하던 베네수엘라는 1999년 대통령에 취임한 우고 차베스가 무상복지 정책을 펼치면서 세계 많은 나라들이 부러워하는 국가가 됐다. 석유로 벌어들인 돈은 차베스의 선심성 복지정책에 사용됐고 베네수엘라 국민들은 포퓰리즘 정책을 펼치는 차베스 정권에 환호했다. 차베스는 기성정당과 노동조합, 석유회사 등의 기성세력과 대립하며 지지층을 확대해나갔다. 그는 유엔총회 연설에서 조지 부시 미국 대통령을 '악마'라고 부르며 미국에 대한 반감을 노골적으로 드러내 국민의 지지를 받아냈다.

반미주의자이면서 좌파 성향인 차베스는 기득권층에 염증을 느낀 베네수엘라 국민의 정치적 희망이었다. 차베스는 정권을 잡은 뒤 외국자본을 모두 내쫓았다. 베네수엘라의 석유 매장량은 약 3000억 배럴로 세계 1위이지만 개발에 많은 비용이 들어 외국자본 유치는 필수적이었다. 그럼에도 대통령에 취임한 그는 외국 석유기업들을 내쫓았고 베네수엘라 경제의 기둥인 '베네수엘라 국영석유회사(PDVSA)'를 국유화했다. 민족주의가 강한 남미에서 반미정책은 국민의 지지를 이끌어내는 지렛대 역할을 했다.

차베스는 원유수출로 벌어들인 막대한 오일머니를 무상의료, 무상교육 등 포퓰리즘정책을 펼치는 데 쏟아부었다. 국민들의 삶을 위한다는 명분을 내세운 차베스의 경제정책 가운데 시장에 반하는 게 한둘이 아니었다. 대표적인 게 외환 금지조치와 공정가격을 위한 가격상한제다. 2003년 외환보유액을 지켜야 한다며 국민들의 환전을 금지했고 환율을 정부 고시제로 바꿨다. 여기에다 서민물가를 안정시키겠다며 생필품의 가격상한제를 실시했다. 또 기업들에는 제품 가격의 30% 이상 수익을 얻는 것을 금지했다. 반시장적인 물가억제 정책은 기업 활동을 크게 위축시켰다. 모든 정책은 국민을 위한다는 명분으로 추진됐지만 시장을 거스르는 정책으로 인해 경제는 엉망이었다. 차베스는 2013년 암으로 사망하기까지 14년간 장기집권했다.

후임 니콜라스 마두로 대통령 역시 차베스의 친복지정책을 그대로 답습했다. 공짜에 맛 들인 국민들의 지지를 유지하기 위해 오일머니를 흥청망청 썼다. 마두로 대통령은 경제악화로 재정이 줄어들자 돈을 마구 찍어댔다. 물가는 천정부지로 치솟았고 경제는 엉망이었다. 국가경제가 바닥으로 곤두박질치면서 저소득층뿐 아니라 중산층까지도 쓰레기통에서 식량을 구하는 처지가 됐다. 고통을 참지 못하는 베네수엘라 국민들은 국경을 넘어 콜롬비아 페루 브라질 칠레 에콰도르 등으로 탈출했다.

베네수엘라의 비극은 포퓰리즘에 있다. 차베스와 마두로 정권은 석유판매로 벌어들인 돈을 무상복지 정책에 쏟아부어 경제를 파탄으로 내몰았다. 차베스와 마두로가 포퓰리즘에 탐닉하지 않았다면 베네수엘라 경제는 처참한 지경에 이르지는 않았을 것이다.

문재인 정권의 친노동, 반시장 정책도 베네수엘라를 닮아간다는 생각이 든다. 황교안 전 자유한국당 대표는 2019년 9월 "문재인 정권의 정책을 보면 차베스, 마두로 정권과 소름 끼칠 정도로 유사하다"고 비판했다. 사법부와 입법부, 언론을 장악하는 수법과 국민을 선동하는 방법이 차베스 정권과 판박이라는 것이다.

천국서 지옥으로 추락한 그리스

"국민이 원한다면 무엇이든 다 해줘라." 그리스 좌파 사회당 당수인 게오르기오스 파판드레우가 1981년 총리에 당선된 뒤 이같이 지시했다. 인기영합주의 정책을 펼칠 것을 공개적으로 선언했다. 파판드레우는 총리에 취임하자마자 전 계층을 대상으로 무상교육과 무상의료를 실시했다. 초등학교부터 대학원까지 학비는 물론 교재 돈까지 정부가 지원했고, 출근 시간에는 모든 대중교통을 무료로 이용하도록 했다. 대학을 못 간 고등학생을 대상으로 국비로 해외 유학을 보내주는 제도까지 만들었다. 천국이 따로 없었다.

그는 공공부문 일자리를 늘리며 공무원 공화국을 만들었다. 파판드레우 집권 첫해인 1981년 30만 명이었던 공무원 수는 구제금융에 들어간 2010년엔 90만 명으로 3배나 불어났다. 단기간에 괜찮은 일자리인 공무원 수를 늘림으로써 그의 인기는 치솟았다.

하지만 행정효율은 엉망이었다. 공무원 1~2명이면 할 수 있는 일을 3~4명씩 하다 보니 일 처리 시간이 오히려 더 걸렸다. 그럼에도 임금은 크게 올랐다. 총리 취임 1년 만인 1982년 공공부문 임금은 전년 대비 33.4%나 상승했다. 민간기업에서 일하는 비슷한 또래보다 임금이 훨씬 많다 보니 그리스의 젊은 공무원은 '골든보이(Golden Boy)'로 불렸다. 문재인 정부가 공무원을 늘리고 소득주도성장 정책을 펼친 것이 파판드레우의 포퓰리즘을 벤치마킹한 것 아닌가 하는 생각이 들 정도로 비슷했다.

하지만 포퓰리즘 대가는 혹독했다. 국가재정은 파탄 났고 경제는 엉망이었다. 경제가 나빠지자 기업은 채용을 줄이기 시작했고 일자리를 잡지 못한 청년실업자들은 길거리로 내몰렸다. 파판드레우 집권 이전만 해도 연평균 5.2%로 세계 1, 2위를 달리던 그리스의 경제성장률은 집권 후 8년간 연평균 1.5%로 추락했다. 무리하게 공무원 수를 늘리고 복지 혜택을 퍼준 결과 나랏빚이 눈덩이처럼 불어났다. 1980년 22.5%였던 국내총생산(GDP) 대비 국가부채비율은 포퓰리즘이 활개 치면서 1993년 100.3%로 껑충 뛴 뒤 2018년에는 184.8%까지 치솟았다. 그리스는 모두 세 차례에 걸쳐 국제채권단으로부터 총 2890억 유로의 구제금융을 받았다. 구제금융을 통해 재정위기를 극복하는 일은 고통 그 자체다. 긴축재정을 조건으로 구제금융을 받기 때문이다. 그리스 국민의 평균 월급은 3분의 1로 줄어들어 생활고가 극심해졌다. 수만 개의 공무원 일자리는 사라졌다.

천국을 만들겠다고 시작한 포퓰리즘이 국민 전체를 고통의 수렁으로 몰아넣은 것이다. 하지만 달콤한 포퓰리즘에 길들어진 국민들은 군살빼기 개혁에 저항했다. 국영기업 민영화, 연금개혁, 노동개혁 등 다양한 개혁정책이 시도됐지만 국민의 저항에 부딪혀 번번이 실패했다. 우파 정권이 들어서 긴축재정을 시행했다가도 또다시 좌파정권이 들어서 포퓰리즘 정책으로 회귀하는 일이 되풀이됐다.

트럼프의 우파 포퓰리즘

우파 정권들도 포퓰리즘을 동원하는 경우가 많다. 경제적·사회적 불평등에 불만이 쌓이고 외국인 이민 및 난민수용 등에 실망한 국민들을 향해 국가주의를 우선시하는 우파 포퓰리즘이 확산되는 것이다. 헝가리, 폴란드, 스페인, 이탈리아 등 유럽 국가에서부터 브라질, 콜롬비아, 칠레, 아르헨티나 등 남미 국가에 이르기까지 국가주의적 정치가 득세하고 있다. 미국의 트럼프 전 대통령은 미국 우선주의와 함께 선동적 언행과 선심성 정책으로 대중의 지지를 호소하는 대표적인 우파 포퓰리스트로 꼽힌다. 그는 자국우선주의, 보호무역주의, 반이민 등 포퓰리즘 정책으로 지지층을 결집시켰다. 기득권층을 가차 없이 비판하고 멕시코인 이민을 범죄자로 취급하는 발언으로 국민적 관심을 집중시키기도 했다. 또한 미국 내 메이저 언론들을 비판하고 트위터를 통해 대중과 직접 소통하면서 지지층을 넓혀나갔다.

트럼프는 저소득층은 물론 대기업과 부자에게도 도움이 되는 친기업 경제정책을 과감히 펼쳐 경제적 성과를 거두었다. 남미식 좌파 포퓰리즘은 무분별한 퍼주기정책으로 인해 국가경제에 큰 타격을 준 반면 트럼프의 우파 포퓰리즘은 기업경영 활동에 도움을 주고 일자리 창출에도 기여했다는 평가를 받는다. "중국의 값싼 물건들이 미국 노동자들의 일자리를 빼앗고 있다. 더 이상 참지 않겠다." 트럼프가 미국 중간선거를 앞둔 2018년 10월 유세에서 일자리를 지키기 위해 자국산업을 보호하겠다며 한 발언이다.

최고의 복지인 일자리를 지켜내기 위해 대통령이 앞장서겠다는데 노동자들에게 이보다 더한 감동을 줄 수 있는 선물이 있을까. '미국을 다시 위대하게 만들자'는 미국 우선주의도 트럼프의 대표적 포퓰리즘 구호 중 하나다. 미국 우선주의가 노동자들의 가슴을 두드리는 효과를 낸 때문일까, 한때 민주당 지지세력이었던 미국의 저학력 노동자들이 트럼프 지지로 돌아섰다. 파격적인 포퓰리즘 정책을 제시하며 뚜렷한 존재감을 보여준 그는 2016년 대선에서 예상을 뒤엎고 힐러리를 제치고 대통령에 당선되었다.

프랑스의 역사인구학자 에마뉘엘 토드는 "트럼프를 선택한 것은 미국 내 '학대받은 프롤레타리아'였다"고 분석했다. 『역사의 종언』의 저자인 프랜시스 후쿠야마는 우파 포퓰리즘의 흐름에 대해 "정체성의 정치, 즉 인종, 민족, 젠더 등 귀속 집단의 소속 여부에 기반을 두는 동원정치"로 규정했다.

포퓰리즘 탈피해야 미래 희망

좌파 정권들은 반기업, 친노동의 포퓰리즘 정책을 펼쳐 기업의 생산활동을 위축시킨다. 기업 투자가 위축되면 세금이 줄어들고 재정적자는 갈수록 확대된다. 국가경제가 활력을 되찾기 위해선 포퓰리즘정책을 억제하고 친시장, 친기업정책을 도입해야 한다. 그래야 기업들이 투자를 늘리고 경제성장이 탄력을 받는다. 경제가 활기를 찾으면 기업의 수익과 정부 세수가 증가하고 일자리도 덩달아 늘어난다. 이게 경제성장의 힘이다. 포퓰리즘이 판치지 않게 하려면 국민의 냉철한 판단과 선택이 필요하다. 선거 때 재정을 퍼부어 매표행위를 하는 정권에 대해선 강력한 잣대를 들이댈 필요가 있다.

포퓰리즘으로 인해 나라 곳간이 텅텅 비고 경제가 망가지면 국민이 그 고통과 책임을 떠안을 수밖에 없다. 세상에 공짜를 싫어할 사람은 없지만 공짜에는 그만한 대가가 뒤따른다. 모든 국민에게 조건 없이 2500스위스프랑(약 300만 원)을 지급하자는 스위스의 기본소득 안이 2016년 국민투표 결과, 77%의 반대로 부결된 것은 당장의 공짜돈을 받는 대신 이를 보충할 세금부담 걱정이 반영된 때문이다.

좌파 정치인은 자신들만이 국민을 생각하고 도덕적으로 우월하다는 착시현상에 빠져 있다. 여야 간 대화와 소통도 외면하고 오로지 자신들만이 국가를 운영할 수 있는 정당이라고 우긴다. 과거 정부는 엄청난 적폐를 저질렀다며 단죄에 나서면서도 자신들의 과오에 대해선 '내로남불'이다. 이러한 비현실적인 도덕적 우월감부터 고쳐야 협치와 타협의 정치가 가능해지고 얼치기 포퓰리즘이 사라진다.

코로나19로 경제가 어려워지자 전 국민에 대한 정부의 돈풀기가 빈번해지고 이제는 정부와 국민 모두가 돈풀기에 중독돼 가는 모습이다. 정부의 퍼주기 정책으로 인해 국가채무는 2021년 1000조 원을 돌파했고 국민 1인당 국가부채는 2000만 원을 넘어섰다. 문 정부 출범 전 1인당 국가부채는 1224만 원이었다. 선심성 지출이 많아지면 나라곳간에 문제가 생기고 국가경제가 타격을 입게 된다. 기축통화를 보유한 미국과 같은 나라가 아니어서 과다한 재정지출을 계속하면 재정위기, 외환위기를 겪을 수밖에 없다.

포퓰리즘의 악순환이 국가재정을 파탄 낸 사례는 많다. 앞에서도 설명했듯이 한때 경제 부국이었던 아르헨티나, 그리스 등은 포퓰리즘 정책으로 국가부도를 맞았고, 베네수엘라는 우고 차베스 정권의 포퓰리즘으로 인해 경제가 타격을 받아 500만 명 가까운 국민이 나라를 떠났다. 이들 나라의 사례를 보면 2000여 년 전 고대 그리스 작가 플루타르코스가 『영웅전』에서 지적한 "민중을 거스르면 민중의 손에 망하고, 민중을 따르면 민중과 함께 망한다"는 대목이 떠오른다. 정치인과 대중이 포퓰리즘을 탐하면 결국 정치도 죽고 경제도 죽는다는 점을 깨달아야 한다.

포퓰리즘으로 인해 망국의 길을 걷지 않으려면 인기영합주의에서 탈피해 4차 산업혁명 시대에 맞게끔 노동개혁, 경제개혁, 공공개혁, 복지개혁, 규제개혁에 박차를 가해야 할 것이다. 향후 세계 경제의 최대 위협요소로 포퓰리즘을 꼽는 학자들이 많다. 포퓰리즘에 기반한 경제정책은 반드시 대가를 치른다는 게 숱한 역사적 경험이다. 지금 달콤하겠지만 결코 공짜는 없다. 정부와 정치인들은 재정을 쏟아붓는 데만 열중하지 말고 경제운영에 대한 정확하고 합리적인 정책적 판단을 해야 할 것이다.

눈덩이처럼 불어나는 국가부채 해결

김원식

Chapter 13

눈덩이처럼 불어나는
국가부채 해결

겪어보지 않은 세상이 왔다

우리 경제는 5000만 명 이상 인구로 6·25 이후 전쟁의 폐허에서 1인당 국민소득 3만 달러 이상을 달성한 7번째 국가다. 그런데 4차 산업혁명의 확산에도 불구하고 친노조·반기업 정부의 노동정책으로 기업활동이 위축되고 기득권 보호로 기술혁신이 지체되고 있다. 인구 고령화와 함께 잠재성장률이 하락해왔다. 코로나19 사태 이후에는 연속된 추경으로 인해 국가부채가 급속히 증가하고 있는데, 2021년 문재인 정부의 중장기 재정계획은 국가부채를 더 계획하고 있다.

이에 따라 우리나라는 고속 경제발전 과정에서 겪어보지 못한 심각한 사회경제적 환경에 처해 있다. 창조적 자유와 시장경제를 부정하는 사회 분위기는 이를 더욱 가속화하고 있다.

첫째, 경제학의 기본원리를 완전히 무시한 소득주도성장이라는 정부 주도의 경기부양책이 사회 전체적으로 인식되고 있으며 문재인 정부의 마지막 해인 올해까지 5년째 수행되고 있다.

둘째, 강성노조가 이끄는 노동시장의 경직화에 따라 비정규직의 보호에도 불구하고 비정규직과 실업이 증가하고 있다. 이에 따라 노동시장에 진입조차 하지 못하고 있는 청년들의 체감실업률은 2021년 1분기에 27.0%에 이르렀다.

셋째, 의료기술의 발전에 따른 노인들의 기대여명 상승으로 노인인구의 비중이 16.4%(2020년)로 지속적으로 증가하고 있고, 미래에 대한 청년세대의 절망은 출산율을 경제협력개발기구(OECD) 국가 최저수준인 0.84(2020년)까지 지속적으로 하락시켜 왔다.

넷째, 5G의 초고속 인터넷망 구축과 4차 산업혁명의 산물이 우리 사회에 접목되면서 산업 구조가 새로워진 사회경제적 환경이 가능해지고 있다. 매장 없는 소매업, 지점 없는 금융업, 병원을 방문할 필요 없는 의료 인프라, 운전자 없는 자동차 등이 곧 일반화할 것이다.

다섯째, 2019년 말에 발생한 코로나19는 비대면 사업영역(재택근무, 온라인 거래, 배달플랫폼 등)을 새로이 구축하면서 기업가치를 높이는 반면, 사회적 거리두기를 불가피하게 하면서 전통산업의 경제를 위축시키고 있다.

현재의 상황은 사실상 최악의 불경기이면서 향후 언제까지 지속될지 전혀 예측이 불가능한 상태다. 이에 따라 올바른 정부의 역할이 강력히 요구되고 있다. 즉, 아무리 시장경제가 효율적이고 자율적으로 운용된다고 해도 기존의 상태를 회복하는 것은 사실상 불가능하다. 따라서 그동안 시장원리에 묻혀 있던 정부의 역할을 되살려 시장경제를 원활히 작동시켜 과거의 고도 성장잠재력을 회복해야 할 시점에 있다.

1960~1970년대의 폐쇄경제와 글로벌 경제 환경에서 국가재정의 의미는 전혀 다르다. 폐쇄경제에서 적자국채는 국내에서 소화되기 때문에 세대 간 재분배의 의미가 있다. 그러나 글로벌 경제에서 적자국채는 글로벌 자본시장의 주요 투자대상이다. 과잉 국채발행은 국가 신용도를 낮춰 발행이자율을 끌어올리면서 정부재정의 조달비용을 높인다. 이는 국채발행을 더 늘려야 하는 악순환으로 이어지면서 최악의 경우 모라토리엄(지급연기), 디폴트(파산)로 연결된다. 국가부채를 외국인이 매입하는 것이므로 과잉 국채발행은 결과적으로 소리 없는 국부의 해외이전을 의미한다. 국가재정 및 국가부채 문제는 국내 문제가 아니라 우리나라 경제가 글로벌 경제 프레임 속에서 생존하기 위한 하나의 지표라는 점에서 더 적극적인 대응이 필요하다.

다음 세대를 착취하고 있다

우리나라 국가채무는 2016년 626조9000억 원에서 2020년 846조6000억 원으로 35% 증가하였고, 중장기재정계획에 의하면 2025년 1406조5000억 원으로 증가할 것으로 추정된다. 국내총생산(GDP) 대비 36.0%에서 48.8%로 증가하는 것이다. 국회예산정책처(2019년)는 2050년 우리나라 국내총생산 대비 국가채무비율이 85.6%로 증가할 것으로 전망했다. 그러나 이는 현재 진행 중인 코로나19 사태와 이에 따라 급변하는 세계 경제 환경이나 국가재정의 적응력 부족을 반영하지 못한 것이다. 따라서 국가채무 관리를 지금부터라도 더욱 철저히 하지 않으면 안 된다.

우리나라 조세부담률은 2019년 20.2%로 다른 선진국에 비해 낮은 편이나 2010년의 17.2%와 비교하면 3%포인트 증가한 것이다. 그러나 OECD 평균은 불과 1.7%포인트가 증가하였다. 즉, 우리나라 국민은 조세 급등에 따른 심각한 생계비 절약의 고통을 받고 있다고 보아야 한다. 생활이 더 나아지지 않은 것이다. 경제성장률 대비 예산증가율로 보는 '조세고통지수'는 2019년 4.52로 2009년 금융위기 이후 가장 높았다.

2019년 국세징수액은 전년 대비 0.31%의 낮은 증가를 보였다. 이는 이미 구조적으로 침체된 불경기로 인한 세수 정체에 따른 것이었다. 그러나 정부가 약속한 복지지출을 메우기 위해 정부는 세금인상 수단을 강화하였다. 특히 주택가격을 억제하기 위한 재산세 인상 정책은 세수를 예상보다 크게 늘렸다. 이러한 부동산 세수는 단발성으로 앞으로 세입증가에 크게 기여하지 못할 것이다. 문제는 2020년 기준 임차 거주 인구가 42.1%인데 보유세에 대한 세금 부담은 바로 임차 거주하고 있는 일반 서민들에게 전·월세 인상으로 전가되고 있다는 것이다. 재정의 이상현상을 고치기 위해서는 국민의 담세능력을 키우는 것이 최선이다. 하지만 2020년에만 선거용 복지지출의 증가로 100조 원 이상의 국채 발행에 이어 앞으로도 미래세대를 담보로 한 적자재정이 예고되고 있다. 국회예산정책처는 2050년까지 국가부채 비율이 GDP의 85%에 이를 것으로 추정하고 있다.

국민의 담세능력은 경제성장률과 비례적으로 증가함에도 경제성장률을 크게 웃도는 예산증가를 일상화하고 있다. 국민연금, 국민건강보험, 노인장기요양보험 등 사회보험의 적자를 충당하기 위한 보험료율 인상이 예고되고 있다. 저출산으로 근로자 수가 감소하면 1인당 사회보장비의 부담액은 증가한다. 그러나 그들의 생산성 향상은 크게 기대할 수 없어서 실질임금의 인상률도 낮을 수밖에 없다.

재정의 핵심적 요소인 소득재분배 기능이 지속적으로 확대되어 왔으나 실질적 효과는 가장 낮은 수준이고 개선된 것이 없다. 빈곤율에서 2010년 소득재분배가 17% 에서 15%로 낮아졌는데, 2017년에는 20%에서 17%로 낮아졌다. 소득격차가 큰 나라로 인식되고 있는 미국만 보아도 2017년 29%에서 18%로 약 11%포인트의 빈곤율을 낮추었다. 1차적 소득분배 차원에서 우리나라 빈곤율은 어떤 나라보다도 가장 낮은 수준이다. 민간부문의 소득배분 기능이 크게 나쁘지 않으며 소득재분배의 실질적 문제는 비효율적 복지시스템에 있음을 보인다. 그럼에도 노동시장에서 소득격차는 심각한 사회문제로 부각되고 있다.

고령화

향후 국가부채는 고령화, 공기업 등의 예산 외 부채, 가계와 기업의 민간부채로 인하여 가속화해 증가할 가능성이 높다.

첫째, 향후 국가부채의 가장 큰 요인은 공무원연금, 군인연금, 기초연금 등 정부가 법률에 따라 반드시 지급해야 하는 의무지출로서 지속적으로 증가율이 높아지고 있다. 특히 복지분야의 법정 지출은 2012년 총지출의 18.2%였으나 2020년에는 23.3%를 차지한 것으로 집계됐다. 정부가 이미 보전금을 지급하는 공무원연금, 군인연금에 대한 연금충당부채는 2020년 기준 1000조2000억 원이었다. 이는 대폭적인 보험료 인상 없이 충당될 수 없는 규모다. 그럼에도 정부는 연금개혁을 미루고 있을 뿐 아니라 공무원 증원과 비정규직의 정규직화를 추진하고 있다.

둘째, 국민연금의 구조적인 재정적자는 국민연금기금의 주주권 행사로 인한 민간기업의 사회화와 함께 향후 우리 사회가 감당하지 못할 부담이 될 가능성이 높다. 국민연금의 수익비는 4차 재정재계산에 따르면 기본급여 기준으로 1.8배에서 유족급여 등 기타급여를 포함할 경우 2.6배 수준으로, 개인이 납부하는 보험료총액의 0.8배에서 1.6배를 재정이 부담하지 않으면 약속된 연금급여를 지급하지 못한다. 실질적으로 이 금액은 정부가 충당금으로 적립하지 않는 이상 국가부채로 축적되고 있다고 보아야 한다. 문제는 앞으로 진행될 출산율 저하, 기대수명 상승, 경제성장률 하락으로 더 심각해질 것이라는 점이다. 이제는 진정한 국민연금개혁을 시급히 서둘러야 한다.

셋째, 국민건강보험의 위기는 고령 노인들의 의료비가 급증하고 있다는 점이다. 고령 노인들의 의료비는 연령이 증가함에 따라 감소했으나 노인장기요양보험이 도입된 이후 오히려 크게 증가하고 있다. 이는 제도 도입으로 노인요양비 부담이 20% 수준으로 감소한 소득효과로 요양수요가 늘고, 이를 통해 노인들의 기대여명이 더 늘어나기 때문이다. 또한, 정부가 20%를 부담하는 노인장기요양보험의 급여지급도 지속적으로 늘 것으로 보인다.

넷째, 정부가 재정으로 부담을 약속한 기초연금, 국민건강보험의 급여비 일부, 노인장기요양보험의 보험료 등은 법률에 의한 정부 부담금이다. 이 금액은 2050년이 되면 2020년 현가로 50조 원에 이를 것으로 추정된다. 마지막으로 고령화 비용은 결과적으로 다음 세대의 부담이 되는 것이어서 현 세대의 고령화 문제는 현 세대의 부담으로 해결할 수 있는 복지시스템을 구축해야 한다.

예산 외 리스크

예산 외(off-budget) 리스크의 하나로 공기업 리스크가 있다. 2020년 347개 공공기관 부채는 544조8000억 원으로 탈원전, 비정규직의 정규직화 등으로 수익이 악화되면서 적자가 늘었다. 문재인 정부에서 공약사항을 공기업을 통해 실천하다 보니 적자를 내게 하는 조치들이 빈번히 일어나고 앞으로도 더 심각해질 것으로 보인다. 우리나라의 비금융 공기업 부채의 GDP 비중은 OECD 국가 중 가장 높다. 이는 정부가 재정부담을 공공기관에 떠넘기고 있기 때문인 것으로 보아야 한다.

'2021~2025년 국가재정운용계획'에 따르면 내년 40개 중장기 재무관리대상 공공기관의 부채는 585조3000억 원으로 올해보다 35조7000억 원 늘어날 것으로 전망된다. 이는 내년 관리

재정수지적자 94조7000억 원의 37.7%에 해당된다. 대표적인 공기업인 한전은 2020년 3조7000억 원의 적자를 냈다. 2016년 104조7000억 원의 부채가 132조5000억 원으로 27조 원 늘었고, 향후 4년간 27조 원이 더 늘어날 것이다. 이는 문재인 정부가 강제로 추진해 온 탈원전에 의한 것이기도 하고 한편으로 교육부가 담당해야 할 한전공대의 설립 운용비도 한몫을 한 결과다.

민간부채

민간부채는 가계부채와 기업부채로 구분된다. 가계부채는 2020년 1분기 말 기준 1765조 원으로 전년 동기 대비 9.5% 상승하였다. 기업부채도 같은 시점에 1402조2000억 원으로 전년 동기 대비 14.1%나 급증했다. 이들을 합하면 GDP의 2.6배로 최고 수준이다. 가계부채와 기업부채의 급증은 코로나 사태로 인한 불경기와 정부가 강요하고 있는 사회적 격리(lock-down)에 따른 것이다. 정상적인 건전 대출이 아니라 코로나로부터 살아남기 위한 생계형 대출이 원인이다. 이는 코로나가 지속되면 부실화할 가능성이 매우 높다. 백신을 확보하지 못해서 계속 방역에만 매달리게 되면 금리인상은 경제에 큰 부담이 될 수밖에 없다.

정부의 역할을 핵심적으로 수행하는 재정시스템에 이상 현상이 나타나면서 이에 대한 기대를 하는 데 한계가 있다.

첫째, 문재인 정부의 의지로 예산이 편성된 2018년 이후 무상복지를 위한 과잉지출로 재정적자가 증가하여 국가부채가 늘고 있다. 문재인 정부가 제안한 재정준칙은 국가부채를 줄이는 것이 아니라 오히려 늘리는 것이 목적이다.

둘째, 고령화 등 기존의 잠재적 국가부담과 함께 법적으로 보장된 복지부문에서 의무지출이 급증해 향후 국가부채 증가가 국가신용에까지 영향을 미치게 될 것으로 보인다. 공무원과 군인연금의 적자를 매년 메꾸어주는 정부보전금이 급증하고 있고, 국민연금의 적자구조로 인한 가입자들의 연금수급 기득권이 날로 증가하고 있다. 국민건강보험과 노인요양보험의 노인급여비 증가는 근로자 세대의 부담이 더 이상 불가능하게 하고 있다. 또한, 정치권은 최근 선거 때마다 현금을 중심으로 한 매표행위를 전략으로 하고 있다. 노인장기요양보험의 급여는 요양이 필요한 노인의 특성상 한번 받기 시작하면 평생 보장받게 될 가능성이 높아서 마찬가지로 평생 받는 국민연금과의 운용에 대안을 마련해야 한다. 요양대상이 되는 노인의 경우 국민연금이 거의 노인장기요양비로 지급된다고 보아야 한다.

셋째, 정부의 재정지출에서 성장예산은 감소하는 반면 복지예산은 급증하고 있으나 소득재분배효과는 보편적 복지로 인해 정체 혹은 비빈곤층에 혜택이 집중돼 오히려 역분배로 이어지고 있다. 즉, 현재의 재정시스템으로는 시장경제가 회복되기 보다는 오히려 경제적 유인을 저해함으로써 사회 전체를 빈곤의 함정에 빠지게 하고 있다.

넷째, 주택에 대한 재산과세의 증가는 사실상 가처분소득을 줄여서 생활수준을 낮추지 않고는 더 이상 세수 확대가 불가능하다. 미실현 소득에 근거한 재산과세는 실질적으로 소득세와 같다. 이는 소비지출을 줄이게 해 경제에 부정적인 영향을 미친다. 주택시장에서도 주택 수요를 위축시키고 결과적으로 국민들의 전반적 주거수준을 낮추게 된다.

국가재정의 관리는 국가 간 비교로 평가할 필요가 있다. 특히 우리 경제가 7번째 5030국가(5000만 명 인구로 1인당 국민소득 3만 달러)에 들어감으로써 재정관리에서도 이들 국가와 비교를 통해 장기재정 관리를 하는 게 바람직하다. 우리나라 국가예산구조를 2007년부터 2017년까지 이들 국가와 비교하면, 경제활성화에 대한 지출이 크게 줄고 보건, 사회보장 및 일반행정에 대한 비중이 크게 늘었다. GDP 대비 세수의 비중도 우리나라는 2017년 35%이나 이는 사회보험료(국민연금 9%, 건강보험 6.5% 등)가 제외된 것으로서 5030국가들과 비교해 이미 상당한 부담을 하고 있다.

국가예산 원칙 다시 확립해야

글로벌 경제에서 국가재정의 안정화가 지속적 경제성장의 핵심이다. 특히 수출주도국가인 우리나라에서는 어떤 다른 나라보다 중요하다. OECD 국가들은 재정위기 관리현황을 5년 주기로 조사하고 있다. 이에 따르면 우리나라는 11개의 관리요소 가운데 3개만을 관리하고 있는 것으로 보고되고 있다. 따라서 우리나라 국가재정은 위기에 매우 취약하다고 할 수 있다. 그리고 국가재정은 국가신용등급에 직접적으로 영향을 미치고 이는 환율과 국채이자율에 영향을 끼쳐 수출입 경쟁력을 좌우한다.

국가재정의 목표는 거시적 관점과 미시적 관점으로 구분해야 한다. 거시적 관점에서 재정안정은 곧 국가경쟁력이다. 저금리와 과잉유동성으로 금융정책의 효과성이 사라진 상태여서 효과 없는 경기부양형 추경은 지양해야 한다. 그리고 소득주도성장 등 검증되지 않은 경제이론에 기초한 이념적 정책목표도 과감히 폐기해야 한다. 미시적 관점에서는 통제적(command and control) 정책에서 벗어나 민간의 활력을 불어넣는 세제나 보조금 정책을 강화해야 한다. 예산 지출보다는 탈규제 정책을 우선으로 하고 정부 주도가 아니라 민관 협력을 강화해야 한다.

문재인 정부의 재정위기는 경제정책의 실패에서 발생한 것이다. 첫째, 가격통제를 통한 규제정책이 주를 이루고 있고, 각종 규제로 민간부문의 유인시스템을 거의 무시하면서 이를 국가재정으로 해결하려고 한다.

둘째, 양극화를 해소한다는 명분으로 국가가 직접 현금을 살포하고 있다. 이에 대한 재정은 현재 40% 수준의 국가채무비율이 선진국에 비하여 낮다는 것을 이유로 국가부채로 충당하고 있다. 이는 결과적으로 공유지의 비극(Tragedy of Commons)을 낳을 것이다. 사실상 무상현금의 비극(Tragedy of Free Money)이다.

셋째, 토지 등에 대해 공유자산이라는 개념을 인용하면서 사유재산권을 인정하지 않고 있다. 그러나 토지공개념과 현 정권이 주장하는 사실상의 '주택공개념'은 다르다. 이에 따른 주택시장과 자본시장의 왜곡이 장기적 경제성장 기회를 소멸시킬 것이다.

넷째, 복지지출이 연간 10% 이상 증가하고 있음에도 불구하고 무상복지라는 비빈곤층 복지로 양극화 문제는 해결되지 않고, 부동산 가격을 억제한다고 하면서 오히려 부풀리는 부동산 정책 등으로 양극화가 더 심화되고 있다.

이러한 관점에서 국가재정의 개혁은 시급하고, 장기적인 정부예산의 효율화를 통한 수지 개선으로 국가부채 전략을 재구성해야 한다.

첫째, 재정준칙 및 페이고(pay-as-you-go)정책을 확립해야 한다. 정부의 재정준칙은 다음과 같다.

한도 계산식	(국가채무 비율 / 60%) × (통합재정수지 비율 / △3%) ≤ 1.0

* 국가채무 비율이 60%를 상회할 경우 통합재정수지를 △3%보다 축소하여 기준 충족

GDP 대비 국가채무비율은 60%, 통합 재정수지비율은 -3% 이내로 관리하는 것인데, 이는 사실상 국가부채를 60%로 올리기 위한 명분의 방정식이라 할 수 있다. 따라서 현재의 국가채무 증가율을 억제하는 목적의 재정준칙이 작성되어야 한다. 의무지출이 급증하고 있어서 새로운 의무지출 수요에 대해서는 재원조달 계획을 의무화해야 한다.

둘째, 사회보험은 근로자들의 생애안전보장(lifetime social security)으로, 보험수리적 수지균형부담으로 재구축되어야 한다. 사회보험은 소득재분배 수단이 아니다. 사회보험은 최후의 기본보장으로 개별적 사회보장은 민간보험이 담당하도록 해야 한다. 생애 사회안전망을 정부가 통째로 부담하는 것은 불가능하다.

셋째, 저출산 문제를 해소하기 위하여 총체적 청년정책을 재구성해야 한다. 저출산과 고령화는 관련이 없고, 오히려 저출산 문제는 더 복잡하고 총체적으로 조화를 이루어야 한다. 이는 현재의 저출산 비용을 현격히 줄일 수 있다.

넷째, 경제의 내외부적인 환경변화에 따른 재정구조의 조정이 필요하다. 코로나19 이후 경제구조는 단순 제조업 중심에서

정보통신기술(ICT)과 복합적으로 결합한 제4차 산업혁명 중심으로 바뀌고 있다. 개인의 생활은 더 혁신적으로 편해지는 반면 소득양극화는 더 심화될 것이다. 따라서 혁신산업에서 발생하는 소득을 효율적으로 비생산적 부문으로 원활히 이전하는 재분배시스템이 구축되어야 한다. 기업부문의 규제완화를 통하여 소득 증대를 극대화하고, 이를 바탕으로 저소득층의 기회보장과 생활안정을 확대시키게 해야 한다.

다섯째, 정보화기술의 발달에 따라 예산시스템을 투명하게 관리하고 국민과 공유해야 한다. 이는 국민으로부터 위임받은 정부의 제1과제다. 정보화로 정부의 예산관리기술이 발달함에 따라 한편으로 정부는 국민을 얼마든지 속일 수 있다. 복잡한 예산구조를 국민들은 충분히 이해할 수 없기 때문이다.

여섯째, 재정위원회를 설치해야 한다. 정책뿐 아니라 선거 공약을 제출받고 검증해서 재정 적합성을 검토해야 한다. 공약제출을 거부하는 경우 선거공영제의 혜택을 주지 않는 것도 고려해야 한다.

일곱째, 이상의 제안이 국가부채전략상 필수적 요소의 일부로라도 현실화되기 위하여는 '사회적 대타협'이 시급하다. 잠재성장률이 하락하고 있는 데다 제4차 산업혁명의 물결은 우리 기업의 경쟁력을 지속적으로 압박하고 있다. 게다가 자본주의의 핵심 가치인 노사관계는 적대적이고 파괴적 네거티브섬 게

임(negative-sum game)으로 악화하고 있다. 적대적 노사관계, 정책실패의 악순환, 역분배적 복지시스템, 로빈후드 조세시스템을 '사회적 대타협'으로 극복하지 못하면 '국가부채의 늪' 속에서 경제가 파탄하게 될 것이다. 사회적 대타협을 통한 협력이 복지비용이나 정책실패로 인한 부작용 비용 등 예산낭비를 억제하는 최선의 전략이고, 더 나아가 장기적 성장을 위한 디딤돌이 될 것이다. 기업과 가계는 서로 협력적 노사관계로, 기업과 정부는 탈규제를 통한 생산성 제고로, 가계와 정부는 생애 최후의 안전망을 튼튼히 하는 타협이 이루어져야 한다. 이는 개인에게는 기회를, 기업에는 창의력을, 정부에는 공정한 행정을 통해 투명하고 건강한 사회를 구축하게 할 것이다.

끊임없는 균형예산으로 국가부채 해결

국가부채는 단숨에 해결되는 문제가 아니다. 부채가 증가할 수 있는 것은 아직 사회적 신뢰가 있기 때문이다. 가계 부채가 늘어나는 이유는 신용으로 누군가 빌려주기 때문이다. 그러나 일단 가장이 실직하거나 수입원이 줄면 바로 부채 상환 압박이 들어오면서 파산을 겪게 된다. 국가도 마찬가지다. 우리 경쟁력이 있다고들 믿고 있기 때문에 기채가 가능하다. 그런데 잠재성장률이 하락하고 인구가 줄고 부채 이자를 갚는 데 허덕대기 시작하면 외국의 국채보유 투자자들은 상환을 요구하게 된다. 이는 항상 잠복해 있다가 어느 날 갑자기 튀어나온다. 서로 먼저 상환받으려는 '국채-런'이 발생한다.

가계가 부채에 쌓이면 파산하듯이 국가재정도 지속가능성을 항상 점검하고 건전성을 유지해야 한다. 이러한 작업을 끊임없이 지속해야 하는 이유는 그 피해자가 바로 국민들이기 때문이다. 특히 가장 큰 피해자는 취약계층 국민이다. 국가재정이 무너지면 이들에 대한 물적 금전적 지원이 끊어지고 바로 의식주 자체를 걱정해야 하는 상황이 된다. 이러한 관점에서 현재의 재정은 복지부문에 집중되면서 국가부채의 근본 원인도 비효율적이고 과잉적인 복지제도에서 비롯된다고 할 수 있다.

지금까지 논의된 정부예산의 효율화는 다음과 같은 국가부채 전략하에 수행되어야 한다.

첫째, 세대 간 불가피한 소득재분배를 낳는 복지개혁을 올바른 방향으로 진행하는지의 여부에 달려있다. 복지는 국민 모두에게 이해관계가 얽혀 있어서 결코 양보할 수 없는 영역이다. 끊임없이 설득하고 서로 미래세대에 행복의 기회를 열어주는 합의를 이끌어야 한다.

둘째, 같은 맥락으로 국가부채를 다음 세대에 이전시키지 않도록 성장 예산을 추구해야 한다. 모든 국민이 만족하는 복지정책은 다음 세대에 부담을 가져올 수밖에 없다.

셋째, 재정안정을 위해서는 안정적 조세수입이 가능해야 한다. 글로벌 국제경쟁에서 기업이나 개인들이 안정적 경제활동이 가능하게 해야 한다. 이를 위하여 국제기준의 추세에 따른 조세시스템을 구축해야 한다.

넷째, 정부서비스는 민간에 과감히 이양해서 혁신을 가능하게 해야 한다. 4차 산업혁명의 산물들(초고속 인터넷, AI, 로봇, 우버 등)이 정부서비스에 과감히 적재되어야 한다.

다섯째, 코로나19 사태 이후는 건강생태계, 사회생태계, 경제생태계가 서로 유기적으로 조화될 수 있도록 해야 한다. 이는 정부예산을 절감하는 가장 효과적인 방안이 될 것이다. 마지막으로, 경제학계의 각성이 요구된다. 현재의 국가재정 및 경제 위기는 자본주의 경제가 가지고 있는 태생적 약점인 시장실패와 이념 성향의 정부실패에 더해 경제학자의 실패다. 검증되지 않은 이론을 국민이 받아들이는 것을 방치하고, 실증된 이론이 완전히 무시되는 사회적 환경에 대한 경제학자들의 무관심이 현재의 재정낭비와 경제위기를 확산시키고 있다. 국민들에게 잘못된 경제개념이 정착하게 허용한 경제학계는 현재 상황을 심각하게 받아들여야 한다.

교육개혁 통한 미래인재 양성

김성식

Chapter 14

교육개혁 통한
미래인재 양성

인구감소 시대의 교육 방향

우리나라의 큰 걱정거리 중 하나는 인구가 급속히 감소한다는 것이다. 그것도 세계 유례없는 속도로 나타나고 있어서 적절한 대응이 가능할까 우려가 커지고 있다.

인구 감소의 가장 큰 원인은 출산율 저하다. 출산율 저하에 따른 인구 감소와 관련하여 일각에서는 교육 문제와 교육비 부담을 거론하기도 한다. 우리나라에서 자녀를 키우고 교육시키는 데 비용이 많이 드는 것은 사실이다. 출산율을 높이기 위한 정책은 근본적으로 교육보다는 사회정책으로 접근해야 한다. 다만, 교육이 이런 측면과 관련되어 있다는 점을 충분히 고려할 필요는 있을 것이다. 오히려 인구 감소 시대의 교육정책이 초점을 두어야 할 것은 출산율 저하에 의한 인구의 감소가 교육에 미치는 영향이다.

교육 팽창(학생 수가 급속히 증가하는 추세) 시대에는 교육에 대한 수요가 제공되는 교육의 기회보다 많다. 대학진학 기회는 제한되어 있지만 고교 졸업생이 많아서 대학진학을 위한 경쟁이 심해진다. 교육기회의 부족은 학생들에게 경쟁하도록 하기 때문에 학생 스스로 노력하고 공부하게 한다. 동시에 그 과정에서 모든 학생이 성공하지는 못한다는 문제가 발생한다. 성공할 수 있는 소수에 대한 교육 기회와 자원의 집중, 대다수 학생의 학교로부터의 소외와 배제 등 문제가 발생한다. 그동안 우리가 경험했던 과열된 입시경쟁, 학교 교육에 대한 불만, 사교육비 부담 등의 교육문제는 모두 이러한 상황에서 발생한 것들이다.

인구가 감소하기 시작하면 이러한 현상이 역전된다. 학생과 학부모의 교육 수요는 교육기회에 비해서 적어지기 시작한다. 최근 지방대학이 입학 정원을 채우지 못하는 현상이 그런 것이다. 이런 문제는 정점이 아니라 시작이라는 데 더 큰 문제가 있다. 앞으로 지방대학이 문을 닫아야 하는 상황은 가속화할 것이다. 그리 되면 우리가 그동안 경험했던 교육의 문제는 전혀 다른 방식으로 나타날 것이다.

현재의 교육 정책은 이런 현상의 위험성을 잘 알고 있지만 세부적인 정책에는 반영하지 못하고 있다. 인구감소의 영향이 실제 발생하기 전에 그런 결과가 나타나지 않도록 대응하는 것이 필요하다.

위기의 징후들: 기초학력 저하와 학력격차 심화

최근에야 학생 수의 감소를 체감하고 대책을 마련하느라 분주하지만 학령 인구의 감소는 이미 10년 전 초등교육에서부터 시작되었다. 감소한 학령 인구의 파도가 이제 고등학교나 대학교로 밀려간 것뿐이다.

학생 인구의 감소는 학생들의 학업 경쟁을 감소시킨다. 교육 기회는 그대로인데 경쟁하는 사람은 감소하기 때문이다. 물론 최상층 학생들은 여전히 명문대학 입학을 위해서 경쟁을 한다. 명문대학의 입학 기회는 변동이 없거나 다른 사람들과의 차이를 부각시키기 위해 세분화되기 때문이다.

학생들의 입시경쟁 감소는 교육적으로 바람직한 일이다. 문제는 입시경쟁 감소를 통해 만들어진 교육적 공간을 학교 체제와 정책들이 충분히 활용하고 있지 못한다는 데 있다. 과거 경쟁 시스템에서 만들어진 학교 체제와 교육정책들이 그대로 운영되는 상황에서 더 이상 학생들은 경쟁하고 싶지 않다고 느끼기 때문이라는 것이다.

과거 학교 시스템은 학생들의 경쟁을 통해서 유지되는 시스템이다. 학생들이 알아서 공부를 해주는 것이니 학교는 비교적 쉽게 결과를 낼 수 있다. 명문대학에 입학할 수 있는 우수 학생을 선발하면 앞으로 경쟁력은 계속 유지할 수 있다. 고등학교든 대학교든 우수 학생을 선발하려고 애쓰는 이유는 여기에 있다. 우수 학생을 유치하는 것은 소수 학교에만 가능하기 때문에 이런 체제에서 학교는 소수 엘리트 학교와 나머지 학교로 자연스럽게 구분된다. 물론 우수 학생을 선발하려면 교육 서비스를 좋게 하려는 노력이 필요하다. 학교의 노력이 있더라도 학생의 경쟁이 없다면 만족스러운 결과가 나타나지 않는다. 기본적으로는 학생들의 경쟁을 기반으로 유지되는 교육시스템이라고 할 수 있다.

이런 방식은 인구 증가와 교육 팽창의 시대에 더 유효하다. 인구 증가와 교육 팽창의 시기는 막 산업화가 시작된 시기였다. 산업화 시대에는 소수의 리더와 다수의 값싼 노동력을 필요로 하는 산업 구조였다. 산업 구조의 특성상 대학교육을 받은 인력이 크게 필요하지 않았고 대학을 나오지 않아도 일할 수 있는 기회가 많았다. 이러한 시대에는 소수 우수 인재를 잘 양성하여 일자리와 먹거리를 찾아야 한다는 논리가 통했다. 선택과 집중에 의한 소수의 엘리트 양성을 통해서 대다수 국민이 고용될 수 있는 일자리를 만들어야 한다는 것이다. 이런 점에서 소수 엘리트 중심의 교육체제가 가능하였다. 이런 교육 시스템 방식은 경제성장을 위한 토대와 자원이 부족한 상황에서 어쩔 수 없는 전략적 선택이었다고 할 수 있다.

중간 성취집단의 몰락

앞으로의 시대는 과거 산업화 시대의 산업과 일자리 구조가 아니다. 4차 산업혁명 시대라고 일컬어지는 현재와 미래사회는 지식기반 산업이 중심을 이루고 있다. 이제는 대학 수준의 지식과 기술력을 갖추고 있어야 경제 수준을 유지할 수 있다는 것이다. 이런 상황에서 인구도 감소하고 있다. 이는 대학 정도의 학력을 갖춘 인적 자원이 저절로 감소한다는 것을 의미한다.

이와 같은 지식기반 산업사회의 인구감소 시대에서는 경쟁은 더 이상 더 좋은 결과를 산출하기 위한 전략이 되지 못한다. 산업적으로는 대학교육 이상의 창의적인 우수 인재 수요는 늘어나는데 정작 학령인구가 감소하기 때문에 소수만 잘 키워내는 교육만으로는 적절히 대응하기 힘들다는 것이다. 소수 엘리트 교육을 정점으로 하는 경쟁 체제는 그에 맞는 인적 자원을 충분히 양성하는 데 한계가 있다는 것이다.

인구 감소에 따른 교육 위기의 징후는 벌써 나타나고 있다. 대표적으로 학생들의 기초학력 저하와 학력 격차 심화가 그것이다. 최근 코로나19 확산으로 인한 온라인 수업의 증대로 기초학력이 떨어졌다고 걱정하는 목소리가 높다. 기초학력 저하 문제는 실상 코로나19 이후 본격적으로 나타났다고 할 수 있지만 이전부터도 조짐을 보이고 있었다. 2015년 이후 국가수준 학업성취도 평가 결과를 보면 기초학력 미달학생의 비율은 지속적으로 늘어나고 있다. 근본적인 기초학력 부진 학생이 증가 추세에 있었는데, 코로나19로 인해 학교 수업이 불가능해지는 상황이 본격적으로 기초학력 문제를 발현시키는 일종의 트리거 역할을 한 것이다.

한 가지 특이한 점은 중간 성취 집단의 몰락이다. 상위권 학생들은 과거와 별 차이가 없다. 최근 나타나고 있는 기초학력 부진 학생의 증가는 중간 수준 학생들의 기초학력이 떨어졌다는 것을 의미한다. 이와 같은 현상은 OECD 학업성취도 국제비교평가(PISA) 결과에서도 비슷하게 나타난다. 국가별 평균 점수에서 순위나 성취 수준이 상위권인 레벨5와 레벨6에 해당하는 학생들의 비율은 과거에 비교해서 크게 변동이 없다.

이와 같이 최근 나타나고 있는 기초학력 저하와 중간 성취수준의 몰락 현상은 인구 감소 과정에 우수 인적 자원 양성 실패를 간접적으로 보여주는 징후라고 할 수 있다. 인구감소 시대에는 상당수 학생들에게 높은 수준의 학력을 유지시키지 못한다면 국가 경쟁력에서 크게 곤란함을 겪을 것이다. 상위권 학생들은 어떤 시스템을 채택하든 별로 달라지는 것이 없다. 이들은 가정으로부터 지원받든, 자신이 노력을 열심히 하든 적응하여 성공하기 위한 자원과 기회가 많기 때문이다. 최근 경험했듯이 코로나19로 충격을 가장 크게 받는 집단이 하위 계층 학생인 것과 같이 전체적인 트렌드 속에서 가해지는 충격에 가장 취약한 집단은 하위 계층이다. 이런 현상은 우리나라 교육 시스템이 인구감소, 산업구조의 변동 등 전체적인 사회 변동에 대응하여 학생들의 학력을 적절히 유지시키는 데 실패하고 있다는 점을 시사한다. 이는 향후 다른 대안적 전략을 고민해야 하며 학교가 경쟁하는 시스템으로 전환해야 한다는 것을 의미한다고 할 수 있다.

입시 위주 교육에서 미래 위한 교육으로

교육은 사람을 길러내는 일이기 때문에 시간이 지체된 형태이긴 하지만 양성한 사람을 통해서 다른 경제 사회의 구조적 문제 해결의 실마리를 제공한다. 사람이 세상을 바꾸고 그런 사람은 교육을 통해 길러질 수 있다.

지난 반세기 동안 우리나라는 세계에서 유례를 찾아보기 어려울 만큼 짧은 기간에 급속한 경제성장과 민주주의 발전을 동시에 이룩하였다. 이러한 성장과 발전을 가능하게 한 요인은 다양하겠지만 그 바탕에는 교육이 있다는 것을 부정하기 어렵다. 우리나라 교육은 사람들로 하여금 공평한 교육기회를 제공하고 능력에 따른 기회 분배의 가능성을 제공함으로써 높은 취학률을 가능하게 하였다. 높은 취학률은 국민의 문맹률을 낮추고 높은 학업능력을 갖추도록 함으로써 경제 발전, 민주화 등 사회 발전에 기여했다고 할 수 있다.

교육 확대와 보편화는 교육 담당자나 정부가 의도적·정책적으로 계획한 것은 아니다. 산업화 이전 교육 팽창은 베이비붐으로 인한 학령인구 증가와 식민지 시기 형성된 자녀교육에 대한 열망에 기인하여 우발적으로 촉발된 측면이 크다고 할 수 있다.

이와 같은 우리나라 특유의 자녀교육에 대한 열망은 과도한 교육열과 입시경쟁을 촉발하여 교육을 왜곡시키는 데에도 영향을 미쳤다. 미래사회에서는 창의융합적 인재가 필요하고 이를 위해서 창의적 사고나 고차원적 사고력을 키워주는 교육이 이루어져야 한다는 것에 모든 사람이 동의하고 있음에도 불구하고 현실 교육의 모습은 여전히 암기나 정답 찾는 교육에 머무르고 있다. 이러한 모순은 교육 분야의 혁신 노력이 부족했기 때문이기도 하지만 부모들의 교육적 요구가 여전히 대학진학을 위한 입시경쟁 때문이기도 하다.

더 심각한 것은 상당수 학생들이 입시위주 교육 때문에 오히려 교육으로부터 소외되고 있다는 점이다. 모든 학생이 더 좋은 대학에 진학하려고 적극적으로 경쟁에 참여하고 있지는 않다. 입시교육의 이면에는 공부에 별 관심이 없고 학교 교육활동에도 적극적이지 않는 학생들이 있다. 열심히 공부하지 않은 학생들을 의지가 없거나 노력하지 않았다고 비난할 수는 없다. 그보다는 학교가 입시위주로 흘러가기 때문에 자의든 타의든 교육으로부터 배제되었다고 할 수 있다.

교육에서 학생들이 좋은 대학에 진학하고 좋은 직업을 갖는 것은 매우 중요한 목표이기는 하지만 전부는 아니다. 국가 주도 하의 공적 자금을 들여 공교육 체제를 운영하는 데에는 그 나름의 이유가 있기 때문이다. 예를 들어, 개인의 먹고사는 문제와 특별히 관련은 없지만 시민으로서 인성 함양, 과학기술 발전을 위한 후속 학문세대 양성 등이 대표적이다. 학생 개개인의 노동시장 진입과 그에 따른 직업선택은 사회 전체에 기여한다는 공적 측면도 존재하지만 본질적으로는 개인의 성공이나 이익을 추구하는 행위이다. 개인의 이익 추구를 위해서 공적 기구가 전적으로 조직화되고 운영될 수 없는 면도 존재한다.

이런 측면들은 교육에 대한 수요자, 학생과 학부모의 인식과 상충된다는 점에서 교육 내부의 긴장을 유발한다. 학생과 학부모는 바른 인성을 함양한 사람으로 성장하기 바라지만 더 큰 관심은 자녀의 진학이나 직업선택에 있다. 공급되는 교육의 목적과 실제 교육을 받는 수요자의 목적 간 불일치는 여러 문제를 야기하는 요인으로 작용한다.

이런 점에서 아동청소년과 청년을 위한 교육 시스템에 대한 새로운 청사진이 필요하다. 선택, 경쟁 등 자율화와 다양화를 주요 내용으로 하는 5·31교육개혁이 추진된 지 25년이 지났다. 어떤 요소들은 무리없이 추진되었고 일부 요소들은 갈등과 쟁점을 유발하기도 하였지만 우리나라 초·중·고등교육을 전면적으로 변화시킨 것은 사실이다. 현재 교육의 문제는 5·31 교육개혁 시대에 나타난 현상이라고 할 수 있다. 이는 현재 교육에서 나타나는 문제의 해결이 일부 지엽적인 변화만으로는 어렵고 전반적인 시스템 전환이 필요할 수 있으며, 그동안 시대적 변화를 반영하는 새로운 교육 플랜을 준비할 시기가 되었다는 것을 의미한다.

공급자에서
학습자 중심 교육으로

그 방향은 교육이 학습자 역량을 키우는 데 좀 더 역할을 할 수 있도록 해야 한다는 것이다. 과학기술의 발전이 급격히 이루어지는 미래사회에 아동청소년기 일정 기간의 학교 교육으로 모든 것을 준비할 수는 없다. OECD의 교육 2030 프로젝트에서는 미래사회가 급격히 변화하고, 불확실하고, 복잡하기 때문에 학교 교육 개혁의 방향으로 미래사회를 만들어갈 수 있는 변혁적 역량들(transformative competencies)을 중심으로 하는 학습자 주체성(student agency)이 필요하다고 제안되었다. 이미 정해져 있는 미래를 위해 준비하는 교육이 아니라 학생들이 자신들의 미래를 개척하고 더 나아가서 자신들이 원하는 미래를 스스로 만들어갈 수 있는 역량을 키울 필요가 있다는 것이다.

이를 위해서는 무엇보다 현대 교육정책의 방향이 종래 공급자(교육행정기관, 학교, 교사) 중심의 교육체제에서 학습자 요구에 민감한 교육체제로 전환되어야 한다. 현재와 같은 입시를 위한 서열화 체제가 학습을 증진할 수 있을지도 의문이다. 미래사회의 변화에 따라 종전 산업사회에서와는 전혀 다른 시스템이 요구되고 다양한 교육적 요구를 수용할 수 있는 다원적 학교체제가 필요하다는 것이다.

미래교육의 방향은 수요자 중심보다는 학습자 중심의 체제가 필요하다. 학습자 중심의 교육이 되려면 학교 내 교육경험이 다양화되어야 하고 그러한 다양한 경험을 학습자가 주도하고 선택할 수 있어야 한다. 분절된 지식을 배우도록 하는 교과 중심의 교육과정 체제 변화가 필요하고, 그에 따라서 가르치는 방법에 대한 혁신, 세분화된 학과 간 분리, 위계화된 학교 유형화의 재구조화 등에 대해서 고민이 필요하다. 즉 교육 내부에 존재하는 다양한 형태의 칸막이들이 우선적으로 재검토될 필요가 있다는 것이다.

중등교육 단계에서 '일자리 교육'으로서 진로교육에 대한 강조가 필요하다. 중등교육 단계에서 특성화고등학교 형태로 분리된 이원화 체제를 갖추고 있는데, 이런 분리된 중등 직업교육의 체제가 그동안 우리나라 산업발전에 기여하였고 나름대로 장점이 있는 것이 사실이지만 변화된 시대 상황 속에서 앞으로 어느 정도 적합성과 실효성이 있을 것인가에 대해서 한번 검토해볼 필요가 있다.

일자리 교육은 특성화고 학생들뿐만 아니라 일반고 학생들에게 더 필요하다. 일반고 학생들이 모두 자신이 원하는 대학에 진학할 수 있는 것도 아니고 대학진학이 취업 문제를 해결해주지도 않는다. 일부 상위권 학생을 제외하고는 일반고 학생들의 직업탐색과 직업능력 개발은 특성화고 학생들보다 열악하다고 해도 과언이 아니다. 진로 탐색과 개발이 충분히 이루어지지 않은 상태에서 일반고에 진학하는 경우가 대부분이기 때문에 학교에서 방치되거나 소외되는 경우가 많다. 이런 점에서 진로교육은 이미 정해져 있는 직업을 찾고 그에 맞는 능력을 키우는 것이 아니라 자신의 미래 일자리를 개척하고 만들어갈 수 있는 '일자리 교육'으로 혁신될 필요가 있을 것이다.

공정한 입시와 교육체제 혁신

대학진학을 위한 입시교육이 우리나라 교육을 망치고 있다는 비판은 어제오늘의 이야기가 아니지만 여전히 그 그늘에서 벗어나고 있지 못하다. 우리나라의 모든 교육문제는 대학입시로 귀결되는 경향이 있는 것이 사실이다. 부모가 자녀를 좋은 대학에 보내려고 하는 열망을 탓할 수는 없다. 좋은 대학진학이 취업에 유리하고 이후 삶에 영향을 미치기 때문이다.

대학입시에서 공정의 문제가 제기되고 있다. 청년들이 관심을 갖는 공정에 대한 이슈는 부모나 다른 외부의 개입이 가능한 입시제도라는 점에 있다. 동일한 기회를 갖고 있는 것 같아도 누구는 더 많은 기회가 주어지고 누구는 동일한 노력에도 평가를 제대로 받지 못한다는 것이다.

이런 점에서 학생부종합전형의 문제점이 지적되고 있다. 학생부종합전형의 원형인 입학사정관 제도는 미국의 대입제도 역사 속에서 보면 시험 점수에서 우위를 보이는 유대계 학생들을 견제하기 위한 제도로 공정함과 거리가 멀다. 이런 점에서 점차 수능 중심의 정시가 확대되어야 한다는 주장이 설득력을 얻고 있다.

대학입시의 공정성 문제는 단순히 입시 전형 방식의 문제를 넘어선다. 이런 대학입시의 공정성 문제는 학교 교육체제와 관련이 있다. 좀 더 나은 교육적인 평가 방식으로 인식되는 수행 평가, 과정 중심의 평가는 입시 경쟁의 측면에서 보면 부모의 작용을 가능하게 한다는 점에서 불공정성을 높이는 기제이다. 수행 평가는 집에서 하는 평가로 변질되어 있고, 부모의 조언과 관심이 없는 학생들에게는 불리할 수밖에 없다. 반대로 보면 학교에서 제공해주지 못하는 더 높은 수준의 정보나 기회가 있는 사람들에게는 매우 유리한 운동장으로 작동할 수 있다.

또 다른 요인을 찾아본다면 학년별 교육체제를 들 수 있다. 현행 학년제는 동일 연령의 학생들이 동일한 내용을 동일한 기간 동안 배우고 경쟁해서 우열을 가리는 방식이다. 일정 집단에서 우수한 사람들을 선발해내기 수월한 방식으로 교육이 구조화되었다는 것이다. 그러다 보니 고등학교 교육은 대학입시 경쟁에 초점이 맞추어질 수밖에 없고 입시위주 교육을 가속화할 가능성이 높아진다.

우리가 너무 당연하게 생각하는 학년제는 교육체제로서 유일한 형태는 아니다. 비교적 발달과정에서 어느 정도 성인의 보호와 생활 관리가 필요하고 의무교육으로서 시민으로서 기본·기초 자질과 태도를 길러야 하는 초·중학교는 몰라도 고등학교 단계에서는 새로운 방식을 다양하게 모색해볼 필요가 있다. 고등학교 단계에서 학년제에 대한 대안을 모색해보는 것도 방안이 될 수 있다.

일·학습병행제 확대 필요

대학입시의 공정성 문제 해결을 위해서는 보다 근본적인 접근이 필요할 수 있다. 대학입시 문제는 교육적 문제라기보다는 경제적 문제이기 때문이다. 입시경쟁은 교육적 목적보다는 더 나은 조건의 취업과 지위 획득을 바라는 행동이라는 점에서 교육적 성격보다는 노동시장의 문제에 가깝다. 대학입시에서 공정성 문제가 관심의 대상이 되는 이유는 일차적으로 대학이 서열화되어 있고, 그 서열과 취업, 사회 지위 등 이후의 경제 사회적 보상이 비례하기 때문이다. 따라서 근원적으로 대학입시의 공정성 문제 해결을 위해서는 대학이 서열화 체제에서 수평적 분화 체제로 재편될 필요가 있다.

이와 함께 취업과 지위 경쟁이 고등학교 졸업이라는 특정 시점에 결정되어야 하고 그에 따라 평생이 좌우되는 방식으로 이루어져야 하는지에 대해 의문을 가져볼 필요가 있다. 고교 졸업 시점에 원하는 결과를 얻지 못했다 하더라도 이후 삶 속에서 제2의 대학진학 기회를 언제든 다시 얻을 수 있다는 사회적 분위기를 만들어가야 하며, 취업경력자의 대학입학, 일과 학습 병행제 등 이를 뒷받침할 수 있는 대학입학 지원제도가 확대될 필요가 있다. 단순히 선취업 후진학 또는 일·학습 병행의 개념이 아니라 비교적 장기간 취업 경력이 있는 모든 사람이 자신의 직업

전환이나 직업능력 개발을 위해서 다른 대학생들과 동등하게 대학 고등교육을 활용할 수 있는 기회가 확대되어야 한다는 것이다. 이는 앞으로의 교육개혁이 고등교육 개혁에 그 핵심이 있을 수밖에 없다는 것을 시사한다.

노동시장과 연결된 고등교육 개혁

최근 우리나라는 전반적인 경제 둔화로 일자리 문제가 심각한 사회 문제로 부각되고 있다. 특히, 사회 전체적으로 일자리 창출과 고용이 부진한 가운데 청년 일자리 문제가 심각하다. 통계청에 따르면 우리나라 고용률은 60% 중반으로 조금씩 향상되고 있지만 OECD 평균 고용률에 미치지 못하고 있다. 주요 선진국이 70%를 넘는 수준을 보이는 것에 비교하면 여전히 낮은 수준이다. 청년(15~29세) 고용률은 2019년 기준 43.5%이며 실업률은 8.9%에 달하고 있다고 한다.

이와 같이 대학 졸업자 중 구직 포기, 취업준비 등 비경제활동인구가 증가한 데에는 대졸자의 증가가 관련돼 있다. 고등교육을 받은 사람은 증가하는 반면 그에 부합하는 일자리 증가는 따라가지 못한다. 증가한 일자리가 대졸자에게만 기회가 주어지는 것이 아니고 반대로 정년으로 인한 은퇴자도 존재하기 때문에 일자리 전체 수 증감과 대졸자 수의 직접적인 비교는 어렵기는 하지만, 새로 노동시장으로 진입하는 잠재적 구직자에 비해서 일자리 수가 상대적으로 부족하다고 할 수 있다.

더 큰 문제로 대학교육 수준에 맞는 일자리가 부족하다는 점도 청년 일자리 문제를 가속화하는 요인으로 작용한다. 대졸자가 희망하는 괜찮은 일자리는 대졸자 규모에 비해서 크게 부족하다고 할 수 있다. 이렇게 보면 현재 청년 일자리 문제는 교육과 노동시장의 불일치 현상으로 표현될 수 있다. 청년 고용률 저하와 실업뿐만 아니라 교육수준보다 낮은 일자리로의 취업, 업무 내용과 대학전공의 불일치 등도 이와 연관된다. 이런 맥락에서 노동시장에 대응하지 않는 교육에 대한 비판이 늘어가고 있다고 할 수 있다.

양질의 일자리 늘어야 취업문제 해결

따라서 대졸자 취업문제를 해결하기 위해서는 무엇보다 대졸자 수준에 맞는 양질의 일자리가 증대되어야 한다. 일반적으로 불일치나 간격을 줄여나가는 것이 문제의 해법이나 발전 방향이라고 생각된다.

이와 같은 청년 일자리 문제는 교육의 문제이기도 하다. 추가적인 시간과 비용을 들여 대학교육을 이수하였는데 그에 맞는 일자리가 부족하다는 것은 개인적으로도 사회적으로도 손실이 아닐 수 없다. 그뿐만 아니라 교육기관 졸업자의 취업은 교육의 성과를 보여주는 한 측면이라는 점에서 교육의 과정에 영향을 미치게 된다. 이런 점에서 노동시장을 염두에 둔 교육개혁이 모색되어야 한다.

현재 교육과 노동시장의 관계는 어느 시점부터 서로 부정적 영향을 미치는 악순환의 고리로 연결되어 있다. 경직된 노동시장은 취업 불안을 야기함으로써 청소년과 청년 시기 교육에서 경쟁을 심화시키고 왜곡시킨다. 또한 노동시장의 이중구조는 교육에서의 이중구조를 만들어내고 교육경쟁을 더 낮은 단계로 전이시킨다. 예를 들어, 대학 입시경쟁의 심화는 자사고, 특목고, 영재고 등 선별된 학교에 대한 경쟁을 유발하고, 교육경쟁으로 인한 사교육 문제를 유아와 초등교육 단계로까지 확산시킨다. 이와 같은 노동시장에 의해 촉발된 교육의 실패는 결과적으로 노동시장의 활력을 잃게 하고 산업과 경제 부문에서 직면하는 여러 도전에 효과적인 대응을 어렵게 한다. 교육의 확대로 인한 초과 인력의 양산은 노동시장의 불안을 증대시키고 왜곡시킨다는 것이다.

이런 악순환의 고리를 끊고 선순환 구조로 기능하기 위해서 일자리 중심의 고등교육 개혁이 필요하다. 대학교육은 다른 교육단계보다 청년 취업문제와 관련해서 가장 직접적인 관련성이 높다. 대학 졸업생은 바로 노동시장으로 이행하게 된다는 점에서 대학교육과 노동시장 간 상호 영향을 미치는 시간적 거리도 크지 않다. 대학교육이 당면하고 있는 수도권과 지방 간 격차, 지방대학 위기 등의 문제는 일자리 문제와 무관하지 않다. 노동시장의 위축과 대학 서열화 현상이 심화될수록 수도권 중심의 대학 집중화와 지방 대학교육 기회의 황폐화는 가속될 수 있다. 이런 위기들은 대학이 강점을 살려 특화하지 않고 우수학생 선발 경쟁에 몰두한 결과이기도 하다.

대학교육의 문제는 초·중등교육의 문제보다 더 해결하기 어려운 문제이기는 하지만 일자리 문제를 중심으로 해결 방향을 모색해볼 필요가 있다. 지방대학이 어려움을 겪는 이유는 전반적인 학령인구 감소에 있지만 그것만으로 충분히 설명되지 않는다. 취업시장 규모와 가능성에 차이가 있기 때문에 지방에서 수도권 대학으로 학생들의 쏠림현상이 더 나타나게 된다. 이런 상황에서 지방대학의 위기가 구조개혁 평가와 퇴출, 거점 국립대 중심의 지원 등으로 해결될 수 있을지는 좀 더 생각해볼 필요가 있다. 지역의 산업구조와 노동시장에 맞는 지역 대학의 성장이 필요하며 '청년' 대학생 외에도 직업 이동과 전환, 은퇴자의 재취업 등 삶의 질 향상과 사회 이동 촉진을 위해 기성세대에 대한 고등교육 기회 확대도 필요하다. 이런 방향에서 일반대학과 전문대학 중심으로 구성되어 있는 400여 개가 넘는 고등교육기관들이 다양한 기능으로 재편되고 재구조화될 필요가 있을 것이다.

미래사회의 교육 – 평생학습 사회의 구현

한 사회의 교육을 바꾸는 일은 교육 문제를 해결하는 데 관련될 만한 좀 더 근본적인 이유에서 이루어져야 한다. 현재 우리가 직면하고 있는 교육문제는 학교 교육이 학생 개인의 잠재력을 신장시키는 데 미흡하다는 점, 교육 기회 균등이 충분히 실현되지 못하고 있다는 점, 4차 산업혁명으로 대표되는 지식기반 사회가 요구하는 교육, 즉 창의성 교육, 직업교육 등에 대응하지 못하고 여전히 입시위주 교육에 치중하고 있는 점, 청년 실업자를 양산하는 고등교육 등을 들 수 있다.

교육개혁의 방향은 현재 문제의 해결이면서 미래사회에 대한 전망이기도 하다. 앞으로 도래할 것으로 예견되는 AI 시대는 우리의 미래 삶과 관련하여 낙관적 전망과 비관적 전망을 동시에 제기한다. 낙관적 전망은 AI 시대의 기술력이 인간의 삶에 편리성을 좀 더 높여줄 것이라는 기대이고, 비관적 전망은 AI가 모든 분야에서 인간을 대체함으로써 일거리가 점점 감소할지 모른다는 두려움이다. 지식과 기술이 고도로 발달하고 직업과 노동시장의 변화는 매우 급변적일 것이라는 점이다.

불확실하고 변동성이 큰 사회에서는 모든 사람이 전 생애에 걸쳐서 자신의 필요에 따라 직업 역량을 개발해 고용 기회를 스스로 넓힐 수 있도록 상시화, 다원화된 평생 학습체계가 구축될 필요가 있다. 이와 같은 평생학습 체계 마련을 위해서는 국가 차원의 지원 확대와 기업 사용자의 인식 전환이 필요하다. 국가 차원의 지원은 단순히 현금성 지원보다는 직업역량 교육을 위해 사용할 수 있는 교육상여금제, 근로자들이 교육기관에서 무상으로 교육받을 수 있는 교육휴가 청구권, 실업자의 취업준비를 위한 대학 계속교육제도, 장기간 직업교육을 위한 지역사회대학 또는 성인교육대학 등 평생학습을 보장할 수 있는 지원 제도의 확충이 좀 더 의미가 있을 것이다. 이뿐만 아니라 디지털 정보통신기술을 적극 활용하여 일자리 정보의 양과 질을 개선할 필요가 있다. 기업 등 사용자도 근로자들에 대한 교육 지원이 비용 발생이 아니라 인적 자본 증대로 이어짐으로써 생산성 향상에 도움이 될 수 있다는 인식이 필요하고 사내 대학 운영, 기업연계를 통한 공동과정 개발 등 자체적인 직무역량 강화를 위한 노력과 투자 또한 필요하다.

디지털 정보통신기술이 발달하고 사회 변동성과 불확실성이 큰 앞으로의 시대는 청소년이나 청년기 교육받은 것으로 전 생애의 삶을 영위하기 어렵게 되고 끊임없이 새로운 지식과 역량을 학습하는 것이 중요해진다. 이는 미래를 단순히 준비하는 사람이 아니라 미래를 만들어가는 주체적 변혁적 학습자가 중요하다는 것을 말해준다. 이를 실현하기 위해서는 생애주기별 역량 함양을 위한 유아교육, 초등교육, 중등교육, 고등교육, 성인교육 등을 모두 포괄하는 평생 학습체제를 마련하는 일이 무엇보다 중요하다고 할 수 있다.

한·일 관계, 협력 통한 해법 찾기

손기섭

Chapter 15

한·일 관계,
협력 통한 해법찾기

한·일 관계의 복합적 갈등과 비전 설정

2021년 11월 시점의 한·일 관계 현주소는 전후 최악이라고 할 수 있다. 한·일 상호간 신뢰성이 전혀 없는 상황이다. 문재인 정권은 강제징용 문제 등 한·일 관계 주요 쟁점을 타개할 만한 능력과 여유가 없고, 일본 기시다 신임 자민당 정권도 해법을 한국정부가 먼저 가져와야 한다는 입장이다.

2010년대에 한·일 관계가 복합적으로 악화되었다. 1965년 국교정상화에서 시작하여 냉전기-탈냉전기를 거쳐 2010년대에 들어서서 한·일 '65년 체제'의 종언을 고하고 있다. 한·일 정치리더십의 세대교체가 변화의 강력한 동인으로 작용했다. 2010년 이후 일본이 전후세대 정치리더십으로 바뀌어 보수우

경화가 가속화되면서부터다. 2018년 이후는 위안부 문제, 강제 징용 문제, 초계기, 수출규제, 한·일군사정보보호협정(GSOMIA), 오염수 문제 등 한·일 갈등 이슈가 매우 다각화되고 복합적으로 심화되었다.

1990년대 이후 중국이 강대국화하면서 중국에 어떻게 대응할 것인가가 한·일 관계에서 매우 중대한 문제가 되었다. 최근 문재인 정부가 중국에 경사된 외교태도를 보임에 따라 한·중·일 균형외교에 금이 가기 시작했다. 중국뿐만 아니라 북핵위기 대응을 위한 한·미·일 협력도 균열을 보였다. 쿼드(Quad: 미국 인도 일본 호주 등 4개국 비공식 안보회의체) 참여문제에 대한 이견과 한·일 협력의 엇박자로 북핵위기가 가속화되고 있으며 한·일 간 해법 역시 다르다.

일본은 2020년 가을 아베 정권에서 스가 정권으로, 2021년 9월 스가 정권에서 기시다 정권으로 교체되었다. 2017년 5월부터 2020년 9월까지 약 3년 반 정도 지속되었던 아베 총리와 문재인 대통령 간의 한·일 대립구도에서 일본이 외교를 지휘하는 국가 수장을 바꾼 것이다. 문재인 정부 들어서 대립과 갈등으로만 일관하던 한·일 관계가 일본 쪽 정권의 변동 즉, 자민당 내 총리와 내각이 교체되는 정권변동을 거쳐 새로운 환경조성의 발판이 마련되었다. 따라서 2022년 3월 9일 치러지는 한국의 대선이 새로운 한·일 관계를 마련하는 최후의 환경조성 카드가 될 것이다.

2021년 11월 현재 한·일 관계가 왜 이렇게 악화된 것일까?

첫째, 한·일 관계를 둘러싼 국제정치환경의 시대적 전환이 발생했기 때문이다. 무엇보다 한·미·일 간에 동아시아 외교안보 정세를 둘러싼 정책적 시각이 달라졌다. 멀리 보면 1990년대 이후 냉전기가 탈냉전기로 변모되면서 동아시아 안보정세의 급변이 있었고 이에 대응하는 한·미·일 간의 협력 강도가 매우 약화되고 변모되었기 때문이다. 탈냉전기의 1990년대와 2000년대의 반테러리즘 전쟁기, 그리고 2010년대의 미·중 대립기에 미·일은 지속적으로 외교안보 협력을 강화해 왔다. 일본은 2009년에서 2012년 사이에 민주당 집권기가 있었지만, 대체로 미·일 협력을 강화하는 정책기조를 유지했다. 2012년 12월 아베 2기 집권기부터 현재 기시다 정권에 이르기까지 미·일 동맹 기조는 '집단적 자위권'의 법제화에서 나타나듯이 지속적으로 강화되었다. 반면, 한국의 경우는 북한 핵위기 문제와 중국정책 등에서 한·미 간 협력이 불충분했고, 한·일 간에는 위안부 문제 및 강제징용 문제 등에서 불협화음이 끊이지 않았다.

둘째, 한국의 선진국 진입에 따른 한·일 간 국력격차의 축소와 한국의 민주화 진전이 한·일 관계에 상당한 긴장을 몰고 왔다. 한국이 2018년 기준 GDP 1조7208억 달러로서 세계 10위 정도의 경제 규모를 기록한 반면, 일본의 GDP는 4조9709달러로서 미국과 중국에 이어서 여전히 세계 3위이나, 그 상대적 격차는 과거 1960년대, 1970년대에 비하면 엄청나게 줄어들었다. 1인당 GDP는 한국 3만2000달러 대 일본 4만1000달러 규모로서 상당히 근접해 있고 구매력을 기준으로 한 1인당 GDP는 한·일 모두 4만1000달러 정도로서 별 차이가 없는 것으로 나타난다. 한국의 경제력 성장과 민주화의 진전은 일본정부에 대해 과거사 문제의 철저한 청산요구로 나타났다.

반면, 일본은 1960년대에서 1980년대에 이르기까지 개발도상국이었던 한국이 2010년대에 선진국으로 진입하여 경제적 라이벌로 성장함에 따라 탈전후적 경쟁관계로 전환된 시각을 가지게 되었다. 또한 한국의 역사청산 요구는 전후 개발도상국 시절에 한국을 공적개발원조(ODA) 정부차관으로 많은 지원과 협력을 아끼지 않았는데 이를 평가해주지 않아 섭섭해한다.

셋째, 한·일 국교정상화 이후 구축되어 온 한·일 간의 정·재계 협력채널의 약화와 정치리더십의 세대교체다. 1990년대 한국에서 민주화된 문민정부가 등장한 이후 2010년대에 이르기까지 한·일 관계를 원만히 푸는 데 순기능을 했던 정·재계 인맥과 네트워크는 약화되고 완전히 노후화되어 그 성격이 크게 달라졌다. 한·일 양국 공히 정치리더십이 전후세대로 교체되었고 양국관계를 인식하는 시각도 매우 달라졌다고 평가할 수 있다.

넷째, 2010년대 후반부터 더욱 악화된 한국 문재인 정부와 일본 아베 정권으로 대표되는 한·일 양국의 최근 대립과 갈등을 보면, 역사청산에 대한 양국의 시각차와 동아시아정세에 대응하는 양국의 정책 차이가 골이 깊다. 아베를 비롯한 일본 자민당 지도부는 한·일 국교정상화 50주년이던 2015년 말에 겨우 성사시킨 일본군위안부 문제의 해결책을 문재인 정부가 파기시켰고 나아가 일제강점기의 '강제징용' 문제를 방치하여 사태를 악화시키고 있다고 인식한다. 반면 한국은 일본의 아베 총리로 대변되는 일본 정계의 보수우경화 정책노선이 과거사 청산을 가로막고 있다고 인식한다.

새로운 외교비전의 설정

상기 원인들을 분석해 보면 최근의 갈등 원인의 주된 줄기는 한국의 문재인 정부가 야기시킨 형태가 더 많아 보인다. 문재인 정부가 갈등의 원인을 직시하여 해법을 찾지는 않고 끊임없이 과거사 문제를 들추어내어 사태를 자꾸만 악화시키는 쪽으로 몰고 온 것이다. 물론 일본 자민당 정권이 가진 보수우경성이 야기하는 옹고집과 비역사성이 없지는 않다. 하지만 외교적 대응에 따라서는 문제를 풀어갈 수도 있는 것을 풀지 않고 사태를 자꾸만 키워왔다.

한국이 올바른 외교 비전을 설정하고 2020년대 한·일 관계의 갈등해법을 어떻게 마련할 것인가에 한국외교의 사활이 걸려 있다. 2021년 12월 현재 시점에서 대한민국의 자유민주주의와 시장경제, 인권과 법치의 이념을 바로 세워줄 수 있는 희망은 시장경제를 중시하는 '국민의힘' 윤석열 후보밖에 없어 보인다. 이번에 '국민의힘'이 정권교체에 성공하지 못하면 대한민국의 선진화와 한반도 비핵평화국가의 희망은 멀어질 것이다. 자유민주주의의 법치가 무너질 뿐만 아니라, 한·미 동맹은 해체 위험에 처해져 국가안보는 존망의 기로에 놓일 수 있다.

2021년 6월 29일 윤석열 후보는 대선 출마선언문에서 문 정권의 권력사유화와 무능은 가히 '국민약탈정권'으로 불릴 만하다고 규정했다. 만약 20대 대선에서 정권을 교체하지 못하면, 대한민국은 '부패완판'에 빠지며 '역사 앞에 죄'를 짓게 되는 것이라고 말했다. 즉 부패무능정권의 심판, 자유민주주의와 법치의 존중, 공정과 상식의 회복 세 가지를 출마 이유로 들었다.

외교 비전과 연관하여 윤 후보는 한국이 직면한 외교안보 과제로서 다음 다섯 가지를 강조했다. 즉 국제사회와 자유민주주의의 가치 공유, 국가정체성을 토대로 한 예측 가능한 외교, 청년들이 비전과 꿈을 펼 수 있는 역동성, 이념편향이 아니라 실용주의 중시 외교, 핵심첨단기술의 협력 시대를 여는 경제외교 등이었다. 핵심 키워드가 자유민주주의, 국가정체성, 젊은 역동성, 실용주의, 첨단기술인 것이다. 올바른 진단이다.

한·일 관계에 대해서는 "외교는 실사구시, 현실주의에 입각하여야 하는데, 이념 편향적 죽창가를 부르다가 여기까지 왔다"면서 "지금 한·일 관계가 수교 이후 가장 열악해졌으며 회복이 불가능할 정도로 망가졌다"고 말했다. 그는 "위안부 문제, 강제징용 문제, 안보협력 문제, 경제무역 문제 이런 현안들을 전부 한 테이블에 올려놓고 그랜드바겐을 하는 형식으로 접근해야 한다"면서 "향후 관계를 회복하고 풀어가기 위해서는 한·미 관계처럼 한·일 관계도 국방·외무, 외무·경제 등으로 해서 2+2나 3+3의 정기적인 당국자 간 소통이 필요하다"고 소신을 밝혔다. 전적으로 동감한다.

2022년 3월 9일 대한민국의 20대 대선을 앞둔 상황에서, 차기 정권의 외교안보 비전과 주요 과제 중 한·일 관계 과제에 포커스를 맞추어 이에 대한 의미를 분석하고 차기 정권의 한·일 관계 개선 방향성을 모색해 보자.

유연하고 전략적인 동북아 외교

바이든 시대의 동아시아 관계

미국은 바이든 정부 들어서 동맹 중심의 국제협조를 강화하고 있다. 동맹의 회복, 다자주의와 민주주의 연대강화 등을 통해 미국 리더십의 회복을 꾀하는 것으로 보인다. 2010년대 G2 시대의 미·중 갈등은 트럼프에 이어

여전히 지속되고 있다. 미국은 오바마 정부의 '아시아로의 회귀(Pivot to Asia)' 정책에서 트럼프 정부 들어 대중 압박정책으로 전환했다. 바이든 정부도 중국문제에 대해서는 트럼프의 정책 기조를 유지하되 조금은 더 유연하게 대응하고 있다.

바이든 정부의 대북정책은 기본적으로 북한의 비핵화 실현에 있다. 협상과 압박을 병행한 '점진적 비핵화' 방향이다. 한·미 간 이견이 있음에도 불구하고 미국은 여전히 한국을 동맹의 핵심축으로 보기 때문에 한·미 동맹은 당장 큰 위협은 없을 것이다. 다만 쿼드를 대중국 견제를 위한 외교안보연대로 간주하기 때문에 한국도 이에 동참해 주기를 바라고 있다.

2010년대 일본의 아베 정권은 적극적 평화주의를 기치로 하여 집단적 자위권 행사를 위한 안보법제화에 성공했다. 2007년 아베 1기 정권에서는 자유민주주의와 시장경제 가치를 중시하여 미국과 일본, 한국, 호주 등과 함께 중국 포위망 외교를 했다. 이에 가치동맹, 가치외교로서 한국을 미국 다음의 우방으로 대우했으나, 아베 2기 정권에서는 일본은 한국에 대해 가치동맹 또는 가치외교라는 말조차 사용하지 않았다. 오히려 한국을 적대시하거나 불신했다. 문재인 정부에 대해서는 더욱 그러했다. 한국의 '자유롭고 열린 인도-태평양전략(FOIP)'의 쿼드 참여에 매우 소극적인 것이다. 그만큼 일본외교에서 한국에 대한 불신이 높고 우선순위가 떨어졌다고 볼 수 있다.

일본은 인도-태평양전략 쿼드의 중심축을 이루고 있으며, 2021년 9월 기시다 후미오 정권에 들어서는 '경제안전보장' 구상을 철저한 외교안보 비전으로 제시하고 있다. 내각에 경제안보담당 장관직을 신설하여 각종 정책 마련과 법제화를 꾀하고 있다. 미·중 갈등에 대한 대응이기도 하며 중·일 갈등에 대한 대비책이기도 하다. 무엇보다 동북아 국제정세의 유동화에 따른 경제적 상호의존의 취약성을 보완하고자 하고 있다. 한국으로 보면, 미국의 사드(THAAD) 배치에 따른 중국의 경제제재와 최근 요소수 사태 등에서 명백히 드러난 것처럼 전략자원의 중국에 대한 일방적 의존은 한국 경제에 매우 큰 약점이다. 전략자원 수입처의 다변화와 일방적 의존성의 약화는 매우 시급하다. 또한 이에 대한 굳건한 정책대응은 중장기 외교안보 전략 수립에 불가결한 요소다.

2012년 중국 시진핑 정권의 등장과 일본 아베 정권의 등장으로 중·일 갈등은 격화되었다. 이것은 중·일 양국의 경제력 역전과 종합국력의 확대에 따른 것이기도 하다. 2010년 이후 중·일 양국은 '갈등적 세력 전이기'에 돌입하였다. 2010년 9월과 2012년 9월 중·일은 센카쿠열도(중국명 댜오위다오)에서 첨예한 영토외교 갈등을 빚었다. 이후 중국의 '일대일로' 정책에 대응하여 일본은 미·일 동맹의 강화, 집단적 자위권의 법제화, '인도-태평양전략'의 외교연대로 맞서면서 대응책을 강구했다.

2012년 이후 아베 정권은 미·일 동맹의 범위를 확대하고 강화했다. 그 결과 오바마 정부 이후 미국은 미·일 동맹의 범위에 센카쿠열도를 포함시킴으로써 중국은 센카쿠열도를 침입하기 어려운 상황이 되었다. 바이든 정부도 미·일 정상회담에서 이를 확인하였다.

2021년 미·일 외교국방안보협의회(2+2)에서, 미·일 양국은 센카쿠열도를 포함해 동중국해, 남중국해에서 중국의 현상변경에 반대하면서 이 지역에서의 미·일 협력을 강화하기로 하였다. 또한 북한의 비핵화 및 유엔 안보리 결의 이행을 강조했다. 그 외에 우주항공, 사이버 분야에서도 미·일 간 방위협력과 쿼드 협력을 긴밀히 할 것을 약속했다. 지난 바이든-스가 미·일 정상회담에서도 상기 2+2와 같은 취지의 약속이 있었다. 이 정상회담에는 중국의 도전과 남중국해 항행안전, 북한 비핵화 확인과 유엔 결의 이행요구 외에 5G, 반도체, 기술정보 협력 등 폭넓은 대화가 있었다.

한국의 동북아 전략외교

한국은 2020년대 다음과 같은 유연하고 전략적인 동북아 외교를 전개해야 할 것이다. 첫째, 한·미 동맹의 확고한 복귀와 포괄적 동맹으로의 발전이다. 한국 외교안보의 근간은 한·미 동맹임을 우리는 굳건히 자각해야 한다. 미국 국제전략문제연구소(CSIS)의 마이클 그린은 한·미 동맹이 매우 흔들리고 있음을 우려했다. 워싱턴 정가와 국방부, 의회 등에서 한국의 중국 및 북한 두둔 외교에 대해 비판의 목소리가 심상치 않음을 알리고 있는 것이다. 한·미 동맹은 '포괄적 전략동맹'이자 '자유민주주의 가치동맹'임을 강조해 나가야 한다. 이것은 군사동맹을 주축으로 경제, 신기술, 하이테크 동맹인 동시에, 자유주의적 국제협조주의를 지키는 '책임공유동맹'이다.

둘째, '자유롭고 열린 인도-태평양전략'(FOIP)에 적극 참여해야 한다. 미국과 일본, 호주, 인도로 구성된 쿼드에 적극적으로 참여해야 하며, FOIP는 열린 외교안보협력의 국제적 연대로서 한국도 주축이 되어야 한다.

셋째, 포괄적·점진적 환태평양경제동반자협정(CPTPP)에 선제적으로 참여하는 것이 바람직하다. 미국 바이든 정부는 다소 전략적 판단을 하고 있는 듯하지만, 일본이 적극적이고 캐나다, 호주, 싱가포르, 베트남, 멕시코, 칠레 등 11개국이 참여한 열린 자유무역협정이다. 통상발전국가이고 무역의존도가 매우 높은 한국으로서는 이를 망설일 필요가 없다고 판단된다.

넷째, 미·중 갈등, 중·일 갈등 국면에서 중국에 대한 한국외교의 방향타 잡기가 매우 어려우나 우리의 정체성을 명료히 한 가운데 균형과 실용을 중시해야 한다. 중·일관계는 갈등적 세력

전이기, 미·중 관계는 전략적 대립기에 돌입해 있다. 한국은 우선 주권적 사안은 이를 명료히 해야 할 것이다. '3불 약속'은 심각한 주권훼손이다, 자유민주주의 대한민국의 정체성에 관계되지 않는 한 무역통상, 감염병 대책, 클린에너지, 동아시아 환경문제 등 구체적인 외교사안에서는 중국과의 협력을 강화해 나가야 한다. 특히, 경제안보의 관점에서 중국에 대한 전략자원의 지나친 의존성을 줄이고 취약성을 보완해야 한다.

한·일 관계 갈등 쟁점 분석

한국과 일본 모두 양국에 대한 국민여론이 매우 좋지 않다. 지난 2019년 일본이 반도체 부품 세 개 품목에 대한 대한국 수출규제로 인해 한국의 일본 호감도가 급락했다. 아베나 스가 지도부의 한국에 대한 태도나 발언이 강경해지면서 일본에 대한 반감이 더욱 악화되었다. 일본도 반한, 혐한 감정이 심화되고 있다. 이런 때일수록 깨어있는 한·일 양국 시민의 역할이 중요하다. 특히 한·일의 2030 세대가 기성세대와는 다른 관점으로 한·일 관계를 바라볼 필요가 있다.

2019년 이후 일본의 경화된 여론은 과거사 문제의 재부상으로 인한 것이다. 일본군위안부 문제, 일제강점기 강제징용 배상

문제 등은 일본 내에서도 매우 회의적으로 보는 경향이 있다. 아베 정권이 강제징용 문제로 경제보복을 하면서 사태가 악화되었고 문재인 정부는 GSOMIA 연기중지 등 경직된 자세를 취함으로써 한·일 간 정경분리의 방호벽이 무너졌다.

2020년 9월 아베 정권이 스가 정권으로 바뀌었는데도 한·일 관계는 큰 개선상황이 없었다. 이는 관방장관이었던 스가 정권을 아베가 적극 지지한 것이지만 근본적으로 일본 자민당 정권은 문재인 정부하의 한·일 관계 개선에 매우 회의적이기 때문이다. 바이든 정부 출범 후의 한·미·일 협력 분위기가 일시적으로 조성되었지만 미국에 대한 한·일 간의 경쟁적 구애에 그쳤다. 또한 오염수 방출문제, 문 대통령의 도쿄올림픽 불참 여파 등으로 일본과의 상황이 다시 냉랭해졌다.

일본군 위안부 문제는 서울중앙지법이 각 소송당사자에게 1억 원을 배상하라는 판결을 내렸다가 최근 다른 소송에서는 '국가면제조항'을 들어서 주권국가가 남의 나라 주권을 함부로 재단할 수 없다고 판결하였다. 한·일 양국은 2015년 합의 정신을 살려 이를 존중하고 보완하는 차원의 외교적 협상과 합의가 필요하다.

1965년 한·일 국교정상화 회담 시에 일제강점기 강제징용 사안에 대해 많은 논의가 있었다. 재산청구권의 개념과 배상문제는 공식적으로 분리될 수 있으나, 한·일 간의 합의에 의해서 기본적으로 연동되었다고 판단된다. 1970년대 박정희 정권 때도 1차적으로 그에 대한 보상이 있었고, 2006년께 노무현 정권 때도 2차적으로 7만2631명에게 약 6200억 원에 달하는 보상이 주어졌다. 따라서 강제징용 문제는 한국이 선제적으로 풀어나가야 한다. 정부가 국회와 협력하여 정치적으로 해법을 모색해야 한다. 이 강제징용 문제가 선제적으로 잘 풀리면 한·일 간의 복합적 갈등이 일시에 해결될 수 있는 단초가 마련될 것이다.

2021년 들어서 후쿠시마 원전 오염수 방류문제가 외교 쟁점으로 등장했다. 한국은 문제제기를 할 수 있겠지만 국제사회와의 연대가 필요하다. 현재로서는 국제원자력기구(IAEA)와 미국에서 안전성에 문제가 없다고 판단했기 때문에 지나치게 강한 어조의 반대에는 신중할 필요가 있다. 국제사회의 전문가 시각이 원전오염수 방류에 문제가 없다고 판단하면, 우리가 과학적·외교적으로 국제사회와의 공조 없이는 국제해양법재판소 등에 제소하여도 승소하기 어려우며 외교적 실익이 없을 것이다.

한·일 관계 미래형 협력 제도화

첫째, 한·일 간의 외교안보협력 면에서는 자유민주주의를 바탕으로 한·미 동맹, 한·미·일 외교협력, 한·미·일 군사정보협력,

가치동맹이 강화되어야 한다, 쿼드 참여가 우선 필수적이다. 한·미 동맹이 포괄적 안보동맹으로 견고히 기능한다면 쿼드 참여는 필수적이라고 판단된다. 쿼드 참여가 이루어진다면, 한·일 간의 외교안보 협력도 더 원활히 이루어질 것이다. 미국이 적극적으로 중재와 균형을 잡아줄 가능성이 높기 때문이다. 북한이 핵탄두를 실질적으로 60~80개 정도 만들어놓고 있는 엄중한 상황임을 인식하여, 이를 억지시키고 비핵화로 나갈 수 있도록 한·미·일 협력이 필수적이다.

둘째, 일제강점기 강제징용 배상문제에 한국정부가 적극적으로 선제적으로 안을 마련하여 일본과 협상에 나서야 한다. 다른 사안에 앞서서 이 문제부터 풀어나가야 할 것이다. 일본은 이 강제징용 문제에서 절대로 물러설 기미가 없다. 왜냐하면 국제조약으로 약속한 문제이기 때문이다. 한국도 박정희 정권과 노무현 정권에서 이미 이를 해결했다. 미진한 부분이 있다면 이를 국내적으로 해결할 수 있도록 조치해야 한다.

2019년 12월 이후 한·일 관계의 최대 쟁점은 강제징용 원고단의 일본 기업 자산처분을 막기 위한 해법의 모색으로 외교적 노력이 경주되었다. 만약 일본 기업의 자산매각과 매각명령이 나올 경우 이에 따른 현금화가 진행되고 한·일 관계는 걷잡을 수 없이 악화될 위험성이 있다. 일본 정부도 이에 대응하여 보복조치를 강행할 가능성이 높기 때문이다. 2020년 들어서부터

한·일 양국 간의 물밑 접촉이 다각도로 진행되었다. 한·일 국회의원 실력자들과 외교부 당국자 간의 회담 등이다. 하지만 좀처럼 양국 간 의견차는 좁혀지지 않았다.

한국이 선제적으로 적극적인 안을 마련하여 일본과 협상한다면, 일본 정부와 재계도 해결에 나설 것으로 보인다. 대법원 판결 이행을 전제로 한국 정부가 나서서 한·일 기업의 공동기금으로 보전해주는 방식은 하나의 대안일 것이다. 또한 2021년 4월 시점의 '문희상안'은 '2+2+α' 안으로 나타난 바, 기억인권재단을 설립하여 3000억 원의 기금을 조성하고 배상판결이 확정된 원고들과 별도 신청을 받은 인원까지 위자료를 지급한다는 독일식 배상방식도 하나의 안이다. 한·일 정부가 재단 운영과 기금에 대해 보증을 서는 방식인 것이다. 양국 정부와 기업이 협력하여 해법을 모색해야 한다. 20대 대선을 거쳐 2022년 5월 새로이 들어설 한국의 신정부는 대통령 특사 파견, 비공식 채널의 외교협상 가동, 2015년 한·일 위안부합의 복귀 등을 결정해야 할 것이다.

셋째, '역사·영토 외교사안'의 제도적 관리를 해야 할 것이다. '과거사문제'에 대해 일본 사회는 '한국 피로증'이 심화되고 있음을 알아야 한다. 하지만 일본 사회는 한편으로 제4차 한류의 확산이 이루어지고 있다. 혐한과 '한국 피로증'이 가중되는 가운데서 한편으로는 한국 대중문화와 음식문화, 전통문화에 대한 호기심과 인기가 꽃 피고 있는 것이다. 일제강점기의 식민통치, 위안부 문제, 강제징용 문제, 역사교과서 문제 등은 이미 벌어진 일이고 이를 지혜롭게 외교적으로 관리해야 한다. '부負의 역사'인 것이다.

이제는 좀 장기적 역사 판단 위에 서서 대범하게 바라볼 필요가 있다, 이를 대범하게 직시하면 한국은 외교적으로나 도덕적으로 우위에 설 수 있을 뿐만 아니라, 호감을 줄 수 있는 공공외교의 기반이 된다. 역사문제와 영토문제는 이를 일거에 해결하기 어렵다. 단기적으로 해결될 수 없는 과제가 한·일 외교의 전면에 나오면 다른 중요 외교안건에 막히기 때문이다. 중국 덩샤오핑의 '차세대 해결론'이나 정경분리론, 그리고 점진적 역사 접근 방식의 전문가 해결론 등이 타당하다. 북핵위기 해법, 기후변화 대응, 클린에너지 협조, 미·중 갈등의 완화 등 한·일 협력이 추구해야 할 실용적 과제가 산적해 있다.

넷째, 북한 비핵화에의 대응이 시급하다. 이를 위해 한·미·일 외교안보협력 시스템을 새로 짜고 적극적으로 추진해야 한다. 문재인 정부의 종전선언 시도는 매우 위험한 발상이다. 이는 한·미 동맹 체제를 약화시키고 주한미군 철수와 더불어 한·미 동맹 자체를 해체시킬 위험성을 내포하고 있다. 또한 이를 둘러싼 한국 사회의 갈등과 양분이 심각한 사회분열 양상으로 나타날 가능성이 높다. 북한 비핵화를 위해서 무엇이 필요한지, 한·미·

일 간 긴밀히 연대하여 논의하고 대책을 강구해야 한다. 미국에 의한 핵우산의 보장, 핵확장 억지력의 전개 등이 없으면 안 되며, 전술핵무기의 도입도 전면적으로 검토해야 할 것이다. 북한 비핵화를 위해 한·일 간 협력안의 모색도 필요하다. 한·일 원전의 평화적 사용과 원전협력 선언, 한반도와 일본열도의 비핵화 선언, 비핵평화국가 외교협력 등이 모색될 만하다.

다섯째, 실용적 경제외교의 제도화다. 한·일 신경제포럼의 발족, 한·일 협력위원회와 경제협회의 새로운 구축, 제4차 산업혁명 시대의 한·일 경제협력 등이 모색되고 제도화되어야 한다. 나아가 한·일 FTA가 모색되어야 하며 한국 정부는 한국과 일본, 미국 등이 가입하는 CPTPP를 적극 검토함이 바람직하다. 일본과의 경제협력이 잘 이루어진다면, 한·일 젊은 청년세대의 경제영토가 공히 확장될 것이다. 반도체, 인공지능(AI), 에너지 산업, 수소자동차산업 등 첨단산업에서 한·일 협력도 필수적이다. 상호의존적으로 비교우위를 창출하고 경제적 실용성을 높이고 보완해야 한다. 또한 기후변화협약에서 제시하는 저탄소 시대의 클린에너지협력에 적극 협력할 필요가 있다. 이러한 경제외교에는 젊은이들의 일자리, 활동반경, 문화향유 등이 고려되어야 하며 대중문화와 전통문화가 상호존중되어야 한다.

마지막으로, '한·일 해저터널사업'의 적극 검토다. '한·일 해저터널'은 일본 쪽에서도 매우 적극적일 수 있는 카드다. 부산대 한 연구소의 연구시안에 의하면 기술적으로나 자금적으로 한·일 해저터널의 추진은 충분히 가능한 프로젝트라고 한다. 한·일 공히 세계적인 해저터널 건설사업 추진능력과 실적을 보유하고 있다. 자금적으로도 쌍방향 고속철 노선과 6차선 고속도로의 건설사업비가 180조 원 정도면 가능하다는 보고가 있다. 실제적으로 한국은 부산과 대마도를 잇는 노선의 중간까지 건설비용이 필요하므로, 총 건설비용의 3분의 1 내지는 4분의 1 정도만 필요할 것이다. 즉, 총 건설비용이 180조 원일 경우, 한국은 약 50조 원 내외의 건설비용만 있으면 된다. 한·일 간 해저터널이 완성되면 한국의 물류이동이 한·일 간 물류이동으로 국제화될 것이며, 젊은 청년들의 일자리와 활동영역이 매우 국제화될 것임이 명약관화하다.

청년들을 위한 한·일 관계 협력

한국과 일본은 이웃나라다. 세계적으로 보아도 성공한 선진 산업국이다. 무엇보다 자유민주주의와 자유시장경제를 공유하고 있는 가치동맹 국가다. 또한 북한의 비핵화가 절실한 비핵평화국가의 비전을 갖고 있다.

일제강점기 시절의 아픈 기억을 가지고는 있지만 이제는 이러한 한계를 벗어나야 한다. 우리들의 증조할아버지, 할아버지, 아버지 시대의 '부負의 역사'에서 벗어나야 한다는 것이다. 전전 식민지시대에는 일본이 많은 잘못을 저질렀고 결코 쉽게 용서될 수는 없는 것이지만 이제 시대는 21세기 2020년대를 맞고 있다. 이제 경제 결정력과 삶의 활동범위를 우리 청년세대로 넘겨줘야 한다. 어느 정도 정리할 것은 정리하고, 정리하지 못한 것은 역사에 넘기고 관리하는 실용적 접근을 해야 한다.

국제정치의 주체가 국민국가에서 점차 지방정부, 시민사회, 다국적 기업, NGO, 일하는 개인과 시민으로 매우 다원화되고 복합화되었다. 한·일 외교적 갈등 쟁점도 정리할 것은 정리하고 역사문제와 영토문제 등 정리하기 어려운 문제는 차세대 해결론 내지 미래세대 해결론으로 역사에 맡겨야 할 것이다. 2020년대 시점에서 미래를 향한 실사구시적 외교접근을 하면, 우리 청년들의 미래는 새로운 경제영토, 새로운 삶의 활동영역, 보다 넓어진 '동아시아 시민'으로서의 품격과 삶의 질이 보장될 것이다.

대한민국의 젊은이는 매우 진취적이며 미래지향적이다. 감성과 지성 모두 풍부하다. 1990년대 이후 유럽과 미국, 일본과 중국, 동남아 등 세계 어느 곳을 가도 배낭여행을 즐기는 한국 청년들의 모습을 볼 수 있었다. 새로운 장소, 새로운 세계, 새로운 과제에 도전하고 응전하는 한국의 젊은 청년들인 것이다. 이런 점은 세계에서도 으뜸이다. 청년들의 활력이 한국의 미래이고 한·일 양국의 밝은 미래인 것이다. 그런 측면에서 필자는 한·일 해저터널의 과감한 검토와 추진이 필요할 것으로 판단한다.

대한민국 판이 바뀐다

발행일 2022년 1월 20일 초판 1쇄

지은이 김대환 외
발행인 고영래
발행처 (주)미래사

주소 서울시 마포구 신수로 60, 2층
전화 (02)773-5680
팩스 (02)773-5685
이메일 miraebooks@daum.net
등록 1995년 6월 17일(제2016-000084호)

ISBN 978-89-7087-140-0 (03330)

* 가격은 뒤표지에 있습니다.
* 잘못 만들어진 책은 구입처에서 바꾸어 드립니다.